为了人与书的相遇

The Cosmos of a Sixteenth-Century Miller
一个16世纪磨坊主的宇宙

奶酪

The
Cheese

and the
Worms

Carlo Ginzburg

［意］卡洛·金茨堡 著
鲁 伊 译

与

蛆

虫

广西师范大学出版社

Originally published in Italy as *Il formaggio e i vermi: Il cosmo di un mugnaio del'500*
Copyright © 1976 by Carlo Ginzburg
Rights arranged by Peony Literary Agency Limited acting in association with The Italian Literary Agency.

著作权合同登记图字：20-2021-161

图书在版编目(CIP)数据

奶酪与蛆虫：一个16世纪磨坊主的宇宙 /（意）卡洛·金茨堡著；鲁伊译.
—桂林：广西师范大学出版社, 2021.7（2021.9重印）
ISBN 978-7-5598-3805-6

Ⅰ.①奶… Ⅱ.①卡… ②鲁… Ⅲ.①文化史－意大利－16世纪
Ⅳ.①K546.33

中国版本图书馆CIP数据核字(2021)第089971号

广西师范大学出版社出版发行
　　广西桂林市五里店路9号　邮政编码：541004
　　网址：www.bbtpress.com

出　版　人：黄轩庄
责任编辑：黄平丽
特约编辑：黄旭东
装帧设计：陈威伸 wscgraphic.com
内文制作：陈基胜
全国新华书店经销
发行热线：010-64284815
山东韵杰文化科技有限公司

开本：880mm×1230mm　1/32
印张：12.5　字数：290千字
2021年7月第1版　2021年9月第3次印刷
定价：75.00元

如发现印装质量问题，影响阅读，请与出版社发行部门联系调换。

献给路易莎（Luisa）

一切有趣之事皆发生于黑暗之中……
我们对人类的真实历史一无所知。

——塞利纳（Céline）

# 目 录

2013 年版前言 ...................................................... i
英文译者序 ......................................................... xi
英文版前言 ......................................................... xvi
意大利文版前言 ..................................................... xix

第 1 章　梅诺基奥 .................................................. 001
第 2 章　小城 ...................................................... 005
第 3 章　初审 ...................................................... 010
第 4 章　"鬼迷心窍了？" .......................................... 012
第 5 章　从康科迪亚到波托格鲁阿罗 .................................. 014
第 6 章　"大声指斥尊贵之人" ...................................... 018
第 7 章　一个落伍的社会 ............................................ 026
第 8 章　"他们对穷人百般压迫" .................................... 031
第 9 章　"路德派信徒"和再洗派信徒 ................................ 035
第 10 章　磨坊主、画家和小丑 ...................................... 041
第 11 章　"我的看法是我自己从脑袋里琢磨出来的" .................... 056

| 第 12 章 | 书 | 059 |
| --- | --- | --- |
| 第 13 章 | 镇上的读书人 | 063 |
| 第 14 章 | 印刷品与"奇思异想" | 066 |
| 第 15 章 | 死胡同 | 069 |
| 第 16 章 | 童女神殿 | 071 |
| 第 17 章 | 圣母马利亚的葬礼 | 073 |
| 第 18 章 | 基督之父 | 077 |
| 第 19 章 | 审判日 | 079 |
| 第 20 章 | 曼德维尔 | 089 |
| 第 21 章 | 矮人族与食人族 | 095 |
| 第 22 章 | "自然神" | 101 |
| 第 23 章 | 三只戒指 | 105 |
| 第 24 章 | 书面文化与口头文化 | 109 |
| 第 25 章 | 混沌 | 110 |
| 第 26 章 | 对话 | 116 |
| 第 27 章 | 神话中的奶酪和真实的奶酪 | 120 |
| 第 28 章 | 对知识的垄断 | 124 |
| 第 29 章 | 《圣经辅读》中的话 | 127 |
| 第 30 章 | 譬喻的功能 | 130 |
| 第 31 章 | "主人"、"管家"和"工人" | 131 |
| 第 32 章 | 一个猜想 | 136 |
| 第 33 章 | 农民宗教信仰 | 143 |
| 第 34 章 | 灵魂 | 145 |

| 第35章 | "我不知道" | 147 |
| 第36章 | 两种灵，七种灵魂，四种元素 | 149 |
| 第37章 | 一种理念的传播路线 | 152 |
| 第38章 | 自相矛盾 | 158 |
| 第39章 | 天堂 | 161 |
| 第40章 | 一种新的"生活方式" | 164 |
| 第41章 | "杀掉那些教士" | 169 |
| 第42章 | 一个"新世界" | 172 |
| 第43章 | 审讯结束 | 183 |
| 第44章 | 写给法官们的信 | 184 |
| 第45章 | 修辞手段 | 188 |
| 第46章 | 第一次判决 | 192 |
| 第47章 | 牢狱 | 196 |
| 第48章 | 回到镇上 | 200 |
| 第49章 | 告发 | 204 |
| 第50章 | 与犹太人的夜谈 | 210 |
| 第51章 | 第二次审判 | 213 |
| 第52章 | "奇思异想" | 217 |
| 第53章 | "幻象和异梦" | 222 |
| 第54章 | "哦，伟大、全能且神圣的上帝……" | 227 |
| 第55章 | "要是我在15岁时就已经死去" | 229 |
| 第56章 | 第二次判决 | 231 |
| 第57章 | 刑讯 | 233 |

第 58 章　斯科利欧 ………………………………… 236
第 59 章　佩莱格里诺·巴罗尼 …………………… 247
第 60 章　两个磨坊主 ……………………………… 254
第 61 章　支配文化与被支配文化 ………………… 263
第 62 章　罗马来信 ………………………………… 266

致　谢 ………………………………………………… 269
注　释 ………………………………………………… 271
人名译名对照表 ……………………………………… 339
中译本说明 …………………………………………… 349

# 2013年版前言

　　这本书的意大利文版首次出版于1976年。20世纪60年代初，我与多梅尼科·斯坎代拉这个名字不期而遇，这完全是一个偶然——或者说大致如此。16、17世纪的时候，在僻处意大利东北一隅的弗留利（Friuli）地区，进行过一系列针对女巫和本南丹蒂（benandanti）——一群"以灵魂形式"与女巫作战的人——的审判。当时，我对此产生了极大的兴趣，而这些人后来也成为我的第一本书的主题。在逐页翻阅一份由某位18世纪宗教法庭审判官汇编而成、记载了阿奎莱亚（Aquileia）和康科迪亚（Concordia）宗教法庭头1000次审判的手抄本目录时，我无意间看到了一条十分简短（不过寥寥几行）的案情介绍。这起案子的被告是一个农民，因为声称世界是从腐坏中被创造出来的而受到指控。我将针对他的两起审判的卷宗编号抄在了一小片纸上，对自己说，有朝一日，我一定会重返乌迪内（Udine），看看其中究竟。时不时地，我总是会回想起这件事来。七年时间就这样过去了。1970年，我终于下定决心索取了一份关于这两起审判的微缩胶片。我开始阅读，然后立即就被它们打动了。我将文本誊录了下来，着手研究。差不多七年后，我出版了《奶酪与蛆虫》这本书。

多年来读过本书某个译本的读者，并不会过多地关注它的作者，这其实是很对的。更引人入胜的，是这本书所讲述的故事，以及作为书中主人公的那个磨坊主。今时今日，我所能做的，也不过就是援引一下近年来的研究而已，它们为我们已知的梅诺基奥的身世增加了新内容，也纠正了某些错误。我会在后文中提到一些此类研究，但丝毫无意于穷举一切。我也不打算回顾本书迄今为止获得的反响，关于这件事，我还真的不是很了解。我更愿意聊一聊本书产生的背景。在许多年的时间里，我一直在反思写作者（或能动者）的意图与最终被写出来（或生产出来）的那些成品之间的脱节问题。我将从邻近（contiguity）与远离之间的关系谈起，聊一聊今天的这个我与当时的那个我之间的关系。

我开始学会如何去当一个历史学家，是在20世纪50年代快结束的时候。当时，我正尝试着从宗教法庭的审判记录中，打捞搜寻一种遭到迫害、抹杀和遗忘了的农民文化的吉光片羽。这一选择，是受了安东尼奥·葛兰西在狱中札记里对底层阶级（subaltern classes）文化之反思的影响，早在我偶然地、不经意地接触到梅诺基奥的审判记录之前，选择已经做出；然而，这并不能解释，我为什么会决定投身于对这些审判记录的研究，而这是我在几年之后才着手去做的。在我留神倾听梅诺基奥的那些话语（本书的标题便出自其中）的回声余响时，尽管它们在宗教法庭审判官看来陈腐平庸，回望历史的我却从中辨识出了某种推动力，那是曾经促使我在第一本书中研究弗留利地区"本南丹蒂"的同一种推动力：就巫术这一主题而言，梅诺基奥的证词代表了一种令人着迷的离经叛道，而巫术这个主题，在主流历史研究中本身就已经相当标新立异。眼前的这本书，也是那种对特立独行之激情的产物，正是从对异常与正常之彼此关联的思考中，它才得以诞生。

在20世纪70年代早期，弗朗索瓦·菲雷（我在《奶酪与蛆虫》的意大利版前言中提到了他）写道，我们关于那些非特权阶级的知识，充其量不过是一些统计数字而已。这一陈述就其本身而言，已经将我的这种研究定义为一种无足轻重的研究。我没有去研究那些特权阶级，反而开展了一项针对某位磨坊主的研究，这个人有名有姓，有一些稀奇古怪的想法，还颇读过几本书。本来不过可能是一条脚注的素材，却成了一本书的主题。那些被迫害的和被征服的人，那些被许多历史学家视为边缘人物而不予理睬，甚至通常全然无视的角色，在这里成了研究的焦点。这固然是一个我很早就做出了的选择，但它也从20世纪70年代的激进政治气候中汲取了新的能量和名正言顺的理由。

然而，这个决定却迎头遇上了一个巨大的障碍。被迫害者的声音幸而得以传到我们耳中之前，已经经过了重重过滤：审讯者提出的问题,以及作为第三方的书记员(notaries)的抄写记录,就是这些滤网。梅诺基奥的情况也是如此,虽然他给儿子写的信成了某种例外。这些宗教法庭审判记录的抄本,是施加于心理、文化和肉体上的重重压力的产物,它们作为历史文献而言,究竟有多大价值?

早在我写作第一本书《夜间的战斗》时,就遇上了这一难题。正是这些历史文献(审判记录),迫使我反思历史学家的角色,而直至今日,我依然怀有这种顾虑,只不过在其上加了各种粉饰伪装罢了。在关于本南丹蒂的研究中,我曾以为自己可以绕过这个障碍,因为宗教法庭审判官的问题与被告的回答之间,显然是风马牛不相及的。对于宗教法庭的审判官,本南丹蒂们关于自己在夜间战斗、以出窍灵魂形式与女巫和男巫激斗的那些故事,都是些荒谬绝伦的胡说八道。而梅诺基奥的审判官们对于他关于世界起源的解释,也持有同样的不予置信的态度。在两种情形下,法官的讯问与被告的回答之间的巨大分歧,排除了前者对后者施加影响的可能。但在梅诺基奥审判的讯问过程中,另一个元素浮现出来:梅诺基奥记忆中他读过的那些书,与实际上的这些书大相径庭。从这种泾渭分明之中,浮现出了一个深藏不露的口头文化的暗层:这是一个梅诺基奥在阅读那些印刷制品时无意识间应用的滤网。马克·布洛赫曾写道:"历史上最影响深远之事,可能也是最确定无疑之事。"我一直认为,这种说法受到了弗洛伊德的影响。但今天,我或许会借助另一个类比对此加以诠释。作为演员的宗教法庭审判官和梅诺基奥,相对而言无力解决我们的疑问，但这却促成了一种与所谓的双盲对照实验相当的情境，无论是对实验者而言，还是对实验对象而言，实验的目的都不得而知。

实验总是在特定的条件之下进行，但在做好必要的警惕防范之后，其结果也能产生更广泛的影响。例如，荷兰社会学家托尼·哈克就从梅诺基奥一案入手，构建了一个解读模型（model of exegesis），它适用于解读大多数风格不同的文本，其中也包括精神病院中病人的临床图表。在后文中，我会提到其他一些受梅诺基奥这桩不寻常的案例所启发而得出的普遍原理。然而，显而易见的是，"案例"和"普遍原理"拉近了我们与微观历史之间的距离，而《奶酪与蛆虫》这本书常常被认为是这种微观历史的一个典型范例（尽管当这本书首次出版时，"微观历史"这一术语尚未进入历史学的行话之中）。这种从微观历史学的角度进行的解读，当然会影响到我对这部作品的反躬自省，而它本身，也受到了这本书写作形式的条件限制。

1970年，我开始执教于博洛尼亚大学。我很快便发现自己卷入了论战之中，它们与创办一份学术期刊的计划相关，虽然这些计划从来都未能实现。这项倡议的带头人是两位作家。伊塔洛·卡尔维诺当时已经负有盛名，而另一位詹尼·切拉蒂却还是文坛新秀。许多讨论都围绕"考古学"这一术语而产生，一位参与者、杰出的哲学家恩佐·梅兰德里在米歇尔·福柯的开创性主张的基础上，对它进行了重新定义，而这让我颇感困惑。《奶酪与蛆虫》最早的前言，便包含了这些年深日久的论战的一点词锋尖锐的余痕。但我从这些论战中收获的那种思想解放之效,却不仅限于这篇前言。

在一次最近的访谈中,奥地利历史学家斯蒂芬·施泰纳向我指出,在我的作品中会反复出现一个特征,那就是迫切想要表明一项研究是如何构思完成的,而这很少会在其他历史学家处见到。施泰纳将这视为伟大的20世纪文学的一个回声。我完全同意他的看法,并特别提到了普鲁斯特和布莱希特。但在1970年,当我开始研究梅诺基奥的审判时,我向这些伟大作家中加入了一个新的名字——雷蒙·格诺。当时,他的小说《蓝花》即将被卡尔维诺译成精彩的意大利文。我那时一度很想模仿格诺的行文风格,把我正在写作的这本《奶酪与蛆虫》编排为一系列以不同风格写成的段落,从不同的文学体裁中汲取灵感[其中就包括了戏仿历史著作(historiographical parody)这种体裁]。我几乎立刻放弃了这种想法,因为它的轻浮与这些历史文献的厚重质感,反差实在过于强烈。然而,它还是在这本书的完成过程中留下了一些痕迹,尤其是在对那些没有任何评论的断章残简进行排列组合之时,以及在求证假设而又最终放弃这些猜测的过程之中。

用证据来表明一项研究是如何被构思完成的,在当时有着超出形式范畴的影响(现在也依然如此)。宗教法庭审判传递给我们的那种你一言我一语的现场感,既真实也虚幻。我们似乎认识了梅诺基奥,但他也会让我们难以捉摸,而这不仅仅因为他的回答是在压力之下做出的(即便在刑讯折磨之前)。探访过去，永远都是借助某些中介实现的，因此也就永远都是偏颇不全的。

因为永远都只能借助某些中介来实现，永远都绑定了某种观点，历史知识就其定义而言，便永远都有改进完善的余地，即便并没有掺入人为的谬误——而这的确可能发生。可以预料，所有这些也会出现于本书中。曾被我大段援引却都是零碎引用的梅诺基奥的审判记录，由安德烈亚·德尔·科尔加以精心编辑后得以以全貌出现，这一至关重要、令人钦佩的作品中包含了一个篇幅很长的导言，其中有几点让我颇为困惑。在重新讲述这个故事的过程中，德尔·科尔加入了一些新的元素，它们取自我之前不知道的一些文献。从这些新鲜的材料中，浮现出了几名证人的供词，他们在法庭上供述，蒙特雷阿莱（Montereale）的教区神父奥多里科·乌莱曾经追求过梅诺基奥的女儿们。遭到拒绝后，这位神职人员反过来向宗教法庭告发了梅诺基奥。在第一次审判结案时，一些梅诺基奥的亲朋好友策划了报复行动。他们袭击了这位教士，后者勉力挣脱才逃过一劫。没过多久，乌莱就离开了蒙特雷阿莱，落脚在附近的一个村镇，在那里负责一个专门为他而设立的教区。

德尔·科尔在一些细节上丰满充实了我对事件的再现，并指出了我的叙述中的一个错误。标注日期为1599年8月30日和11月13日、由罗马教廷最高宗教法庭的圣塞韦里纳红衣主教所写的两封信件，并不像我猜测的那样与梅诺基奥有关，而是关于另一个弗留利的异端分子安东尼奥·斯科蒂拉罗的。当这些信件写成之时，梅诺基奥已经被处决：在德尔·科尔发现的一份标注日期为 8 月 16 日的公证文件中，提及斯特凡诺·斯坎代拉时，称他为已身故的（quondam）多梅尼科·斯坎代拉之子。

这些补充信息和更正，毫无疑问增加了我们的理解认知。然而，我并没有被德尔·科尔认为梅诺基奥的想法源自清洁派（Cathar）异端教派的主张说服。在我开始研究这些文献的时候，也曾仔细思忖过这种假设，但很快便默默放弃了。德尔·科尔独自得出了这一想法，但他提出的许多零星的背景情况，看起来却几乎否定了这一可能："这位弗留利的磨坊主当然不是一个清洁派教徒，而根据审判中的记录，他的信仰也并非完全基于清洁派的概念……梅诺基奥不是一名清洁派教徒……"德尔·科尔可以清晰地看到，他的猜想，预设了一种跨越了几个世纪却没有被文献记载下来的思想传播。

事实上，我自己就立下了一个完全基于猜测而做出更大胆的猜想的先例，也即预设一种平行关系：一条线，是梅诺基奥关于天使生于混沌的那些理论，他将此比作蛆虫从奶酪中生出；而与之平行的，是当时在中亚广为传播的宇宙起源论。在一篇文字尖锐但出于好意的书评中，人类学家瓦莱里奥·瓦列里尽管盛赞了我这本书，却大力批驳了我的猜想。他认为这些猜想是"民粹主义的狂热幻想，一种对'大众传统'（popular tradition）之集体性、自发性和亘古性的浪漫想法"。我经常在其他地方谈到，在某种程度上与我的成长环境紧密相连的民粹主义，和我作为一名历史学家所做出的选择，两者之间存在许多联系。这种驱动力让我犯下了一些错误，有时候还会过甚其词。我不想为前者辩护，而对于后者，我认为是知识获取在某些时候达到爆发点的表现之一。如果我没弄错的话，我的批评者们从未质疑过我对梅诺基奥一案相关文献的技术细节的分析，我这本书的绝大部分，都是专注于这项任务的。但即便这种分析源自一种民粹主义的选择，试图重现这位磨坊主实际读过的那些书以及他阅读这些书的方式，也无可厚非。（这样的一种选择在今天看来显而易见，但在当时却并非如此。）针对这些文本，已经产生了许多专著和文章，而这一定程度上是受到了我这本书的启发。

《奶酪与蛆虫》获得了极大的成功，已经被翻译成数种语言。人们解读它的方式，往往已经超过了我的一己之能，他们所借助的那些文化和语言的滤网，是我所不掌握的。这当然可能发生，但这为何会发生？

我想，我们首先需要在这个故事与众不同的主人公、这个人称"梅诺基奥"的多梅尼科·斯坎代拉身上寻找答案。即便是一个非同寻常的人，他也生活在某种背景或是许多种背景之下，一言一行均出自这些背景。在梅诺基奥的传奇故事里，浮现出了两个元素，它们令这个传奇对于生活在与他所处时代相距迢遥的今天的我们来说，依然很容易理解：口头文化与书面文化之间的交织渗透，以及他向政治权威和宗教权威发起的挑战。这个不为人知的磨坊主的名字，之所以会在今天被人们记住，恰恰是因为他输掉了的那场挑战。

我要再一次向两位英文版译者约翰·泰代斯基和安妮·泰代斯基表示谢意，他们不负众望的优秀译作、他们对本书的盛赞和他们的真挚情谊，都被我深深铭记于心。

# 英文译者序

我们很高兴能将卡洛·金茨堡的这本《奶酪与蛆虫》的英文版呈现给读者。这是一本文字生动、构思巧妙的著作，它试图将一位在某座偏远的弗留利村镇中度过了一生的16世纪磨坊主的智识世界重现于我们面前。在早期近代欧洲大众文化这一方兴未艾的研究领域中，这本书被称为最重要的近作之一，而这绝非过誉。我们希望此举能够帮助大家意识到，借助翻译令意大利文的优秀历史作品为公众所知确有必要。

这本《奶酪与蛆虫》与1976年埃诺迪出版社（Einaudi）的初版相比，有些许不同。新增添的内容包括专门为这一版而作的第二篇前言，在文本的第一页加上了日期，以及对第153页到155页内容的一个批评意见的回应。这一版并没有试图系统地更新引用部分。然而，新近涌现出的伊丽莎白·艾森斯坦、埃马纽埃尔·勒华拉杜里和其他一些人的著作，却不容忽略，因此在本书的对应内容处添加了注释。作者引用的以其他语言写成的书，据我们所知已有英文版的，也给出了英文书名。

罗马宗教法庭（Roman Holy Office）坚持要求，在其法庭上发生的一切事项，都应当被完整记录下来。正是这一点，令此项研究成为可能。然而，很不幸的是，关于这个机构的组织结构和审判程序，如今尚没有一项由现代人以任何一种语言写成的综合全面的研究。然而，有几个观察是恰如其分的。由教皇保罗三世创立于1542年的罗马宗教法庭（The Roman Inquisition），是对新教徒在意大利所发起的挑战的直接回应，它不应与西班牙或欧洲其他地区的宗教法庭相混淆，与作为亨利·查尔斯·李之历史学研究对象的中世纪宗教法庭也有所不同。这个宗教法庭远远不是一个坚如磐石的完整结构，该机构的组织结构、审判程序和对法律的定义，在其漫长的历史中经历了不断的发展与变化。中世纪和现代这两个阶段，一定不能理解为一种单一现象。此外，当时的天主教会，以及位于阿尔卑斯山两边的几乎所有其他世俗和宗教权威，感觉自己有权对那些持有不同宗教信仰的人进行追索迫害，他们甚至认为这是一种义务。在这样的历史背景之下，尽管道德正义是不可能的，但基于16世纪定义的法律正义，却是由罗马宗教法庭来实施的。它并不是一个就地正法式的草率法庭，不是一个恐怖禁室，也不是一个不可能从中逃脱的司法迷宫。反复无常、独断专行的裁定，对权力的滥用，以及对人权的恣意摧残，所有这些都是不被容许的。罗马严密注视着地方的宗教法庭，确保以那个时代的标准而言温和适度的法律准则得以奉行，而法律实践的一致性也得到了维护，甚至到了必须以意见一致为前提的程度。

关于宗教法庭审讯记录的执笔者，有必要给出一些解释。在每一个宗教法庭中，书记员（或是一个受委任履行此种职能的神职人员）都是一个不可或缺的常设成员。他要以书面形式记录下发生的一切，因为司法程序手册上要求"不仅（要记下）被告的所有答复和他可能做出的任何陈述，还要（记下）他在刑讯过程中的一言一行，甚至他的叹息，他的哭号，他的痛悔和泪水"［E. Masini, *Sacro Arsenale*（Genoa, 1621），p. 123］。因为大多数审判记录都会在宣判前由罗马的最高法庭进行综合审核，这种全文记录司法程序的实践，其设计意图便是要制止那些不正当的行为，比如一些审判官提出诱导性或暗示性问题的倾向。这位书记员的职责，是一字不差地将所发生的一切记录下来。然而，正如本书的部分内容所表明的，在有些情况下，问题和答案都是以第三人称语气转述的。作者自然必须将这样的段落用引号标出，因为它们是审判记录的一部分，尽管这些并非直接引语。这种情况的一例，出现在第20章，审判官的一个问题被书记员转录为一个间接表达：被告被规劝一一列举出"他的所有共犯，否则将对他采取更严厉的手段……"

关于这一主题的更多简要介绍，可以参考约翰·泰代斯基的《关于撰写罗马宗教法庭历史的几个初步观察》["Preliminary

Observations on Writing a History of the Roman Inquisition," in *Continuity and Discontinuity in Church History*, ed. F. F. Church and T. George (Leiden, 1979), pp. 232—249〕。想要进一步了解本书作者卡洛·金茨堡著述生涯的读者，则不妨读一下安妮·J. 舒特的人物侧写《卡洛·金茨堡》〔"Carlo Ginzburg," *Journal of Modern History* 48 (1976): 296—315〕。

感兴趣的读者，或许还有意参阅一下由安德烈亚·德尔·科尔编撰的《人称梅诺基奥的多梅尼科·斯坎代拉：宗教法庭审判记录（1583—1599）》〔*Domenico Scandella detto Menocchio: I processi dell' Inquisizione (1583—1599)*〕。这部著作包含了梅诺基奥两次审判的关键文献，一些新发现的档案资料，还有一篇详尽的历史背景介绍，解释了这个故事所涉及的宗教法庭的组织机构和审判程序，以及弗留利的背景情况。该书的英文版将作为"中世纪和文艺复兴时期文本与研究"系列丛书之一，由宾厄姆顿出版社（Binghamton）出版。

在本书翻译过程中，作者本人和约翰霍普金斯大学出版社的工作人员及顾问给出了许多建设性的批评意见和建议，尤其是亨利·汤姆（Henry Y. K. Tom）、玛丽·卢·肯尼（Mary Lou Kenney）和爱德华多·萨科内（Eduardo Saccone）。我们从中获益良多。在试图破解几个16世纪弗留利方言中深奥难解的术语时，芝加哥大学的保罗·凯尔基（Paolo Cherchi）和芝加哥洛约拉大学的龙尼·特彭宁（Ronnie Terpening）两位教授耐心地与我们并肩奋战。纽伯里图书馆的伯纳德·E. 威尔逊（Bernard E. Wilson）*通读了整部书稿，在几乎每一页上都留下了他的评注。我们对他和所有那些已经提到和未被提到的人都深表感激，正是他们的建议和支持，令《奶酪与蛆虫》的英文版得以问世。

带着伤感与宽慰交织之情，我们与本书和它堂吉诃德式的主人公梅诺基奥挥手作别。我们相信，这两者都将赢得读者的敬重与爱戴，正如它们曾经令我们敬爱有加一样。

约翰·泰代斯基

安妮·C. 泰代斯基

---

\* 为方便读者阅读，除对此处提到的人名扩注原文外，本书叙述所涉及的其他人名均不注出外文名。需要的读者可查阅本书的"人名译名对照表"。如无特别说明，本书脚注均为编译者所加。

# 英文版前言

世上有许多事，常常纯粹出于偶然，这项研究也不例外。1962年的夏天，我有一部分时间是在乌迪内度过的。在那个城市的大主教教廷档案馆（Archivio della Curia Arcivescovile）中，保存着极其丰富（而且在当时尚未被探索发掘）的宗教法庭档案文献。我在其中搜寻着与某个奇怪的弗留利异端教派有关的审判记录，这个教派的成员被法官定性为女巫和巫医。后来，我写了一本关于这些人的书（《夜间的战斗：16、17世纪的巫术和农业崇拜》）。在逐页翻阅这些审判卷宗的抄本时，我偶然读到了一个极其冗长的句子。针对被告的一项指控是，他认定世界起源于腐坏之中。这种说法立刻激起了我的好奇心。但我当时在寻找其他的东西：女巫、巫医和本南丹蒂。于是，我把审判的卷宗号写了下来。在接下来的几年里，这个批注时不时地就会从我的资料中跳出来，或是浮现在我的记忆里。1970年，我决定追根究底，搞清楚这句话对于说出它的那个人来说到底意味着什么。在那个时候，我对他的了解仅限于他的名字：多梅尼科·斯坎代拉，人称"梅诺基奥"。

这本书讲述的正是他的故事。感谢大量的档案文献，我们得以了解他读过的文字和发过的议论，他的思想和他的情感——那些恐惧、希望、嘲弄、暴怒和绝望。时不时地，这些素材的坦率直白让他与我们之间的距离变得非常之近：这是一个和我们一样的人，就是我们之中的一员。

但他也是一个与我们有很大差异的人。对这种差异的分析重建是有必要的，只有这样，才能重现他那种文化的半隐半现的真容，以及这种文化赖以成形的社会背景。追踪梅诺基奥与书面文化的复杂关系是可能的，考察一下那些他读过的书（或者更确切地说，那些书的一部分）和他阅读这些书的方式就行了。在这样做的时候，一个滤网，一张梅诺基奥无意识地放在他自己与那些落到他手中的或晦涩或简明的文本之间的格孔密写卡（grill），就此浮现出来。这个滤网从另一方面预示了一种口头文化的存在，这种世代相传的口头文化遗产不仅是梅诺基奥本人的，也属于16世纪的很大一部分社会成员。因此，一场起初以一个个体（一个显然不同寻常的个体）为中心的调查，最终发展成为对工业化以前的欧洲大众文化（更确切地说是农民文化）的一个普遍性假说。在那个时代，印刷术的传播和宗教改革，以及在天主教国家中对后者的镇压，成为标志性事件。这一假说可以与米哈伊尔·巴赫金曾以十分相似的方式提出的那些理论联系起来，而且能够用"循环运动"（circularity）这个术语加以总结：在工业化以前的欧洲，在支配阶级（dominant classes）的文化与被支配阶级（subordinate classes）的文化之间，存在着一种双方互相施加影响的循环往复的关系，这些影响会从底层向高层流动，也会自高层向底层传送。（因此，这与某位评论家扣在我头上的那顶帽子——"农民文化的绝对自主性和连续性的概念"——恰好截然相反。参见本书第 27 章注释。）

按照我的打算，《奶酪与蛆虫》既是一个故事，也是一部历史著作。因此，它既写给普通读者，也写给专业人士。或许只有后者才会阅读那些注释——它们被特意放在了本书的结尾部分，而且没有以序号标注，以免妨碍叙述的流畅。但我希望两种读者都能从这个故事中辨识出一个已被湮没大半的真实历史的一个不起眼却非同寻常的片段，而这吉光片羽于默然之中，向我们自己的文化和我们自身提出了一系列问题。

我想要向我的朋友约翰·泰代斯基和安妮·泰代斯基表示最诚挚的谢意，他们以非凡的耐心和过人的才智完成了这本书的翻译。

# 意大利文版前言

## 1

曾几何时,历史学家们大可以被扣上只想知道"帝王丰功伟绩"的罪名,但今时今日,这显然已经不再是事实。他们越来越多地转向了那些被前人沉默略过、弃之不顾或全然无视的东西。"七个城门的底比斯是谁建造的?"贝托尔特·布莱希特笔下的这个"读书识字的工人",已经在如此发问。史料没有告诉我们任何与这些无名的泥水匠有关的史实,但这个疑问,却依然有着极其重要的意义。

## 2

关于这些昔日的被支配阶级的行为和态度,相关证据十分稀缺,这显然是此种类型的研究所面对的一个主要障碍,尽管并非唯一的障碍。但是，也有例外存在。这本书，就讲述了一位弗留利磨坊主的故事。他的名字是多梅尼科·斯坎代拉，人称"梅诺基奥"。在近乎默默无闻中度过一生之后，他被宗教法庭下令烧死在火刑柱上。他的两次审判间隔了十五年，其审判记录栩栩如生地描绘出了他的思想和感情，他的奇思异想和远大抱负。另外的一些档案文献，则为我们提供了关于他的经济活动和子女生活的信息。我们甚至拥有几页他亲笔写下的文字，以及他读过的书的部分书目（事实上，他既能读也能写）。尽管我们还想对梅诺基奥再多一些了解，但我们所知道的这些，已经足以再现一个通常被称为"下层阶级文化"或"大众文化"的吉光片羽。

## 3

在所谓的文明社会中，存在着不同的文化层次——这是被定义为民俗学、社会人类学、大众口头文学史和欧洲文化人类学的各种学科划分的前提。但使用"文化"这个术语来定义某一历史阶段中被支配阶级错综复杂的态度、信仰和行为准则，还是一个相对晚近、从文化人类学中借用而来的做法。只有透过"原始文化"这一概念，我们才意识到，那些曾被专制武断地描述为"文明社会中的平民百姓"的人，实际上拥有他们自己的文化。殖民主义的愧疚于是以这种方式同阶级压迫的愧疚合为一体；就算只是口头说说而已，我们也已经超越了历史——

被超越的,不仅是一种早已过时的、将民俗学理解为单纯搜集稀奇古怪事实的概念,还有打量下层阶级的理念、信仰和世界观时所秉持的态度,那种将一切视为支配阶级或许早在几个世纪前便创造出来的理论的残章断简和鸡零狗碎的态度。在这一点上,关于被支配阶级文化与支配阶级文化之间关系的一场对话,就此开始。第一种文化到底从何种程度上从属于第二种文化?此外,下层阶级文化以何种手段来表达一种拥有部分独立性的内容?有没有可能说,这两种文化层次之间,其实存在着某种交互运动?

直到最近,历史学家们才开始接触到这些问题,而且是带着一种战战兢兢的姿态。毫无疑问,这部分源于贵族式文化观念的广泛存在。太多时候,原创的理念或信仰被定义为上层阶级的产物,而它们在被支配阶级中的散播,则被当成了一个做不出什么文章,或者根本没文章好做的机械事实。被注意到的,最多不过是那些理念或信仰在散播过程中所经历的"衰减"和"扭曲"。但这些历史学家的战战兢兢,还有另外一个更容易理解的原因,与其说这个原因是意识形态层面上的,倒不如说它是方法论意义上的。与研究大众传统的人类学家和初学者相比,历史学家显然一开始便处于不利地位。即便是在今天,被支配阶级的文化大多数都是口头的,而在以往的那些世纪里,情况更加显著。因为历史学家不能与 16 世纪的农民对话(而且,不管在任何情形之下,都无法保证他们能理解这些人),他们几乎必须全部依赖书面资料(或许还有考古证据)。这些书面资料的间接性是双重意义上的,首先,它们是被书写下来的,其次,书写它们的那些个体通常或多或少地与支配文化存在显著的联系。这意味着昔日之农民和工匠的想法、信仰和抱负,即便幸而为我们所触及,也几乎总是要经过会令其扭曲变形的观点和中介的过滤。从一开始,这就足以打消进行此种研究的企图。

但当我们舍弃研究"大众阶级生成的文化"的念头,转而研究"加诸大众阶级头上的文化"时,这个问题的性质便发生了戏剧性的改变。这正是罗伯特·芒德鲁在十多年之前基于那些当时还少有人挖掘利用的资料进行的尝试。他研究的对象,是小贩文学(the literature of colportage),这是一些由游商小贩在乡间市集上兜售的粗制滥印的小册子(历书、歌曲集、菜谱、神迹传奇或圣徒生平)。一系列反复出现的关键主题,让芒德鲁归纳出了一个略显仓促的结论。他将这种文学定义为"逃避现实文学",认为它在几个世纪的时间里滋养了一种充斥了宿命论和决定论、追求神迹和神秘主义的世界观,以此防止那些受此种世界观影响的人意识到自身的社会状况和政治处境,从而可能有意识地扮演了一个反动的角色。

芒德鲁并没有止步于将这些历书和歌曲集评定为一种精心谋划、以大众为受众的文学的档案文献。他匆忙地给出了一个欠缺佐证的定义,将这些文献视为一次成功同化适应的工具,是旧制度(the Ancien Régime)中大众阶级"世界观的折射"。他的这个定义,于无形中将彻底的文化被动性加诸后者身上,并赋予了小贩文学与其体量不成比例的巨大影响力。在一个四分之三的社会成员均属文盲的社会中,能够阅读的农民显然是极少数。即便这些小册子的印数显然非常高,并且其中每一本也很可能都会被人大声地朗读出来,从而可以为文盲人群中的很大一部分人所知,但要把"大众阶级生成的文化"与"加诸大众阶级头上的文化"等同起来,依然是荒谬的,而同样荒谬的,还有那种单纯凭借蓝皮丛书(Bibliothèque bleue)\*中的格言警句和寓言故事来确定大众文化之特征的做法。芒德鲁走的这条捷径,绕过了重新构建口头文化所固有的那些困难,事实上只不过又将我们带回到了起点。

明显出于经验不足,热纳维耶芙·博莱姆也走了一条类似的捷径(但起点是一组截然不同的预设判断)。在这位学者眼中的小贩文学,并非芒德鲁定义的那种(不太可能的)成功同化适应的工具,而是为宗教价值观所渗透的一种原创、自发的大众文化的不由自主的表达(而这更不可能)。在这种基于耶稣基督的人性(humanity)与神贫(poverty)的大众信仰中,自然与超自然、畏死与向生、对不公义的忍耐与对压迫的反抗,被视为水乳交融的一体。在这种方法之下,我们用一种"注定为民众而生的文学"取代了"大众文学",因此于无意识间依然停留在由支配阶级生成的那种文化的领域之中。的确,博莱姆偶然提到了,在小册子文学(pamphlet literature)与可能读到这种文学作品的大众阶级的阅读方式之间,存在着差距。但即便是这个宝贵的想法,也依然没能得到任何收获,因为它导

---

\* 17世纪流行于法国的一系列廉价大众读物,因蓝色封皮而得名。

向了对一种"大众创造性"的假定,作为一种业已消失的口头传统的一部分,它是无法被定义的,也显然难以触及。

4

该研究产生的这种刻板且人为美化了的大众文化形象,完全不同于米哈伊尔·巴赫金在一本关于拉伯雷与他所处时代的大众文化之间关系的书中列出的那种形象。这本书文字生动且极其重要。该书指出,《巨人传》虽然是一套农民们不太会去阅读的书,但与想必曾在法国乡下广为传阅的《牧羊人年鉴》(*Almanach des bergers*)相比,却能教给我们更多关于农民文化的知识。巴赫金所描绘的这种文化的中心,是狂欢节:在狂欢之中,神话和仪式与对生殖和丰收的庆祝、对所有价值和既定秩序的取笑颠覆,以及那种时间流逝既摧毁破坏又带来新生的天道之感(cosmic sense)交汇于一处。根据巴赫金的看法,这种从几个世纪的大众文化中演进而来的世界图景,与支配阶级文化的教条主义和保守主义形成了鲜明的反差,尤其以中世纪时为然。将这一悬殊差异铭记于心,拉伯雷的作品就变得一目了然了,它的滑稽不仅与大众文化的狂欢主题(也即那时的文化二元分立)直接相关,一种在16世纪上半叶尤为强烈、存在于被支配阶级文化与统治阶级文化之间、循环往复的彼此影响,也与其存在直接联系。

在某种程度上,这些都只是假设,而且并非所有假设都有充分的文献证据支持。但巴赫金这部优秀作品最主要的缺点，却可能是在其他方面。他试图加以描述的那些大众文化的主人公，那些农民和手工艺人，在向我们说话时，几乎完全是借着拉伯雷的语言。巴赫金向我们指出的如此之多的研究可能性，让我们希望能够对下层阶级社会进行无须借助中介的直接研究。但出于前面已经提到过的那些原因，在这个学术时代，想要找到一条直接而不拐弯抹角的进入路径，是极其困难的。

## 5

当然，我们无须在谈及扭曲变形时过甚其词。一个原始资料并不"客观"这一事实，并不意味着它就毫无用处（就这一点而言，就连库存清单也并不客观）。一部充满敌意的编年史，能够提供关于某个起义中的农民社群的宝贵证据。埃马纽埃尔·勒华拉杜里对"罗芒狂欢节"的分析，便是这种意义上的杰出典范。此外，总的来说，在定义工业化以前欧洲的大众文化时，不仅存在着方法论上的不确定性，大多数的专门研究所得到的结果也相当糟糕，与之相比，纳塔莉·泽蒙·戴维斯和爱德华·P. 汤普森关于"闹洞房音乐"（Charivari）*的高水平研究，

---

\* 汤普森《共有的习惯》新译本第 8 章（572 页）对这个词有详细阐释，英语是 rough music，而 Charivari（沙里瓦里）为法语；汤普森写过一篇文章，《"喧闹游行"：英国的"沙里瓦里"》。所以，也可译为"喧闹游行"。不过"闹洞房音乐"更能直接传递出这个词的内容。

却让我们得以一窥那种文化的某些特定方面。简而言之，即便是那些寥寥无几、七零八落和含混不明的文献记录，也能派上很大用场。

但是，因为担心陷入臭名昭著的幼稚实证主义的陷阱，再加上愤怒地意识到，即便在那些最平常、看起来最清白无辜的感知过程中，也可能潜伏着因意识形态而导致的扭曲变形，许多今天的历史学家都索性全然放弃了大众文化以及或多或少对其进行过歪曲描绘的那些原始资料。在对上面提到过的那些小贩文学进行批判之后（这种批判有其道理），一些学者开始质问自己，是否"大众文化存在于压迫它的那些行动之外"。这个问题其实是在玩弄字眼，而回答显然是否定的。这种怀疑主义第一眼看去，似乎是自相矛盾的，因为米歇尔·福柯的研究便藏身其后，这位学者借助自己的《古典时代疯狂史》，极其权威地将我们的注意力转向了我们的文化在其历史形成过程中的种种排除、禁止和限制之举。但再度打量之时，它便仅仅是一个表面上的悖论了。福柯感兴趣的主要是排除（exclusion）的行为和标准，却对被排除者不那么上心。促使他写下了《词与物》和《知识考古学》的这种态度，在《古典时代疯狂史》中就已经至少是不言自明的了，而这或许是受到了雅克·德里达对《古典时代疯狂史》一书轻浮、虚无的批判之刺激。德里达争辩说，不可能使用一种在历史上基于西方理性、因此在其形成过程中导致了对疯狂本身之压制的语言去谈论疯狂。基本上，他认为，福柯开展的研究所依赖的那个阿基米德支点，不仅不可能存在,实际也并不存在。在这一点上,福柯的那个雄心勃勃的沉默考古学(archéologie du silence)计划,便转变为简单纯粹的沉默——或许还伴随着一种美学意义上的沉思。

在最近出版的一本书中,可以找到这种回归的证据。书中收录了福柯及相关研究者的一些论文,还有许多与一桩19世纪谋杀案相关的文献。这桩案子的当事人是一名年轻农夫,他杀死了自己的母亲、姐妹和兄弟。书中的分析,主要是基于两种排除语言——司法的和精神病学的——的相互作用,而它们又常常会相互抵消。这个名叫皮埃尔·里维耶尔的杀人者,被放在了不那么重要的位置——而且恰恰是在那个时候,他应审判法官要求写下的、阐述自己为何犯下三重谋杀重罪的那篇证词,得以最终出版发行。对这一文本进行解读的可能性,被特意排除了,因为人们认为,这种解读不可能不伴随着扭曲失真,不可能不受到一个外部的理性系统的影响。唯一正当合理的反应,就只剩下了"震惊"和"沉默"。

一种美学意义上的非理性主义,便是这一研究过程所产生的结果。皮埃尔·里维耶尔与支配文化之间隐晦不明、相互矛盾的关系,几乎没有被提及:他阅读的那些文字[历书年鉴、虔信文学书籍,还有《梅利耶神父之常识》(*Le bon sens du curé Meslier*)]都一股脑地被忽略了。相反地,他被描述为一个犯罪后游荡于山林中的"没有文化的人……一个没有本能的动物……一个传奇性的存在,一个不可能加以定义的怪物,因为他身在任何众所公认的秩序之外"。事实上,这样一种由拒绝分析和解读而导致的绝对外部性，简直让我们倍感惊异。这唯一的话语，构成了一个激进的替代选择，与成形社会中的各种谎言形成了鲜明对照。而它的言说者，正是这些社会排除的受害者。这一话语超越了犯罪，超越了人吃人，在里维耶尔写下的回忆或他犯下的杀母之罪中，漠然不动声色地体现了出来。这是一种符号逆转的民粹主义。一种"黑色的"民粹主义——但依然是民粹主义。

## 6

关于"大众文化"这个概念的混淆不清，我们已经说得足够多了。首先，它被归为工业化以前的社会被支配阶级对支配阶级所提供的文化副产品的消极适应（芒德鲁）；然后，它又被视作相对于后面一种文化的回应，这种回应是缄默的，但其中包含的至少部分上独立自主的价值理念，却不言自明（博莱姆）；最后，它被定义为一种绝对的外部性，将被支配阶级实际上置于文化以外，或是一种前文化状态（福柯）。但可以肯定的是，巴赫金关于下层阶级文化与支配文化之间相互影响的假设，是收获更丰的。但要具体指出这种影响的方法和时间阶段（雅克·勒高夫已经开始这样做，并且成果卓著），意味着迎头撞上因文献证据而导致的问题，在大众文化这个具体案例上，文献证据几乎永远都是间接的。在何种程度上，大众文化中的那些支配文化的可能元素，并非源自对原始资料的无意识扭曲变形，并非带着显而易见的倾向性、要让不为人知的东西恢复到已知和熟悉状态，而不过是一种刻意同化适应的结果，或由自发融合使然？

几年前，在研究16世纪晚期和17世纪早期的巫术审判的过程中，我遇到了类似的问题。我想要搞清楚，巫术对于巫术事件中的那些主人公——那些巫师和术士——到底意味着什么。但可用文献（审判记录和关于鬼魔学的论文，后者尤然）却只充当了障碍，令人绝望地妨碍研究者真正掌握大众巫术的本质。随时随地，我都能遇到这种情况：宗教法庭审判官对于巫术的概念，全都源自学术资料。只有在发现了与"本南丹蒂"有关的、之前被忽略了的那股信仰洪流之后，那堵墙才被打开了一道缺口。透过法官的提问与被告的答复之间的诸多不一致——这些不一致既无法归为诱导性提问，也不能认为是酷刑折磨使然——一个根深蒂固、基本上独立自主的大众信仰暗层，开始浮现出来。

梅诺基奥，这本书的主人公，弗留利的磨坊主，他的话语在某种程度上构成了与本南丹蒂们的供词十分类似的情形。在这个例子中，梅诺基奥说出的许多话都不能被简化为那些熟悉的主题，而这一事实让我们得以窥见一个之前未被发掘的大众信仰层面，窥见那些不为人知的农民神话。但是，让梅诺基奥的案子变得格外复杂的一个事实在于，这些不为人知的大众元素被嫁接到了一个极其清晰并符合逻辑的理念复合体之上，这些理念既包括宗教激进主义，也包括表现出科学倾向的自然主义，还包括有关社会改革的乌托邦理想。一位不为人知的弗留利磨坊主所持的理念，与他所处时代的那些高尚优雅、学识渊博的知识分子群体所持的理念，令人震惊地汇合在了一起，而这强有力地向我们提出了巴赫金所阐述的那个文化传播的问题。

7

在考察梅诺基奥的供词能在何种程度上帮助我们理解这个问题之前，有必要先来追问一下，处于这一社会阶层的一个个体，他的理念和信仰能有多大关系？在如今这个时代，一支学者大军业已展开了规模浩大的思想史定量研究或系列宗教史研究项目，对一个孤家寡人的磨坊主如此细加调查，看起来似乎是自相矛盾或荒谬的，简直就相当于在动力织机的时代回归手工编织。值得一提的是，就连进行此种研究的可能性，也早已被包括弗朗索瓦·菲雷在内的那些人预先排除了，他们坚持认为，只有借助人口统计学和社会学的方法，通过"数字和不带个性特征的数据"，"对过去的社会进行定量研究"，才能完成将被支配阶级重新纳入通史之中的任务。尽管下层阶级已经不再被历史学家们忽略漠视，他们却似乎依然被迫保持"沉默"。

但是，如果这些原始资料让我们不仅有可能再现那些面目模糊的大众，还可以重新构建拥有独立人格的个体，再要去忽略漠视它，便是十足荒谬的了。将"个体"的史学概念扩展到下层阶级，是一个值得尝试的目标。当然，被那些荒唐无稽的逸事趣闻和臭名昭著的事件性历史（它不仅仅是政治史，更不必然是政治史）所淹没的风险的确存在。但这并不是一个不可避免的风险。一些传记研究已经表明，在一个自身无足轻重，但也因此极具代表性、可以被视作宇宙缩影的小人物身上，仍有可能查考出一个特定历史时期的整个社会层面的诸多特征，不管这个人是某个奥地利贵族，还是17世纪英格兰的某位低级神职人员。

那么，梅诺基奥是否也是这样的一个个例呢？一点儿都不是。我们不能把他视为其所处时代的一位"典型"农民（那种"普通"的农民，或"占统计数据多数"的农民）：从他在镇上相对孤立的地位，就能清楚地看到这一点。在他的同伴眼中，梅诺基奥是一个和其他人不太一样的家伙。但这种独特性，却也存在着固有的局限。和语言一样，文化为个体提供了一个充满各种可能的天地——一个灵活而无形的牢笼，让他可以在其中行使自己有条件的自由。历史将一种语言置于了梅诺基奥的支配之下，而他在运用这种语言侃侃而谈时，表现出了罕见的清晰思路和理解能力。因此，我们有可能在他的话语之中，查考出以格外独特、近乎夸张的形式出现的一系列相互交汇的元素，而这些元素在同时期或稍后的类似原始资料中或是佚失不见，或是几乎未被提及。这些回声余响，证实了某些特征的存在，而这些特征可以被用来还原一种农民文化。总而言之，即便是一个存在局限性的个例（梅诺基奥显然就是其中之一），也可能是具有代表性的：这种代表性可以是否定意义上的，因为它有助于我们去解释，在特定情形中，应当对"占统计数据多数"作何理解；它也可以是肯定意义上的，因为它让我们有可能去定义某些东西（大众文化）的潜在可能性，而这些东西通常都是通过零散和歪曲变形的文献资料——几乎全部来自"镇压行为的档案记录"——才能为我们所知的。

尽管如此，我并不打算对定性研究与定量研究孰优孰劣加以评断；很简单，必须强调的一点是，在讨论被支配阶级的历史时，后一种研究的精确性不可能摆脱（至少目前还不能摆脱）前一种研究臭名昭著的印象主义影响。E.P. 汤普森曾有力地评论道："计算机有着一种令人作呕的重复印象主义，总是没完没了地重复着一种陈词滥调，同时消灭掉所有未被编制程序处理的证据。"从某种意义上讲，这诚然不假，因为计算机显然只能执行，不会思考。但在另一方面，只有完成了一系列明确具体的深度调查，才可能开发出一个清晰明了的程序，提交给计算机。

让我们来举一个具体的例子。近年来，关于 18 世纪法国书籍的生产和传播，已经进行了几项定量研究。这种研究产生于一种合情合理的愿望，试图通过对先前曾被学者们系统性无视的大量书籍（近 45000 本）进行普查，去拓宽思想史的传统框架。据说，只有通过这种方式，才可能衡量图书交易中那些惰性和静态元素的发生频率，同时领会真正具有创新性的那些作品之突破的重要意义。然而，一位意大利学者富里奥·迪亚斯却反驳道,从一方面来看,这一方式几乎总是会在需要花费力气寻找显而易见之事实的地方取得成功;但从另一方面讲,它也存在着停留于历史偏见和误解之上的风险,而他用下面这个例子强调了这种风险。18世纪的法国农民显然并不会因为他们读过《引导天使》(L'Ange conducteur)这本书,就去攻打贵族的城堡。他们这样做,是因为"在来自巴黎的报告中或多或少隐含着的新思想"与"各种利益及……众多老对头"发生了重合。显然,第二项反驳意见(另外一项更站得住脚)否定了一种大众文化的存在,也否定了对被支配阶级的理念及信仰进行研究的作用,因此强化了先前的那种等级森严、不可越界的思想史。但事实上,应当对思想史定量研究进行的批判,却是在另外一点上:也就是说,问题不在于这种研究太缺乏等级倾向,而在于其等级倾向过于明显。它始于这样一个前提,即不仅是文本本身,甚至连这些书籍,都提供了明确无误的数据。但恰恰相反,读者的社会层次越低,可能就越不是这样。那些历书年鉴、歌曲集、虔信文学书籍和圣人生平传记,那构成了图书交易之大部分的、作为一个整体的小册子文学,今天在我们眼中都是静态、惰性和一成不变的。但它们是如何被那个时代的公众阅读的?在这些读者中普遍存在的口头文化,在何种程度上介入了对文本的使用,对其进行修改和再加工,甚至改变了其本质?梅诺基奥对他所读之书的叙述,为我们提供了一个惊人的范例,他与文本之间的关系,与今天受过教育的读者与文本之间的关系截然不同。这让我们终于有可能对博莱姆正确指出的、存在于"大众"文学文本与它呈现于农民和手工艺人眼中的样子之间的差异进行度量。在梅诺基奥的这个例子里，这种差异似乎极其悬殊，而且很可能是非同寻常的。但话说回来，正是这种特殊性，为未来的研究提供了宝贵的指向。就思想史的定量研究而言，只有对作为读者的那个人的历史变量和社会变量有所了解，才能真正为性质各异的思想之历史研究奠定基础。

## 8

在梅诺基奥阅读的文本和他理解这些文本、向宗教法庭审判官们讲述这些文本的方式之间，存在着一道鸿沟，而这表明，不能将他的理念简化或归结为任何一本特定的书。一方面，这些理念源自一种似乎十分古老的口头传统。而另一方面，它们又令人想起那些受过人文主义熏陶的异端群体所主张的一系列主题：宽容，倾向于将宗教信仰简化为道德规范，等等。这仅仅是一种表面上的二元对立。实际上，它却反映出了一种混成一体的文化，不可能在其中进行斩截明确的区分。即便梅诺基奥曾经与那些受过教育的圈层有过或多或少的间接接触，他主张宗教宽容的言论和对激进的社会革新的渴望，都烙着原创的印记，似乎并不是被动接受外部影响的结果。无论是他的慷慨陈词，还是他的远大抱负，都深深扎根于一个鲜为人知、几乎是难以测度的古老农民传统的土层之中。

在这里，我们可以追问一下自己，从梅诺基奥的长篇大论中浮现出来的那些东西，是否只是一种"心态"（mentality），而非"文化"。与表面上看起来的正相反，这并不是一种无凭无据的区分。对心态史的研究，其主要特征在于它们固守着某种特定世界观中惰性、少为人知和无意识的哪些元素。那些幸存下来的、抱残守缺的、情绪化的和非理性的东西：所有这些都被纳入了心态史的特定研究领域，并且走上了与思想史或文化史（也有一些学者认为文化史包含了前两种历史）这些相关的既有学科背道而驰的方向。仅在心态史的范围内讨论梅诺基奥的例子，将意味着贬低他的世界观中强大的理性元素（这种理性元素不必然等同于我们自己的理性）。但就沿用心态史研究方法这个问题而言，更关键的一个反驳理由，还在于它坚决的无阶级性。心态史考察的，是"恺撒与他最低级的军团士兵、圣路易与为他耕田的农民、克里斯托弗·哥伦布与他的一名海员"之间的共同之处。在这种意义上，用来修饰"心态"一词的形容词"集体"，在绝大多数情况下都是多余的。我们不应否认这种研究的正当性，但与之相伴的那种做出无凭无据之结论的风险，却也真实存在。即便是吕西安·费弗尔这位20世纪最伟大的历史学家之一，也落入过这种陷阱。在一本引人入胜却误入歧途的书中，他试图在对某个个体——尽管这个人是非同凡响的拉伯雷——进行研究的基础上，辨识整个时代的精神坐标。假如费弗尔能够将自己限定于证明一个问题，也即所谓的拉伯雷的"无神论"并不存在，那倒也无伤大雅。但是，费弗尔随即转向了"集体心态（或心理）"的问题，开始坚称，宗教信仰对"16世纪人"所施加的影响固然具有限制性和压迫性，但也不可避免、必然发生，拉伯雷也不例外。这时，他的论证就变得让人无法接受了。事实上，谁才是这些被胡乱扣上"16世纪人"帽子的人呢？他们是人文主义者，还是商人、手工艺人和农民呢？正是因为这种无阶级的"集体心态"的说法，才导致了针对一个窄众——由一些教养有素的个体组成的法国社会的一个窄小层级——的研究结果，竟然被默认扩展到了一整个世纪的所有人身上，毫无例外。在对集体心态进行理论推定的过程中，便又回到了传统思想史的老路上。农民，那个时代占人口绝大多数的那些人，在费弗尔的书中几乎很少被提及，而且甫一出现便被草率地扣上了"乌合之众……半开化的野蛮人，迷信的牺牲品"的帽子；与此同时，在那个时代不可能系统阐述出一种辩证自洽的非宗教立场的说法，却也是极其明显的事实。17世纪不是16世纪，而笛卡尔也不是拉伯雷的同代人。

尽管存在这些局限，费弗尔却成功地确定了将个体与由历史决定的环境和社会联系在一起的那些错综复杂的主题，而这堪为典范。他在分析拉伯雷的宗教信仰时使用的那些方法，也可以用来分析梅诺基奥十分不同的宗教信仰。不管怎样，此时此刻，我们应当很清楚，为什么"大众文化"这一术语尽管在一些情况下不令人满意，但仍是一个比"集体心态"更可取的说法。一个与阶级结构有关的概念，即便是泛泛而谈的，相对于无阶级的概念而言，也是一个巨大的进步。

这并不是在断然宣称,在工业化之前的欧洲,存在一个农民和城市手工艺人(更不用说游民这种边缘群体了)所共有的同质文化。此处的初衷,只是建议划定一个研究领域,与当前这项研究类似的具体分析,必须在其中才能进行。只有这样,未来才有可能在此项研究得到的结论基础上有所建树。

## 9

梅诺基奥这样的个例之所以可能出现,要感谢两个重大历史事件:印刷术的发明和宗教改革。印刷术令他能够对照书本检视自己从小到大所接触的口头传统,还为他提供了将纠结于心的那些理念与幻想发泄出来的语言。宗教改革赋予他勇气,去向教区神父、乡里乡邻和宗教法庭审判官表达自己的情感——即便他无法像自己期望的那样,亲自当着教皇、红衣主教和王公诸侯侃侃而谈。受过教育的人对书面文化的垄断,神职人员对宗教信仰的垄断,全都被终结了,而由此导致的巨大裂缝,造成了一个全新的、蓄势待发且随时可能爆炸的局面。然而,早在梅诺基奥接受审判前的半个多世纪,当路德对农民战争及其背后的诉求予以严厉谴责之时,在一部分上层阶级文化的理想与大众文化的理想之间寻找共同点的可能性,便已经被彻底粉碎了。到了梅诺基奥的时代,只有被迫害者中的极少数人,比如再洗派教徒(Anabaptists),还继续秉承着那个理想。随着反宗教改革(Counter-Reformation)运动(以及与此同时的新教教会巩固联合),一个新时代就此开启。这个时代的特征,是当权者的日益僵化保守,是对平民百姓家长式的洗脑灌输,更是通过对少数群体和持不同政见群体或多或少诉诸暴力的分化瓦解而实现的大众文化的灭绝。就连梅诺基奥本人,最终也被处死在火刑架上。

## 10

我们已经说过,不可能在梅诺基奥的文化世界之中进行斩截明确的区分。只有回头看去,我们才能将那些已经开始与16世纪上层文化中一小部分人共同拥有的思想主题相吻合的主题析分出来,而这些思想主题,成为后来几个世纪的"进步主义"圈子的宝贵遗产:对激进社会变革的渴望,从内部对宗教信仰的蚕食,还有宽容。梅诺基奥身处其间的,是一条美好而曲折、清晰可辨的发展进程,这一进程一直延续到了今时今日。在某种意义上,他是我们的先驱之一。然而,梅诺基奥也是纯粹出于偶然才与我们邂逅的一个散落的历史碎片,他所归属的那个模糊不清、阴影重重的世界,只有借助一种十分武断的行为,才能与我们自己的历史重新联系起来。那个文化,早已经被摧毁。尊重它晦涩难懂的残章断简(这种晦涩难解拒绝任何对其加以分析的企图),并不意味着屈服于对异国情趣和故弄玄虚的愚蠢迷恋。它只不过提醒我们注意到了历史的支离破碎,而从某种意义上讲,我们自己也是这种支离破碎的受害者。"任何发生过的事情都不应视为历史的弃物,"瓦尔特·本雅明这样写道,"只有被赎救的人才能保有一个完整的,可以援引的过去。"被赎救的人,于是也就成了被解放的人。

# 第 1 章　梅诺基奥

他的名字，是多梅尼科·斯坎代拉，但人们都叫他"梅诺基奥"。他出生的那一年是 1532 年（第一次受审时，他宣称自己 52 岁了），地点是在蒙特雷阿莱。这是弗留利地区的一个小山城，离南边群山脚下的波尔代诺内（Pordenone）有 25 公里远。他一直生活在这里，除了在一场争斗后被放逐的那两年（1564—1565 年）。这些年的时光，他是在邻近的村庄阿尔巴（Arba）和卡尔尼亚（Carnia）地区的某个不知名的地方打发的。他成了家，有 11 个孩子，其中 4 个业已夭亡。他对阿奎莱亚和康科迪亚地区宗教法庭的副庭长、咏祷司铎（canon）詹巴蒂斯塔·马罗声称，自己靠着当"磨坊主、木匠、锯木工和石匠，还有干些别的活计"谋生。但他最主要的职业还是磨坊主，而且他也穿着磨坊主的传统制服——白色羊毛面料制成的上衣、斗篷和一顶小帽。就是这样一身白衣，他出席了 1584 年对自己的审判。

一两年后，他跟宗教法庭的审判官们说，他"很穷"："除了两座租来的磨坊和两块永续地约的（perpetual lease）佃地，我一无所有。我从前就是靠着这些供养了我穷困的一家人，今后也将继续如此。"但显然，他是夸大其词了。即便相当一部分收入都用于支付两座磨坊的租金（或许以农产品的形式）以及地租，剩下的也肯定足够过日子了，而且即便是在年景不好的时候，也能略有盈余。当他被放逐到阿尔巴时，他马上就租下了另一座磨坊。在他的女儿焦万娜出嫁时（梅诺基奥已于大约一个月前过世），她得到了一笔相当于 256 里拉 9 索尔多\*的嫁妆：考虑到那些年当地的风俗习惯，她肯定不富，但也绝对不穷。

总的来讲，在蒙特雷阿莱的这个小世界里，梅诺基奥的地位肯定不是最无足轻重的那种。1581 年，他曾当过镇长，管理这个村镇和周围几座村庄的行政事务，如加约（Gaio）、格里佐（Grizzo）、圣洛纳尔多（San Lonardo）和圣马蒂诺（San Martino）。此外，他还一度担任过蒙特雷阿莱教区教堂的管理人（camararo）。我们不知道这里是否像弗留利的其他地区一样，已经以选举制取代了古老的轮流坐庄的制度。如果真是这样的话，知道如何"读、写和加减"或许会让梅诺基奥拥有某些优势。事实上，行政长官几乎总是从那些上过初级公学，甚至还学过一点拉丁文的人中选出来的。在阿维亚诺（Aviano）和波尔代诺内都有这类学校。梅诺基奥很可能便在其中一所就读过。

---

\*　旧时意大利的铜币，20 索尔多等于 1 里拉。

1583年9月28日，梅诺基奥被告到了宗教法庭。他被指控口出关于基督的"种种大逆不道和亵渎神圣之辞"。这并不是偶一为之的亵神之举。梅诺基奥实际上试图将自己的观点加以传播，以"厚颜无耻的巧言邪说"蛊惑人心，这一事实令他的处境急剧恶化。

一个月后，对他的初审在波托格鲁阿罗（Portogruaro）开庭，后来又转到了康科迪亚和蒙特雷阿莱本地。他企图令人改变宗教信仰的种种行径，在这个过程中得到了充分证明。"他总是跟人就信仰问题争论不休，就为了逞一时口舌之快——哪怕对方是教士也一样。"弗朗切斯科·法赛特对副庭长做证时说。另一位证人多梅尼科·梅尔基奥里补充说："他跟谁都能辩上几句，当他开始跟我辩论的时候，我对他说：'我就是个鞋匠，而你不过是个磨坊主，你又不是什么读书人，讨论这些有什么用呢？'"这些关于信仰的问题，本应高高在上、艰深晦涩，并非磨坊主和鞋匠们所能企及。要讨论这些问题，一个人得有知识才行，而知识的宝库首先就是那些学识渊博的教士。但梅诺基奥却喜欢说，他不相信圣灵主宰着教会，他补充说，"教士们希望置我们于其影响之下，让我们保持沉默，而他们则可以肆意妄为"，而他自己呢，对上帝的了解要比这些教士更多。因此，当镇上的司铎把他带到康科迪亚宗教法庭的副庭长那里、希望他能改邪归正时，这位教士警告他说，"你的这些异想天开都是异端邪说"，而梅诺基奥也保证不再涉足这些事，但他很快便又故态复萌。在广场上，在酒馆里，在前往格里佐或德阿维亚诺（Daviano）的路上，在从山里返回的途中，"不管跟他做伴的人是谁"，朱利亚诺·斯特弗努特当庭陈述道，"他总是会把话题转到和上帝有关的那些事儿上，而且总是会介绍某种异端邪说。然后，他又会争论不休，大声为自己的意见辩护"。

# 第 2 章 小城

想要通过审讯记录了解村民们对梅诺基奥的言论作何反应，并不是一件容易的事。很明显，没人愿意承认，自己曾经赞许地聆听过一位涉嫌传播异端邪说者的讲话。事实上，一位村民甚至对主持审讯的副庭长描述了自己的义愤填膺："梅诺基奥，拜托了，看在上帝之慈爱的分上，别再说这些事儿了！"多梅尼科·梅尔基奥里宣称自己曾这样大声谴责对方。而朱利亚诺·斯特弗努特则做证说："我跟他说了好多次了，尤其是在我们去格里佐（Grizo）的路上，我说我挺喜欢他，但我没法容忍他这样谈论关于信仰的事情，因为我会一直跟他作对，就算他把我杀死一百遍，我活过来之后，还是会再次为信仰而赴死。"教士安德烈亚·比奥尼玛甚至发出过含蓄的威胁："消停点儿吧，多梅老兄，别再说这种事了，有一天你会后悔的。"另外的一个证人乔瓦尼·波沃莱多在当着副庭长陈述证词时，冒险给梅诺基奥贴了个标签——虽然颇为含糊其词："他的名声很坏，他有些邪恶的想法，就跟那些路德教派的家伙似的。"但我们不应被这种众口一词所误导。几乎所有那些被审讯的人，都宣称自己跟梅诺基奥认识了很长一段时间，有些人与他有着三四十年的交情，还有一些人跟他熟识了二十到二十五年。其中一个叫丹尼尔·法赛特的人说，自己"打小时候起就认识他，因为我们在一个教区"。显然，梅诺基奥的某些主张不是几天前才说出来的，而有了"好几年"的历史，可能一直远到三十年前。在所有这些时间里，镇上没人告发过他，虽然他的言论尽人皆知：人们重复着这些话——或许是出于好奇，或许一边说一边摇着头。在副庭长收集到的这些证言中，看不出对梅诺基奥有真正的敌意，最多也就是不赞成而已。的确，一些证言来自他的亲戚，比如弗朗切斯科·法赛特或他老婆的远房兄弟巴托洛梅奥·迪安德烈亚，后者称他为"一个体面人"。但就算是站出来反对梅诺基奥，甚至宣称自己做好了"为信仰而赴死"之准备的朱利亚诺·斯特弗努特，也会补充一句"我挺喜欢他"。这个磨坊主曾经当过镇长和教区教堂的管理人，他肯定不是生活在蒙特雷阿莱的社区边缘的那种人。许多年之后，在第二次审判时，一位证人断言："我见过他和很多人打交道，我认为，他跟谁都是朋友。"然而，在某一个特定的时间点上，某个人告发了他，而这一告发之举为后来的审讯铺平了道路。

正如我们即将看到的，梅诺基奥的子女马上怀疑，这个匿名的告发者就是蒙特雷阿莱的教区神父唐·奥多里科·乌莱，而他们并没有搞错。这两人的不和由来已久。有那么四年时间，梅诺基奥实际上会到城外做忏悔。但即便如此，乌莱在初审最后阶段给出的证词也极其含糊："我不记得他说的那些事的具体内容。我记性不好，而且脑子里还想着其他的事。"显然，没人比他更有义务向宗教法庭通报此事，但副庭长并没有逼他做供。他并不需要这么做。正是乌莱本人，在另一位教士、出身于当地领主家族的奥塔维奥·蒙特雷阿莱的挑唆之下罗织出了详尽的证据，而副庭长对证人们提出的那些具体问题，便基于这些证据。

本地神职人员的敌意，很容易就能得到解释。正如我们在前面看到的，在信仰问题上，梅诺基奥并不认可教会圣统制（ecclesiastical hierarchy）\*中存在任何特别的权威，多梅尼科·梅尔基奥里做证时说："教皇是什么东西！高级教士是什么东西！教士是什么东西！这些话都是带着蔑视说出来的。他压根就不相信这些人。"在大街上和酒馆中的这些慷慨陈词和激烈辩论，必定使梅诺基奥事实上将自己置于了教士权威的对立面。但梅诺基奥到底说了些什么呢？

首先，他不仅仅是亵渎神圣到了"罔失法度"的程度，而且还坚持认为，亵渎神圣并不是一种罪（据另一位证人说，他曾说过，亵渎圣徒并非罪过，但亵渎上帝是有罪的）。他讽刺地补充道："每个人都有自己的使命，有些人受感召而去犁地，

---

\* 也称为"教阶体制"，简言之，是天主教会神职人员行使权力和管理教会事务的制度体系。

有些人去锄草，而我也有我自己的使命，那就是亵圣。"他还说过一些奇奇怪怪的事，村民们零星、片段地将其内容报告给了副庭长："空气是上帝……大地是我们的母亲"；"你以为上帝是谁？上帝不过是一缕气息，其他的都是人加诸其上的想象"；"我们所见的万事万物，都是上帝，而我们就是诸神"；"天空、大地、海洋、空气、深渊和地狱，皆是上帝"；"耶稣基督由童贞女马利亚所生，这事你有什么想法？她生了他，而仍保持着童贞之身，这根本不可能。事情的真相很可能是这样的，他是个好人，或者是某个好人的儿子"。最后，据说梅诺基奥还藏有一些禁书，尤其是意大利本国语言译本的《圣经》："他总是跟人争来辩去，他还有一本意大利本国语言版的《圣经》，觉得自己讲的道理都基于这本《圣经》，而且他对自己的这些论点特别顽固。"

在证据一点点被收集起来的过程中，梅诺基奥感觉到了自己正在成为罗织构陷的对象。于是，他求助于自己的童年好友、波尔切尼戈的教区神父乔瓦尼·丹尼尔·梅尔基奥里，而后者敦促他主动向宗教法庭自首，或者至少在被传召出庭时立即服从。他警告梅诺基奥说："对他们想知道的那些事据实相告，尽量别说太多；别由着自己的性子对这些事大加讨论。只回答他们的问题就行了。"即便是梅诺基奥偶然在一位木材商朋友家中遇见的前律师亚历山德罗·波利切托，也曾劝他向法官自首，承认有罪，但同时宣称自己从未相信过自己说过的那些异端邪说。于是，梅诺基奥应宗教法庭的传召去到了马尼亚戈（Maniago）。但就在第二天，2月4日，担任宗教法庭庭长的方济各会教士费利切·达·蒙特法尔科遵循着审判程序，亲自下令将他逮捕，并"用手铐铐起"押送至康科迪亚的宗教法庭监狱中。1584年2月7日，梅诺基奥面对了自己的第一次讯问。

# 第 3 章　初审

尽管得到了这些忠告，梅诺基奥马上就表明，他早就做好了侃侃而谈的准备，虽然他努力让自己显得比证人证词中呈现的样子更讨喜一些。他承认自己在两三年前对于圣母马利亚的童贞问题有所怀疑，而且曾向包括巴尔奇斯（Barcis）的某位教士在内的几个人表露过这种怀疑，但他声辩道："我的确跟许多人说过这些事，但我并没有对他们说，你们应当全盘接受这些。正相反，我跟他们中的许多人强调说：'你想让我来教你什么是真道吗？勉力为善，追随祖先的足迹，遵从神圣慈母教会（Holy Mother Church）的指令。'但我说出另外的那些话，是因为我受到诱惑，想要相信它们，想要将它们教给其他人。是邪灵让我相信了这些事，也是邪灵，哄骗我将这些讲给其他人。"就是这些话，让梅诺基奥很不明智地证实了对他在城里自居为教义和行为教导者的猜疑（"你想让我来教你什么是真道吗？"）。不去怀疑这种宣教有异端邪说之嫌，几乎是不可能的——尤其是在梅诺基奥向人解释他与众不同的宇宙起源论的时候。对这种宇宙起源论的含混不清的复述，已经上报到了宗教法庭："我说过，在我看来，一切都是混沌，也就是说，大地、空气、水和火，都混杂在一起；它们都是从这一片混沌之质中形成的——就像奶酪是用奶制成的——而蛆虫会在其中出现，这些就相当于众天使。至圣至上者宣谕，这些就应当是上帝和众天使，而在这些天使之数中，亦有上帝，祂也是从这片混沌之质中同时创生出来的，而祂被立为主，率领着四员副将，就是路西法（Lucifer）、米迦勒（Michael）、加百列（Gabriel）和拉斐尔（Raphael）。路西法试图自立为主，与上帝平起平坐，因为这种傲慢，上帝下令，将他和他麾下之军及其同党逐出天堂；而这位上帝后来又造了亚当、夏娃和众多人类，让他们取代被逐出的众天使之位。而当这一大群人也没有遵从上帝的诫令之时，上帝派出了自己的圣子，他被犹太人抓捕，被钉死在十字架上。"但梅诺基奥补充道："我从来没说过，他让自己像一头畜生那样被高高挂起。"（这是对他的指控之一：后来，他的确承认，他确有可能说过类似的话。）"事实上，我确实说过他让自己被钉死在十字架上，而被钉死的这个他是上帝的众多儿女之一，因为我们都是上帝的儿女，与那个被钉死的人别无二致，而他和我们余下的所有人一样，都不过是一个人，只不过更有尊严，就如同教皇也和我们一样是人，只不过职位更高一些而已，因为他手握大权。而那个被钉死在十字架上的人，是圣约瑟和童贞女圣马利亚所生。"

# 第 4 章 "鬼迷心窍了?"

在初审过程中,因为证人们报告的那些奇谈怪论,副庭长开始时曾询问他们,梅诺基奥说话的时候到底是"严肃正经的,还是在插科打诨"。后来,他还问过,这人是否神志正常。对两个问题的回答都很清楚明白:梅诺基奥说话的时候是"严肃正经的",而且"他很清醒,并没有疯"。事实上,在审判开始后,他的一个儿子齐安诺托在父亲的某些朋友(塞巴斯蒂亚诺·塞贝尼科和某位不确定身份的"卢纳尔多先生")的建议下,曾经散布过流言说,梅诺基奥"疯了","鬼迷心窍了"。但副庭长对此不予置信,审判继续。法庭一度打算将梅诺基奥的看法,尤其是他的那种宇宙起源论——什么奶酪啦,牛奶啦,蛆虫和众天使啦,上帝啦,从混沌中生出天使啦这一套——视作不虔敬却无伤大雅的胡说八道,草草驳回了事,但这种打算后来被放弃了。一个多世纪之后,梅诺基奥很可能会被当成患上"宗教妄想症"(religious delirium)的那种人,被送入疯人院。但在反宗教改革进行得如火如荼的当时,对人加以排斥的方法是不同的,最普遍的一种方法,就是将这些人认定为异端分子并起诉他们。

# 第 5 章　从康科迪亚到波托格鲁阿罗

让我们先把梅诺基奥关于宇宙的构想放在一边，转过头来关注审讯的进展。在梅诺基奥被逮捕后，他的一个儿子齐安诺托立即尝试采取一系列办法对他施以援手：他聘请了某个名叫"波托格鲁阿罗的特拉波拉"的律师；他专门赶到塞拉瓦莱（Serravalle）与审判官商议会谈；他还从蒙特雷阿莱拿到了一份有利于这名在押犯人的声明，将其寄送给律师，并表示如果需要的话，还可以拿到另外的品行保证书："如果需要来自蒙特雷阿莱的关于该犯每年做忏悔和领圣餐的证据，教士们会提供的；如果需要来自镇里的关于他曾经担任镇长和五个村庄的行政官（retor）的证明，这也能提供；而且如有必要，就他曾担任蒙特雷阿莱教区教堂管理人并在这个岗位上恪尽职守这一事实，以及他曾当过蒙特雷阿莱教区教会什一税征税人（scodador）的经历，也能得到确认……"此外，齐安诺托（本人并不识字）和他的兄弟们一道，还向蒙特雷阿莱的教区神父施加了压力。在他眼中，这个人就是整场风波的罪魁祸首。他迫使这位教士给当时被关押在宗教法庭监狱中的梅诺基奥写了一封信。这位教士力劝梅诺基奥承诺"完全顺服于神圣教会，说你不相信，也不会相信任何除了我主上帝和神圣教会所下诫令之外的东西，并表示你打算在基督教信仰之中活着和死去，正如神圣的、位于罗马的大公使徒教会所宣谕的那样；事实上，说你在有需要的时候，出于对主上帝和神圣基督教信仰的爱，你将准备献出自己的生命和一千条另外的性命，假如你有那么多的性命可以献出的话，因为你知道，你的生命和每一样美好之物，都受自神圣慈母教会……"很显然，梅诺基奥并没能分辨出，这些字句其实出自与他为敌的那位教区神父之手。他以为这些话是曾经光顾过他的磨坊、偶尔借给他钱的羊毛和木材商人多梅内哥·费梅努莎说的。但不管怎样，梅诺基奥都发现自己很难遵从信中的劝告。在第一次审讯快结束时（2月7日），他带着很明显的不情愿对副庭长说："先生，我无法告诉你，我受上帝或魔鬼的感应所说的那些到底是真实还是谎言，但我请求你的慈悲，而我也会遵循教导给我的那些东西。"他指望着被宽恕，却没有收回自己所说的任何话。在四次漫长的讯问过程中（2月7日、16日、22日和3月8日），他一直坚持着与副庭长的反对意见相对立的立场——他否认，他解释，他又反复重申。"从审判记录来看，"副庭长马罗陈述道，"你说过你不相信教皇，也不相信教会的律法，而且你主张每个人都拥有与教皇同样的权威。"对此，梅诺基奥回复道："假如我明知我说过大人您指控我的那些话，那乞请全能的上帝就在这一刻击打我、让我死去吧。"但是，当他被问道，他是否真的说过替死者举行的弥撒毫无用处之时（根据朱利亚诺·斯特弗努特的证词，有一天，当他和梅诺基奥参加完一场弥撒回来的时候，梅诺基奥便是这样说的："为了纪念那点子死后飞灰而施舍财物，这算怎么一回事？"），梅诺基奥解释道："我当时的意思是，我们应当关心如何在我们还活在这个世上的时候彼此帮助，因为那之后，上帝才是支配灵魂的主体；为死者而献上的祷告、施舍和弥撒，照我的理解来说，都不过是出于对上帝的爱而进行的，而上帝自会做祂所喜悦之事，因为灵魂不会来接受这些祷告和施舍，不管是为了活人的好处还是死人的好处来接受这些善工，那是归至高无上的上帝管的事。"他本以为这会是一个聪明的解释，但事实上，这却与教会关于炼狱涤罪的宣传相抵触。"尽量别说太多话"，打小就与梅诺基奥很熟的一位波尔切尼戈的教区神父曾这样忠告过他。但很明显，后者就是管不住自己。

就在 4 月将尽之时，案情突然生出一个新变化。威尼斯省的行政长官们（rettori）要求阿奎莱亚和康科迪亚地区的宗教法庭审判官费利切·达·蒙特法尔科遵守威尼斯的法律规定，而这些法规要求在所有的宗教法庭案件审判中，除教会法官（ecclesiastical judges）之外，还必须有一位世俗官员列席。两套司法管辖权之间的冲突由来已久。我们不知道，在这一特定行动的背后，是否有着作为辩护律师的这位特拉波拉先生希望替当事人争取权益的运作。不管怎样，梅诺基奥被转到了波托格鲁阿罗的市长官邸，并在那里当着市长的面，对已经进行过的讯问之证据材料加以确认。在这之后，审判继续进行。

过去，梅诺基奥曾多次跟他镇上的乡亲说，他做好了在宗教和世俗权威之前陈述有关信仰问题的个人"观点"的准备，事实上，他渴望着这样做。"他跟我说，"弗朗切斯科·法赛特陈述道，"如果他真的因为这件事落入法网，他将很高兴地平安离去，但如果他遭到了恶劣的待遇，他就会大声说出那些尊贵之人的劣迹恶行。"而丹尼尔·法赛特也坚称："多梅内哥说，如果他不怕死的话，他说的话足以让所有人震惊；我想他指的是关于信仰的那些言论吧。"梅诺基奥在波托格鲁阿罗市长与阿奎莱亚和康科迪亚的宗教法庭审判官面前证实了这一证言："真的，我是说过，如果我不畏惧正义之剑的话，我会用我的话令所有人都大为惊奇；我也说过，如果我获准觐见教皇，或是某位愿意听我一言的国王或诸侯，我可有好多要说的事情呢；就算他之后杀掉我，我也不在乎。"这之后，他们要求他畅所欲言，而梅诺基奥将所有的警告都抛在了脑后。这一天，是4月28日。

# 第 6 章 "大声指斥尊贵之人"

他开始谴责富人在法庭上对穷人的肆意欺压，而这是通过使用像拉丁文这样艰深晦涩的语言来实现的："我认为，说拉丁文是对穷人的背叛，因为在法律诉讼中，穷人并不知道到底在说些什么，也不知道哪些证据被驳倒了。哪怕他们想要说上三言两语，都需要一名律师。"但这只不过是教会作为共犯和帮凶参与其中的普遍的剥削压迫行为之一例："在我看来，在我们的这种律法之下，教皇、红衣主教和主教既富又贵，每一样东西都归教会和教士所有，而他们却对穷人百般压迫，这些穷人哪怕只耕作着两块佃来的田地，这些地也是属于教会的，属于某个主教或红衣主教。"我们应当记住，梅诺基奥租佃了两块田地，但地主是谁从未被指名道姓；他的拉丁文程度，显然不过是在望弥撒时学到的几句信经（Credo）和主祷文（Pater Noster）而已；而他的儿子齐安诺托在他刚刚被宗教法庭逮捕时，就赶忙给他找了一位律师。但这些巧合——或许纯属偶然——不应误导我们。即便梅诺基奥的观点是因自身处境有感而发的,但它们最终所涉及的范围却要宽泛得多。他呼吁教会放弃特权,返朴归贫,与穷人站在一起,这种呼声与一种截然不同的宗教概念相连,它源自四福音书,摆脱了那些教义的清规戒律,回归到核心的几条实践准则:"我想让我们相信上帝的威严,一心为善,按照耶稣基督在回答问他'当守何种律法'的犹太人时所吩咐的那样去做:'爱上帝,又要爱你的邻居。'"对梅诺基奥而言,这种简化的宗教信仰并不要求忏悔式的谨守戒行。他对所有宗教信仰一律平等的激情想象,是基于启示被平等地赐予所有人类的这一理念——"大有威严的上帝将圣灵赐予所有人,既赐给基督徒,也赐给异教徒,既赐给穆斯林(Turks),也赐给犹太人,而祂珍视所有人,他们都以同样的方式得拯救。"他痛斥了主审法官和他们教条主义的傲慢自大,以此结束了自己的发言:"你们这些教士和修道士,你们也想要比上帝更全知全能,而你们就像魔鬼,你们想成为地上的神,和上帝一样无所不知,你们追随着魔鬼的脚步。可事实上,一个人觉得自己知道的越多,他知道的就越少。"将克制和谨慎都置之度外,梅诺基奥宣称,他拒绝包括洗礼在内的所有形式的圣事,认为它们是人为制造出来的,只不过是一些"商品",是掌握在神职人员手中的剥削和压迫工具:"我认为,教会的律法和诫令都不过是桩生意,他们就靠这个谋生。"关于洗礼,他说道:"我认为,我们一出生,就已经受洗,因为上帝赐福给万事万物,已经为我们施洗;但这另一种洗礼,不过是一种被人发明出来的东西，教士们利用着人们的灵魂，早在他们出生之前便已如此，而在他们死后，还将继续贪婪地吞食着这些灵魂。"关于坚信礼的问题，他说："我认为这是个生意，一个人类的发明，所有的人类都拥有圣灵，他们寻求理解，却一无所知。"关于婚礼，他说："上帝并没有确立婚姻制度，这是人类所为。以前，一个男人和一个女人只要交换誓言，这就已经足够了；后来，这些人类的发明才继之而生。"关于按立礼："我认为上帝的灵驻于我们所有人之中……我也认为，每个曾读书求学的人都能成为教士，而无须被按立，因为这全都是一桩生意。"关于终傅（extreme unction）："我认为这什么都不是，毫无价值，因为被膏抹的是身体，灵魂不能受膏。"关于忏悔，他总是这样宣称："你完全可以去向一棵树忏悔，跟向教士和修道士忏悔没什么分别。"当宗教法庭审判官就这些言语提出质询时，梅诺基奥带着点儿沾沾自喜解释说："如果那棵树能够提供悔罪之知，那就足够了。如果有人要寻求教士的帮助，那是因为他们不知道应当为自己的罪愆做出何种忏悔，希望教士或许能教导他们，但假如他们已经理解了这件事，就不需要再去找那些教士了。而对于已经对忏悔有所认知的人，这是没用的。"后者应当转向"他们心中大有威严的上帝（进行忏悔），祈求祂赦免他们的罪"。

只有祭台圣事（sacrament of the altar）\*逃过了梅诺基奥的

---

\* 也就是圣餐礼。

指摘，但即便是这一圣事，也被他以一种异端方式重新诠释。其他证人转述的他的那些言论，听起来如同亵渎或充满鄙夷的谴责之辞。某一天，在拜访波尔切尼戈的教区神父时正赶上圣饼制作，梅诺基奥感叹道："童贞女马利亚呀，（瞧瞧）这帮饿狼。"而在另一个场合，与一位名叫安德烈亚·比奥尼玛的教士争论时，他说过："我看那儿除了一块面团啥都没有，这怎么可能是我主上帝？而上帝又是什么？不过是尘土、水和空气而已。"但他对副庭长解释道："我确实说过圣体（host）*是一块面团，但我还说了，圣灵从天上降入其中，而我真心相信这一点。"心中怀疑的副庭长问道："你认为圣灵是什么？"梅诺基奥回答道："我认为就是上帝。"但他知道三位一体（Trinity）中有几个位格（persons）吗？"是的先生，有圣父、圣子和圣灵。""在这三个位格中，你认为圣体转化为了哪一个？""转化为圣灵。""具体来讲，你认为圣三位一体中的哪一个位格存在于圣体中？""我认为是圣灵。"这种无知看起来令副庭长无法置信。"在宣讲这一至圣圣事（most holy sacrament）之教义时，你的教区神父关于什么存在于至圣圣体（the most holy host）之中是怎么说的？"但在梅诺基奥这里，此事与无知无关："他说，这是基督的身体，但我却认为，这是圣灵，因为我认为圣灵比基督为大，基督是一个人，而圣灵来自上帝之手。"我们可以看到，只要遇到机会，梅诺基奥就会跃跃欲试

---

\* 圣餐中经过祝圣的面饼。

地——甚至近乎傲慢无礼地——运用自己的裁量自由和他独持偏见的权利。他对宗教法庭的审判官陈述道:"关于这桩圣事,我喜欢这样,一个人忏悔后,就去领圣餐,然后领受圣灵,而这个人的灵也随之喜悦;至于圣体圣事(the sacrament of the Eucharist)嘛,它的功能不过是控制众人,它是由人在圣灵感应之下制造出来的。望弥撒(celebration of the Mass)只不过是圣灵的一个工具,明恭圣体(adoration of the host)也类似,这样众人才不会像一群饿狼一样。"因此,弥撒和祭台圣事的正当性是从一种近乎政治化的角度得到确认的,它们被当成了文明教化的工具和手段——然而,这句话却不由自主地与他对波尔切尼戈的教区神父所发表的言论形成了呼应("圣体……饿狼"),虽然对话中的人物发生了逆转。

但对各种圣事的这种激进的批评,到底是建立于何种基础之上的呢?显然不是《圣经》经文,因为梅诺基奥无情地审视了经文本身,将其浓缩为构成其精髓的"三言两语":"我认为《圣经》是上帝赐给我们的,但那之后又被世人添加了内容。这本《圣经》里,只有三言两语就足够了,但它却变得跟那些越来越冗长的打打杀杀的书一样了。"对于梅诺基奥而言,甚至连文本有所差异的四福音书,都失去了上帝之道(God's word)的简明与质朴:"至于福音书中的那些事,我相信其中一部分是真的,但还有一部分是那些福音书作者从他们的大脑中凭空想象出来的,因为我们会在许多段落中看到,一个人是这么说的,而另一个人是另一种说法。"因此,我们可以理解，梅诺基奥之前为何跟他的乡亲说（并在审判过程中再次这样说）"《圣经》是被发明出来欺骗世人的"。这是一种对正统教义的驳斥，一种对《圣经》文本的驳斥，一种对宗教信仰之实践层面的单方面坚持。"（梅诺基奥）还告诉我，他只相信善工善行。"弗朗切斯科·法赛特做证说。在另外的一个场合，依然是在向弗朗切斯科陈述己见时，梅诺基奥声称，"除了行善事，我别的什么都不想要"。神圣性于他而言，只是一种生活之道，一种实践行为，除此无他："我认为圣人是一些多行善事的正直之人，因为这个，上帝令他们成了圣人，而我认为他们在为我们祷告。"无论是圣物还是圣像，都不应被崇拜。"至于他们的圣物，比如一条手臂、一具遗体、一颗头颅、一只手掌，或一条腿，我相信它们都和我们死后的肢体一样，而我们不应崇拜或敬畏它们……我们不应崇敬他们的圣像，上帝独自创造了天与地。你难道看不到这一点吗，"梅诺基奥对法官们喊道，"亚伯拉罕丢弃了所有的偶像和圣像，只崇拜上帝？"同样，耶稣基督通过自己的受难，赐给世人一个可资效法的榜样："他有益于……我们这些基督徒，他就像是一面镜子，正是因为他是出于对我们的爱而在患难中忍耐的，我们才应当出于对他的爱去死，去承受患难。让我们不要为我们也终有一死而迷惑，因为上帝命令祂自己的儿子也应当赴死。"但耶稣基督只是一个人，所有的世人都是上帝的孩子，"与那个被钉十字架的他同属一质"。因此，梅诺基奥拒绝相信耶稣基督是为了救赎人类而死："如果一个人犯了罪，必须悔罪补赎的是他自己。"

这些话中的绝大部分，是梅诺基奥在一次漫长的审讯过程中说出来的。"我说的话将足以令每个人震惊。"他曾跟乡亲们保证。而事实上，庭长、副庭长和波托格鲁阿罗的市长也必定深感震惊，一个磨坊主居然能够如此笃定坚决地阐述他的观点。梅诺基奥深信这些观点的原创性。"我从未与任何一个异端分子打过交道，"他在答复法官们提出的一个具体问题时说，"但我心思活泛，而且想要追寻那些我所不知道的更高深的东西。但我不相信我所说的就是真理，我想要顺服于神圣教会。我曾有过一些邪恶的观点，但圣灵启示了我，我祈求全能的上帝的怜悯，我主耶稣基督的怜悯，以及圣灵的怜悯，如果我没有说真话，就让祂击打我，让我死去吧。"最后，他终于决定按照儿子的建议行事，但首先，他想要像自己很久以前就对自己承诺过的那样，"大声指斥尊贵之人的劣迹恶行"。当然，他知道自己所承担的风险。在被押回牢房之前，他祈求宗教法庭审判官施以怜悯："我的大人们呐，我求你们，看在我们的主耶稣基督受难的分上，结了我的案子吧。如果我罪该一死，就让我受死好了，如果我配得上怜悯，那就施给我吧，因为我想作为一个好基督徒活着。"但审判远未结束。几天后（5月1日），审讯重新开始。市长因其他要务不得不离开波托格鲁阿罗，但法官们没有耐心再听梅诺基奥发言了。"在之前的审讯中，"庭长说，"我们告诉过你，从审讯过程来看，你的脑子里满是想入非非和有害的教义。因此，这个神圣的法庭希望你向我们彻底坦白交代。"而梅诺基奥答道:"我的心思是高尚的,我希望有一个新世界,一个新的生活方式,因为教会并没有为所应为,也因为不应当有那许多的浮华夸耀。"

# 第 7 章　一个落伍的社会

我们将在晚些时候回过头来讨论，出现在这番话中的"新世界"和新的"生活方式"有何重要意义。首先，我们必须试着去理解，这位弗留利的磨坊主如何能够表达出这种理念。

16 世纪下半叶的弗留利，是一个带有明显的古旧特征的社会。封建贵族阶层的豪门望族继续在宗教信仰上扮演着支配性的角色。像"马斯纳达"（masnada）这种形式的农奴制直到之前的那个世纪还普遍存在，要比邻近区域长久得多。古老的中世纪议会保留了其正当的立法功能，尽管实际权力曾在某些时候掌握在威尼斯的官员手中。在现实中，从 1420 年开始的威尼斯人的统治，尽可能地让一切保持原样。威尼斯人唯一的顾虑便是制造一种权力均衡，从而消除存在于某些弗留利封建贵族之中的颠覆倾向。

在 16 世纪开始时，豪门贵族之间的冲突激化了。形成了两个派系，一方是围绕大权在握的安东尼奥·萨沃尔尼安（此人后来在流放中死于帝国的营地）集结成的、亲威尼斯的赞贝兰党（Zamberlani），另一方则是对威尼斯满怀敌意、以托雷贾尼家族为首的斯特鲁米党（Strumieri）。贵族派系斗争的政治冲突之外，一场极其暴力的阶级斗争又雪上加霜。早在1508年，身为贵族的弗朗切斯科·迪·斯特拉索多就曾经在领主议会（Parlamento）演讲时警告说，在弗留利的几个地区，雇农已经形成了几个"秘密集会"，其中一些人数已有2000之多。在那里，他们会口出"某些恶毒残忍之词，尤其是声称要把教士、绅士、封建领主和市民大卸八块，甚至再举行一场西西里晚祷起义（Sicilian Vesper）*之类的污言秽语"。而这并非空谈而已。在1511年的濯足节（Maundy Thursday），就在威尼斯人在阿尼亚德洛（Agnadello）战败导致的那场危机不久之后，伴随着一场瘟疫爆发，效忠于萨沃尔尼安的雇农举行了一场叛乱。他们首先在乌迪内举事，随后又在其他地方揭竿而起，大肆屠杀两派的贵族，烧毁他们的城堡。贵族内部迅即化干戈为玉帛，达成阶级团结，随后残酷镇压了这场起义。但雇农们的暴力行径固然从一方面将恐惧投入了威尼斯寡头统治集团的心中，可另一方面也表明，对弗留利本地贵族实行怀柔遏制政策确属可行。在1511年这场短命的起义后的几十年里，威尼斯当局不断强化了支持弗留利本地雇农［以及那些总的来讲属于该地区

---

\* 1282年意大利西西里民众为反对来自法国的西西里国王安茹的查理而举行的起义，因以教堂举行晚祷的钟声为信号得名。

（Terraferma）的居民］反对当地贵族的倾向。作为这种制衡体系的一部分，在威尼斯自己的领地（dominions）中出现了名为孔塔迪纳扎（Contadinanza）的一种非同寻常的社会机构。这一机构兼有财政和军事两种职能。它根据一份所谓的"灶册"（list of hearths）征收一系列贡税，并通过摊丁入地的方法组织本地民兵。这第二种规定尤其构成对弗留利贵族的公然冒犯，尤其是当人由此联想到深深浸透了封建主义精神（比如，威胁要对那些胆敢在夜间设网捕兔或猎取野鸡、从而妨碍了贵族狩猎的农民施以惩罚）的这个"邦"（patria）的成文法之时，其中可就包括了"禁止农民自行武装"这一条。但威尼斯当局在继续保持孔塔迪纳扎的这种特殊属性的同时，也决定令其成为乡村人口利益的官方代表。因此，领主议会作为全体居民代表的这一法律推定终遭舍弃，甚至连徒具形式亦不可得。

威尼斯方面为支持弗留利农民而采取的措施不胜枚举。1533年，乌迪内和其他一些弗留利及卡尔尼亚地方的乡村教区神父（decani）提交了一份陈情书，抱怨说，他们"生活十分窘迫，因为不光要给邦内的众多贵族市民（noble citizens）和其他人等交各种类型的租子，还要付租给其他的平民百姓，而连续几年谷物价格居高不下导致了处境的恶化"。作为回应，以现金而支付永续地约地租［永保佃权地（emphyteusis）除外］的做法得到了允许，无须以按照当初的单价永久确定下来的实物形式支付。在一个通货膨胀极其严重的时代，这种做法无疑是有利于农民的。而在1551年，"作为对邦内全体农民之请求的回应"，1520 年之后签订的所有永续地约，都需依据一项在八年后得到确认并扩充的法令减租 7%。再一次，在 1574 年时，威尼斯当局下令"禁止从邦内农民手中拿走任何适于耕作的大小牲畜作为保证金，也不得在任何债主的坚持下取走任何种类的农具，物主本人自愿交出者除外"，试图以此限制乡村地区的高利贷。此外，法令还要求债主只能在 8 月 15 日之后追索债务，"以此纾解那些从放债人手中典借了各样物什的贫苦农民的困境。由于这些债主的贪婪，地里的收成在几乎还没到收获期之前便被从这些贫民手中夺走，而此时正是全年中谷物价格最低的时候"。

这些让步，主要是为了让弗留利乡村地区隐而未发的紧张局势保持在可控状态，但与此同时，它们也制造出了一种当地农民与威尼斯联合共同对抗本地贵族的团结一致感。作为对连续减租的回应，后者试图将长期佃约（long-term leases）转化为单佃（simple rents），而这种佃约显然为农民设下了更苛刻的条款。在这一时期大为流行的此种潮流，在弗留利遇到了巨大的障碍，尤其是来自人口年龄构成上的挑战。当人力稀缺时，很难做出有利于地主的农事安排。在从 16 世纪中期到 17 世纪中期这一百多年的时间里，因为瘟疫频频来袭，外迁（尤其是迁往威尼斯）的人数增加，弗留利的总人口显著下降。这一时期威尼斯官员们的报告重点指出了农民的悲惨状况："我已经停止征收所有私人债务，直到收获时为止，"丹尼尔·普留利在 1573 年写道，并讲述了其中原因，"一切都被席卷而空，从女人们的背巾——哪怕里面正包裹着她们的小婴儿——到门上的锁头,凡此种种,既不虔敬,也不人道。"在 1587 年,卡洛·科尔内强调了该邦的贫困状况:"(此地)非常贫瘠,因为部分地区山多地少,而低平之处亦遍地砾石,极易被多处山洪淹没,也极易受在此地区肆意横行的暴风雨之危害。"他还总结道:"因此,鉴于这些贵族身家并不豪富,这里的人,尤其是农民,也十分穷困。"在这个世纪即将结束时(1599 年),斯特凡诺·维亚罗描绘了一幅衰败凄凉的景象:"几年来,这个邦饱经蹂躏,很少能找到一个完好的村镇,绝大多数村镇中三分之二甚至是四分之三的房屋,不是成了一片废墟,就是早已无人居住,而且近半数的田地无人耕种。这实在是一件至为可憾之事,因为如果这种情形持续下去,每一天,居民们都不得不为谋生而远走他乡,只有最穷困、最不幸的那些人,才会留下来。"在这样一个威尼斯的衰落刚开始变得明显起来的时刻,弗留利的经济已经深陷泥沼了。

# 第 8 章 "他们对穷人百般压迫"

但是,像梅诺基奥这样的一个磨坊主,对这种政治、社会和经济冲突对立的三角关系到底知道些什么?对于那些在悄无声息中决定其生存处境的巨头之间的角力,他有着怎样的理解?

他的构想十分简单粗浅,但同样也十分清晰了然。这个世界中存在着诸多"等级"。有教皇、红衣主教和主教,也有蒙特雷阿莱的教区神父;有皇帝,也有国王和封建诸侯。但在这些层级之外,在"尊贵之人"和"穷苦百姓"之间,存在着一个根本性的差异,而梅诺基奥很清楚,他是穷苦百姓中之一员。这是一种在农民社会中十分典型的、完全二元对立的阶级结构观。然而,在梅诺基奥的陈述中,却有一种对"尊贵之人"格外不齿的倾向。他对最高宗教权威的攻击——"在我看来,在我们的这种律法之下,教皇、红衣主教和主教既富又贵,每一样东西都归教会和教士,而他们却对穷人百般压迫……"——

其暴烈程度与紧随其后的对那些政治权威的和缓得多的批评形成了鲜明对比:"我还认为,这些威尼斯的老爷们在那座城中藏贼引盗,以至当有人去那儿买东西,问'这些东西你打算怎么卖'的时候,这帮贼强盗会回复说要一个达克特(ducat)*,即便这些东西只值3个马尔塞鲁斯币(marcelli),而我希望他们能尽到监管之责……"这番话语,首先当然是向我们表明了这位农民在突然与城市中的遥远现实发生接触后的那种反应。从蒙特雷阿莱或阿维亚诺骤然来到威尼斯这样的大城市,无疑是一个巨大的地理跳跃。然而,一个既存事实是,尽管教皇、红衣主教和主教被直接控以"压迫"穷人的罪名,他却只是轻描淡写地提到"威尼斯的老爷们在那座城中藏贼引盗"。这种语气上的不同显然无法归因于他的谨慎小心,因为当他说出这些话的时候,梅诺基奥正站在波托格鲁阿罗的市长和阿奎莱亚宗教法庭庭长及副庭长面前。在他眼中,教会等级制度是压迫的首要体现。为什么?

梅诺基奥本人似乎提供了第一条线索:"每一样东西都归教会和教士所有,而他们却对穷人百般压迫,这些穷人哪怕只耕作着两块佃来的田地,这些地也是属于教会的,属于某个主教或红衣主教。"正如我们已经提到的,我们不知道这是否就是梅诺基奥本人的经历。根据1596年(这一番话被说出十二

---

\* 达克特是中世纪时欧洲许多国家通用的金币或银币名,后面的马尔鲁斯币是教皇马尔塞鲁斯二世在位时(1555年)发行的教廷铸币。

年后）进行的一次土地核查，可能租给过梅诺基奥的一块地，与之交界的一大片土地，似乎曾被当地领主家族中一位名为奥拉齐奥·蒙特雷阿莱的成员分派给某个叫贾科莫·马尼亚诺的人。这份文件还列出了当地或邻近地区的教堂所拥有的几块租出去的土地：8块田地属于圣马利亚教堂（Santa Maria），一块属于圣罗科教堂（San Rocco），这两所教堂均在蒙特雷阿莱，还有一块田地属于波尔代诺内的圣马利亚教堂（Santa Maria of Pordenone）。蒙特雷阿莱当然不是一个孤例。在16世纪末，弗留利地区的教会和整个威尼托（Veneto）地区的教会一样，手中掌控的地产仍为数不少。而且，尽管有些地方田地的数量有所减少，品质却得到了提高和改善。所有这些都足以解释梅诺基奥的那一番话，即便他或许并未亲身体验到教会土地所有权的压迫（这种教会土地一直被明确指明不受威尼斯当局推出的减租措施的影响）。他只需要睁大眼睛，四处打量一下，已经足够。

在蒙特雷阿莱和周边地区，教会财产之广大无边足以解释梅诺基奥的控诉为何会如此尖锐激烈，但它却未能解释这些话的言外之意，也未能从更宽泛的层面上讨论它们所引出的实际结论。教皇、红衣主教和主教"压迫"穷人。但以何种名义？凭借何种权利？教皇"和我们一样是人"，只不过他手握大权并因此身居"高位"。在神职人员和平信徒之间并不存在差异。按立圣事只是"一桩生意"。所有的圣事和教会律法，因为这个缘故，也不过是些教士们赖以自肥的"商品"和"发明"。

在这座以剥削穷人为基础建立起来的恢宏殿堂的正对面，梅诺基奥展示出了一种截然不同的宗教信仰，在这种宗教信仰之中，所有成员全都是平等的，因为上帝之灵驻于所有人中。

梅诺基奥对自身权利的这些认知，有着独特的宗教起源。一个磨坊主可以声称自己有能力向教皇、国王和诸侯阐述信仰的真谛，因为上帝降给所有世人的圣灵也驻于他的身体之中。出于同样的原因，他敢于"大声指斥尊贵之人的劣迹恶行"。令梅诺基奥在他的慷慨陈词中痛斥既有等级制度的，不仅仅是他对压迫的感知，还是一种宗教狂热，这种虔信坚称在每一个世人之中，都有"灵"的存在，他有时将其称为"圣灵"，有时则称作"上帝之灵"。

# 第 9 章 "路德派信徒"和再洗派信徒

即便是第一眼看去,所有这些似乎都能以宗教改革对权威之理论根基的巨大打击来解释,这种打击不仅发生在宗教信仰的地盘中,也发生在政治和社会领域里。但梅诺基奥与那些宗教改革群体及其理念到底有何联系?

"我觉得,路德教派信徒是那种到处教人坏东西的家伙,还在星期五和星期六吃肉。"梅诺基奥一度向审讯他的法官们如此说。但这显然是一个故意简化、歪曲了的定义。许多年后,在第二次审判时(1599 年),调查发现梅诺基奥曾经对一个名叫西门的皈依了基督教的犹太人说,他死的时候,"一些路德教派信徒会知道的,他们会来收殓骨灰"。第一眼看来,这似乎是一个铁证。但实际上却恰恰相反。除了难以检验梅诺基奥这些期望的事实基础(我们在后文中会回过头讨论这个问题),"路德教派"这一说法的语境,也符合这个时代该词的通常用法。根据西门的证供,事实上,梅诺基奥全盘否定了福音书的价值,拒绝承认耶稣基督的神圣性，而且盛赞了一本可能就是《古兰经》的书。看起来，我们离路德和他的教义足有十万八千里。所有这些都迫使我们回到出发点，重新开始，一步一步地谨慎前行。

以梅诺基奥在波托格鲁阿罗受审期间的陈述为基础，我们可以重新构建出一个姑且称为"梅诺基奥教会学"的理论体系，而它有几个相对简明确切的特征。在16世纪欧洲复杂的宗教信仰图景中，这种教会学在许多方面都与再洗派教徒的教导大致相似。坚持上帝之道的简明扼要，拒绝圣像、礼仪和圣事，否认耶稣基督的神性，信奉基于事工的践行式宗教，激烈地主张奉行神贫、反对教会的"浮华夸耀"，高举宽容的旗帜——所有这些元素，全都可以追溯到再洗派教徒的宗教激进主义。当然，梅诺基奥似乎并不曾支持成人洗礼。但他知道，就在不久以前，意大利的再洗派群体甚至将洗礼与其他圣事一道加以拒绝，只接受基于个体内在重生的圣灵之洗。在他这里，梅诺基奥认为洗礼是全然无益的："我相信，我们一出生就已经受洗，因为上帝赐福给万事万物，已经为我们施洗……"

在广泛传播到意大利北部和中部的大部分地区（尤其是威尼托地区）之后，因为一位领导人变节而引发的宗教和政治迫害，再洗派运动在16世纪中期被镇压了。但少数分散各地的教徒集会依然秘密地存在了相当长一段时间，即便在弗留利也是如此。例如，那些在1557年被宗教法庭投入监狱的波尔恰（Porcia）手工艺人，就惯常在一位鞣皮匠和一个织布工的家里聚会，阅读《圣经》，讨论"生命的更新……福音的纯净，戒绝各种罪过"，他们很可能便是再洗派教徒。正如我们即将看到的，根据一位证人的证词，梅诺基奥的异端信念可以追溯到三十年前，而他本人或许便曾与这一群体有过接触。

然而，尽管存在这些已被注意到的相似之处，却似乎不大可能给梅诺基奥打上再洗派教徒的标签。他赞同的关于弥撒、圣体圣事和一定限度内忏悔解罪的观点，对于一位再洗派教徒来说是不可想象的。最重要的是，一位视教皇为敌基督（Antichrist）化身的再洗派教徒，是绝对不可能像梅诺基奥那样说出关于赎罪券的看法的："我相信它们是好的，因为如果上帝立了某人当教皇，让他代为颁赐赦免的话，那就是好的，因为这就像是我们从上帝那里接受赦免一样，因为这些赎罪券是某个充当祂的管家的人所给出的。"所有这些话，都是他在波托格鲁阿罗的第一次审讯时说出来的（4月28日）。梅诺基奥在那个情形之下表现出的骄傲——有时甚至是桀骜不驯的——态度再一次提示我们，可以直接放弃那种认为这些陈述是出于谨慎或谋算的假设。此外，梅诺基奥后来列出的那些林林总总的文本，他的那些宗教看法的"源头"，与再洗派教徒的严格宗派排斥行为实可谓风马牛不相及。对于再洗派教徒来说，真理的唯一来源是《圣经》，甚至就只是四福音书。例如，在上面提到的那个波尔恰群体中担任领袖的那位织布工就宣称："在此之外，其他文字皆不可信，除了福音书，更无其他文字与救赎有关。"但对于梅诺基奥来说，灵感却可能来自那些名声最不好的书：既可能来自《圣经辅读》(*Fioretto della Bibbia*)，也可能来自《十日谈》。总而言之，梅诺基奥的观点与那些再洗派教徒的观点有许多真实存在的相似之处，但它们存在于截然不同的语境之中。

如果光凭再洗派运动无法解释梅诺基奥的个例，那么，回到一个更宽泛的定义之上是不是更明智的选择？显然，梅诺基奥声称，他与"路德教派"（这一说法在当时包括了范围极广的异端派别）团体有接触。为什么不索性接受这种我们先前认为很可能存在于梅诺基奥与宗教改革派之间的含糊的亲近关系呢？

事实上，即便是这种做法，看起来也不太可能。在审判的某个时间点上，一次典型的对话发生在审判官与梅诺基奥之间。前者问："你怎么理解'称义'（by justification）这个概念？"总是做好准备就自己的"看法"侃侃而谈的梅诺基奥，这一次并没有听懂。这位修道士不得不向他解释"何为称义"（quid sit iustificatio），而梅诺基奥像我们之前已经看到过的那样，以否认耶稣基督为救赎人类而死作答，因为"如果一个人犯了罪，必须悔罪补赎的是他自己"。在得救预定论（predestination）的问题上，情况也是如此。梅诺基奥并不知道这个词的含义，只有在审判官作出解释之后，他才答道："我不相信上帝预定任何人得享永生。"在这个宗教改革的时代，意大利境内的宗教辩论正是围绕称义和得救预定论这两个主题而展开的，然而它们对于这位弗留利的磨坊主来说，却可谓毫无意义——即便在他的阅读过程中，肯定不止一次和它们打过照面，而我们将在后面看到这一点。

这一点格外意义重大，因为，在意大利，对这些问题感兴趣的并不仅仅是社会中的上层阶级。

> 脚夫、女仆和保人
> 齐把自由意志来评论
> 提起得救预定论
> 七嘴八舌乱纷纷

16 世纪中期的讽刺诗人、人称"捣蛋鬼安德烈亚·达·贝尔加莫"的彼得罗·内利这样写道。几年前，那不勒斯的鞣皮匠在聆听了贝纳迪诺·奥基诺的讲道之后，曾就保罗书信和因信称义的教义展开慷慨激昂的辩论。这些关于信和事工对于得救的重要性的辩论，在最出乎意料的地方得到了响应，比如，它们居然出现在了一位妓女呈交给米兰当局的请愿书中。我们可以很容易地继续补充诸如此类的随机事件。然而，在这些事件中，有一个共同的元素：几乎所有这一切都发生于城市背景中。它是意大利城乡分化日益加剧的众多迹象之一。假如再洗派不是在政治和宗教镇压下几乎立时被打倒的话，他们倒真的有可能对意大利的边远地区进行一场宗教征服，然而这一目标却在几十年后实现了，只不过是在一面截然不同的旗帜号召之下。高举后一面大旗的，是几个反宗教改革的修道会，主要是耶稣会会士。

这并不意味着意大利的乡村地区没有体验到整个16世纪的宗教动荡。但在这薄薄的一层当代主题和当代事件的帷幕之后,我们却得以窥见那些截然不同而又更为古老的传统的庞然存在。梅诺基奥所描述的那种宇宙起源论——一块蠕虫-天使从中而生的原始奶酪——与宗教改革有什么关系?对于梅诺基奥的乡亲们举证说他讲过的那些宗教改革的言论:"我们所见的万事万物,都是上帝,而我们就是诸神","天空、大地、海洋、空气、深渊和地狱,皆是上帝",我们又能如何追寻它与那种宇宙起源论之间的脉络联系?为权宜起见,最好将它们归结为一种或许已经有了几个世纪的历史,但却从未被彻底消灭的下层农民的信仰潜流。通过打破宗教大一统的外壳,宗教改革间接地导致了这些古老信仰的死灰复燃;而试图恢复这种大一统的反宗教改革派,将它们带到了光天化日之下,但目的却只是将其彻底扫荡清除。

在这种假想的基础上,梅诺基奥的激进言辞便无法通过与再洗主义——或是泛泛而言的"路德主义"——扯上关系而得到解释。我们反倒是应当问一问,这些言辞是否真的不属于一场自发的农民激进主义运动之一部分?宗教改革的动荡或许促成了这一激进运动的兴起,但该运动本身的历史却要古老得多了。

# 第 10 章　磨坊主、画家和小丑

在审判官们看来，梅诺基奥在没有受到他人影响的情况下，自己构想出这些与现行理念大相径庭的想法，简直是不可能的。证人们被追问，梅诺基奥是否"真心实意地这样说，还是带着嘲讽的语气说的，或者他是不是在重复从别人那里听来的言论"。梅诺基奥被要求交代其"同党"的名字。但两个问题的答案都是否定的。梅诺基奥尤其斩钉截铁："大人，我从来没碰到过任何持有这些看法的人；我的看法是我自己从脑袋里琢磨出来的。"但是，至少在部分事实上，他没有说真话。1598年，奥塔维奥·蒙特雷阿莱（如果我们还没忘记，这个人曾经间接导致了宗教法庭的出面干预）说，据他所知，"这个梅诺基奥是从一个名叫 M. 尼古拉的波尔恰画家那里学到的他那些异端邪说"。这个尼古拉曾来过蒙特雷阿莱，为奥塔维奥的连襟、拉扎里（Lazzari）的某位绅士家中作画。实际上，尼古拉的名字在第一次审判期间就曾被提到过，当时曾令梅诺基奥流露出明显的尴尬之色。他先是说自己在大斋节（Lent）期间见过这人，当时他听尼古拉宣称自己的确是在斋戒，却是"出于恐惧使然"。（与之相反，梅诺基奥这期间吃了"一丁点儿牛奶和奶酪，偶尔还会吃个鸡蛋"，并以体质虚弱的理由为自己开脱。）但他马上转换了话题，开始用一种似乎是闲扯的方式谈起了尼古拉拥有的一本书。尼古拉随后被传唤到了宗教法庭接受讯问，但在波尔恰的两位神职人员给出对他有利的品格担保之后，马上就被释放了。然而，在第二次审判中，浮现出了一些证据，表明梅诺基奥的异端看法曾受到某个身份未明者的影响。在1599年7月19日的审讯中，审判官问他，他的那种每个人都可以因自己的宗教信仰得拯救，因此一名穆斯林可以继续当个穆斯林而无须皈依基督教的想法，到底有多长时间了。我们在后文中将会看到，这种想法实际源自《十日谈》中的一个故事。梅诺基奥当时答道："我有这些看法，可能有十五六年的光景了，自打我们开始讨论这些事儿，魔鬼就把这些念头放到我脑袋里了。""你跟谁讨论这件事？"审判官马上追问。经过一段长时间的停顿之后（post longam moram），梅诺基奥才回答说"我不知道"。

如此看来，十五六年前，梅诺基奥必定曾和某个人谈论过宗教信仰问题——这一年很可能是1583年，因为在第二年年初，他就被关进了监狱，接受审判。非常有可能，这个人就是借给梅诺基奥那本与此案牵连颇多的《十日谈》的同一人。梅诺基奥一两个星期后说出了他的名字：尼古拉·德·梅尔基奥里。

除了名字之外，两个日期也让我们将这个人与尼古拉·达·波尔恰画上等号（但这一重合逃过了审判官的注意）：1584年，梅诺基奥与尼古拉正好有一年没见了。

这位奥塔维奥·蒙特雷阿莱消息很是灵通：梅诺基奥必定曾与尼古拉·达·波尔恰讨论过宗教信仰问题。我们不知道，尼古拉是否身为那个曾在二十五年前秘密集会、阅读福音书的手工艺人组织之一员。不管怎样，尽管1584年法庭获得的证词有利于他，他还是在一段时间里被称作"一个大异端分子"。至少，在1571年，一位波尔代诺内的贵族富尔维奥·罗拉里奥在提到八年前或十年前发生的一件事时就是这样描述他的。尼古拉"说他曾亲手打碎过离波尔恰不远的一座教堂里作为装饰的几块镶嵌石板，宣称这是不对的，说它们不属于那里，只不过……商品……而那些人像也不应当被放置在教堂中"。我们立时便会由此联想起梅诺基奥对圣像的那些尖锐谴责。但这并不是他从尼古拉·达·波尔恰那里学到的全部。

"我知道，"梅诺基奥对副庭长说，"尼古拉有一本名叫《查博罗》（*Zampollo*）的书，据尼古拉说，主人公是个小丑，他死后下到了地狱里，在那里跟魔鬼们大开玩笑，如果我没记错的话，尼古拉还说，他有一个同伴，一个魔鬼喜欢上了这个小丑，而当他的同伴知道魔鬼对这小丑有好感时，同伴对他说，他应当装作闷闷不乐的样子，于是他就这么做了，然后魔鬼对他说：'你为什么看起来闷闷不乐？说实话，别有顾虑，因为即便在地狱中，你也应当诚实。'"对于副庭长来说，这番言辞听

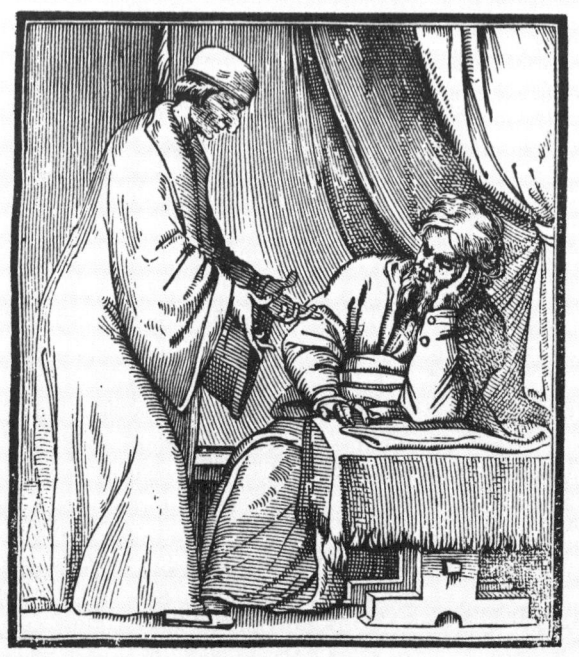

《卡拉维亚之梦》1541年版的扉页插图,奥地利国家图书馆

起来想必几近于胡说八道。他立刻将讯问转回到更严肃的问题上——例如,梅诺基奥是否主张所有人都要下地狱?——于是,一个重要的线索便从他眼前溜走了。事实上,对于尼古拉·达·波尔恰借给他看的这本书,梅诺基奥已经吃透了其中含义,以至把书中的主题和表达永久性地化成了自己的一部分,虽然他记错了书中主人公赞博罗(Zanpolo)的名字,而且误把它当成了这本书——《卡拉维亚之梦》(Il sogno dil Caravia)——的书名。

在《卡拉维亚之梦》中,一个名叫亚历山德罗·卡拉维亚的威尼斯珠宝匠描述了自己和他的至交好友、著名小丑赞博罗·利奥姆帕尔迪的一段经历。而后者在不久前享高龄而逝。

> 你在我看来甚为忧郁
> 仿佛一位绘画大师笔下的人物

赞博罗在书的一开始对卡拉维亚说(在这本书扉页的版画中,卡拉维亚的形象事实上便与丢勒名画《忧郁》中人物的姿势一致)。卡拉维亚很忧伤。他看到自己身处一个充满不公的世界,为此深感难过。赞博罗安慰了他,提醒他说,真正的生命并不在此世。卡拉维亚感叹道:

> 哦,我多想一闻究竟
> 某个在彼世的人到底过得如何

丢勒 1514 年创作的《忧郁》，美国大都会艺术博物馆

赞博罗答应他，自己死后，会试着回到人间，显现在他面前。没过多久，赞博罗就去世了，而诗中绝大部分的诗句，都用来描述珠宝匠卡拉维亚的梦。在梦中，小丑赞博罗向他讲述自己如何去到天堂，跟圣彼得进行了一番交谈，然后又下到地狱，在那里通过插科打诨的方式同魔鬼法尔法赖罗（Farfarello）交上了朋友，随即又遇到了另外一名著名的小丑多梅内哥·泰亚卡切。后者给他出了个主意，让赞博罗能遵守承诺显现于卡拉维亚之前：

> 我知道法尔法赖罗喜欢你甚多
> 我想他很快便会来你这里小坐；
> 他会问你是否深感苦恼：
> 你呢，一见到他，必须得装作
> 比真实情况更加难过，
> 这样他就会想法子讨好你。
> 然后你便可以告诉他心中所思
> 说不定，他就会依着你的念头去做。

"于是我就开始假装……"赞博罗叙述道，

> 受着极大的折磨
> 蜷缩在一个角落
> 直到法尔法赖罗前来看我。

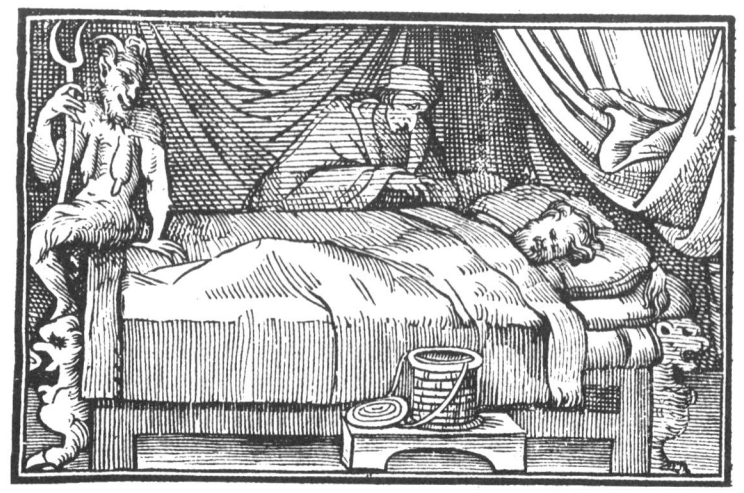

《卡拉维亚之梦》1514年版中的故事插图

但这个花招并没能奏效，法尔法赖罗斥责了他：

> 我已看穿了你的伪装：
> 如今心下不知拿你怎样是好
> 因为你居然试图用这样的花招耍我。
> 你曾向我承诺，要遵守每一项诫条
> 即便是在地狱中，也守信如故。

然而，他还是原谅了赞博罗。赞博罗显现在了卡拉维亚之前，而后者一醒来，就马上跪倒在耶稣的十字架苦像前祷告。

被梅诺基奥牢记下来的法尔法赖罗这番关于即便在地狱中也要说真话的劝诫，显然代表了《卡拉维亚之梦》中的一个根本性的主题，也即对伪善之举——尤其是修道士们的伪善——的激烈抨击。这本书于 1541 年 5 月完成印刷，当时，看似有望重新恢复天主教与新教之间宗教和平的会商，正在雷根斯堡进行。《卡拉维亚之梦》实际上是意大利福音派教义的一个典型声音。赞博罗和泰亚卡切这两个小丑"插科打诨,挤眉弄眼"，当着鬼王别西卜（Beelzebub）的廷前重臣便开始跳起舞来,"向他露出他们俩的光屁股"，这种行为事实上与一种受众更广泛、历史更悠久的宗教表现形式相辅相成——而且是一种充满狂欢节色彩的混合体。泰亚卡切毫不掩饰地对路德加以称赞：

> 某个叫马丁·路德的家伙已经登上舞台

> 他瞧不起教士，把修士看得更低
> 可德国人对他却稀罕得紧；
> 他召集起会议来可是从不嫌累［……］
> 这个马丁呀，我们听说，
> 门门学问都能专精：
> 被他抛弃的可不是纯正的福音。
> 路德让许多人心里糊涂；
> 有人说，只有耶稣能把我们救赎，
> 还有人说，保罗三世和克莱门特大概也行。
> 总有人去争取，也总有人屈服，
> 有人说出真相，有人满嘴谎话。
> 所有人都盼望会议能召开
> 现在就把这些异端分剖个明白：
> 炽热的太阳让冰雪融化，
> 上帝的意旨也能消灭任何邪恶的想法……

总的来讲，路德的立场被认为是更让人有好感的，因为他呼吁召开一次宗教会议，重新恢复基督教义的简明清晰，而他也重申了"纯正的福音"：

> 我不甘心看见死亡来临
> 因为我啊，朋友，因为我还分不清
> 那些此起彼伏的不同意见

每一个都立脚不定，在这世上飘零。
人应当对自己的信仰保持坚定
不要被那些空洞的字眼混淆蒙蔽
去好好地读一读福音的字句
别去管什么马丁不马丁。

"纯正的福音"到底指的是什么意思，在后文中依次得到了赞博罗、圣彼得和泰亚卡切的解释。首要的一点，便是因信基督之牺牲而得称义：

令基督徒得救的头一条
就是爱上帝，唯独信祂。
第二条，是寄希望于降生为人的基督
借着他的血，拯救了所有信他的人。
第三条，要通过善行来让你的心保持纯正。
在圣灵的光照下行事，如他所愿
从三位一体的唯一真神那里获得奖赏。
将这三条并行，便能救你脱离地狱。

在这里，并没有任何神学上的析精剖微——那种修道士们在传道时惯用的、在不学无术之辈中都已经蔚然成风的毛举细故。

许多愚人认为他们自己大有学问

> 念念叨叨都是《圣经》条文，
> 理发的，打铁的，缝连补缀的，
> 讨论着深不可测的神学理论，
> 让人们掉进许多谬误的陷阱，
> 诚惶诚恐地担心着得救预定论
> 还有最后的审判，以及自由意志何存。
> 就让他们被硝石之火焚烧吧。
> 对这些小小匠人，做到下面这些已经足够
> 相信《信经》，再口诵《主祷文》
> 不要在信仰问题上犯下一千种谬误
> 寻找那些不曾被写下的言论
> 无论是白纸黑字，还是镌刻成碑文。
> 传福音的使徒们已经指出了道路
> 它笔直又简单，对那个希望上天堂的人。
> 赞博罗啊，一个人不需要敏锐的洞察
> 就能看见母鸡肚子里的蛋壳［……］
> 可又有多少几乎一无所知的托钵僧
> 费尽心思地去糊弄
> 一个又一个贫苦的可怜人。
> 他们明明知道如何更好地传道
> 只宣讲纯正的福音，不问其余如何。

这种一方将宗教简化成一个最基本的核心，而另一方则在

教义上不厌其烦地条分缕析的斩截对比,让人不由联想起了梅诺基奥的那些言论——尽管他可能在这一段落中读到过"得救预定论"的字样,却说自己并不知道它是什么意思。不过,更确定的相似之处,还是梅诺基奥将"教会的律法和诫令"斥为"商品"(我们已经在上文中看到,尼古拉·达·波尔恰也用过"商品"这个词)的说法,与《卡拉维亚之梦》中借圣彼得之口对教士和修士们的抨击之间的遥相呼应:

> 他们把埋葬死者当成了一桩生意
> 就像那些死去的人是一包羊毛,或一袋胡椒:
> 在这些事上,他们可是非常精明
> 要是钱没有先交到手上
> 死人可是绝对不要;
> 然后他们就开始大吃大喝
> 取笑着那些乖乖交钱的人
> 再安睡在铺得厚厚的床铺之上。
> 生意是越来越重要
> 他们利用着本属于我的教会,
> 在他们之中,取用样样丰足
> 旁人的缺欠,却全然不放在心上。
> 在我看来,这是一种恶行
> 将我的教会,变成了市场
> 他们以为谁拥有的圣俸越多,谁就有福

至于主持弥撒和日常祷告，却是越少越好。

在这里，炼狱（purgatory）的概念以及为死者举行弥撒的功用，遭到了含蓄的否认；教士和修士们使用拉丁文的做法，受到了谴责（"他们装模作样地主持着所有的仪式，要是他们能对你说大白话而不是拉丁文，那该有多好"）；"奢侈华丽的教堂"遭到拒斥；圣人崇拜则被认为应当有所限制：

> 圣人是应当被尊崇的，我的孩子，
> 因为他们效法了基督的榜样［……］
> 不管谁像他们那样行事，都深孚上帝所望
> 他们与祂同在高高的天堂之上：
> 但祂不会分发他们的功德（grace），
> 相信这一套的人，错得实在荒唐。

而对于忏悔解罪：

> 每个虔信的基督徒都应当忏悔
> 诚心诚意，每时每刻，来到上帝之前
> 而不是只有新年时才敷衍一次
> 只为表明自己不是个犹太教徒。

正如我们已经看到的，这些都是在梅诺基奥的供词中反复

出现的主题。然而，他是在《卡拉维亚之梦》出版了四十多年后才读到的这本书，这时的形势已经完全不同了。存在于"教皇派"和路德派之间的冲突，被卡拉维亚比作弗留利地区斯特鲁米党与赞贝兰党之间的分裂。本应为弥合前一种冲突而召开的会议虽然确实发生了，却成了一场相互谴责、离心离德的大会。对于像卡拉维亚这样的人来说，特伦特大公会议决议（Tridentine decrees）勾勒出的那个教会的形象，显然不是"修直他的路"的教会，也显然没有建立在他们梦想的那种"纯正的福音"基础上。而且，即便是梅诺基奥，在阅读《卡拉维亚之梦》时也必然会把它当成一本讲述许多陈年旧事的书。当然，反教权主义（anticlerical）或反神学主义（antitheological）的辩论仍能激起当代人的共鸣，出于那些我们已经看到了的原因：但梅诺基奥的宗教信仰中更激进的那些元素，却超过了《卡拉维亚之梦》的范畴。在《卡拉维亚之梦》中，没有否认耶稣基督神性的迹象，也没有拒绝《圣经》完整性的痕迹，没有对洗礼加以谴责（尽管它被定义为"商品"），也没有不加区别地宣传宽容。所有这些，是尼古拉·达·波尔恰灌输给梅诺基奥的吗？在宽容这一点上，显然答案是肯定的——如果尼古拉·德·梅尔基奥里就是尼古拉·达·波尔恰的话。但蒙特雷阿莱居民提供的所有那些证据都表明，梅诺基奥的复杂思想体系早在第一次审判之前便已形成。的确，我们不知道，他和尼古拉的交情到底有多久远：但梅诺基奥的固执己见表明了，我们所面对的这个家伙，并不会被动地全盘接受他人的观点。

# 第11章 "我的看法是我自己从脑袋里琢磨出来的"

"你想让我来教你什么是真道吗？勉力为善，追随祖先的足迹，遵从神圣慈母教会的指令"：我们记得，这些话，是梅诺基奥承认自己跟乡邻们说过的（尽管他可能是在撒谎）。事实上，梅诺基奥宣讲的是截然相反的另一套：脱离祖先们的信仰，拒绝教士们在布道坛上宣讲的教条。将这种离经叛道的立场保持了如此之长的时间（或许持续了近三十年），先是在蒙特雷阿莱这样的小社会中，后来又是站在宗教法庭的法官席前，这种做法对道德和智识的要求，只能以非同寻常来形容。亲朋好友的退避三舍，教士的严厉斥责，审判官的威胁恐吓，所有这些都没有动摇梅诺基奥对自己的信心。但是什么让他如此自信？他凭着什么样的权柄如此发声？

在审判开始阶段的问答过程中，他将自己的观点归因于魔鬼作祟："我说出那些话是因为我受到诱惑……是邪灵让我相信了那些事。"但在第一次审讯快结束时，他已经不那么顺从了：

"我说的这些，可能是从圣灵启示而来，也可能是魔鬼作祟使然……"十五天后，他又补充了另一种可能性："魔鬼或是别的什么东西诱惑了我。"不久之后，他便澄清了这个纠缠他的"什么东西"到底为何："我的看法是我自己从脑袋里琢磨出来的。"那之后，在第一次审判期间，他再没有偏离过这一观点。即便在他决定向法官们请求原谅的时候，他也将错误归结于自己的"胡思乱想"。

所以，梅诺基奥并没有宣称自己得到了特别的启示或启发。他把这一切主要归功于自己的灵性。光凭这一点，便足以将他同那些先知（prophets）和神视者（visionaries）区分开来，也令他有别于那些 15 世纪末到 16 世纪初在意大利各个城市的广场上散布含糊其词的预言的巡回传教士（itinerant preachers）。即便到了 1550 年，前本笃会修士乔治·西库洛还曾经试图与参加特伦特大公会议（Council of Trent）的高级教士们讨论，耶稣基督是否曾"以其真身"显现于他的面前。但在梅诺基奥受审之时，特伦特会议已经结束二十年了。教会等级已经分明，关于信仰群体能相信什么和应该相信什么的问题，长久的不确定已经被终结。然而，这个泯然于弗留利山村众生中的磨坊主，却仍在自己琢磨着那些"高高在上的东西"，将自己的宗教观点同教会的谕令对立起来："我认为……根据我的想法和信念……"

在他自己的理性之外，还有书。《卡拉维亚之梦》不是一个孤例。"在有几次向一位巴尔奇斯的教士忏悔时，"梅诺基奥在第一次审讯时宣称,"我跟他说:'耶稣基督真的是因圣灵感孕、由童贞女马利亚所生吗?'不过,我的确补充说,我相信这个,但有时候魔鬼会诱惑我。"将自己的怀疑归于魔鬼的诱惑,反映了梅诺基奥在审判开始时的相对谨慎态度;事实上,他马上便阐述了两个支持自己立场的前提:"我之所以有这种想法,是因为许多人被生到这个世界上,但没有一个是童贞女生的;而当我读到光荣的童贞女马利亚嫁给了圣约瑟时,我认为,我主耶稣基督是圣约瑟的儿子,因为我读到过一些历史著作,上面说圣约瑟把我主耶稣基督称为他的儿子,我是在一本名叫《圣经辅读》(*Il Fioreto della Bibbia*)的书里看到的这个。"这是一个随机选出来的例子;梅诺基奥经常表示,某本书是他的那些"看法"的来源(不只是这个具体例子中的这一本)。但梅诺基奥到底读过哪些书呢?

# 第 12 章　书

不幸的是，我们并没有一份他读过的书的完整书目。在他被逮捕时，副庭长下令搜查了他的房子。执行者找到了几卷书，但因为它们既无可疑之处，也不属于禁书，于是就没有被列出细目。我们只能根据梅诺基奥在几次审讯过程中提到的那些书名，部分还原出他的阅读习惯。下面的这些书，曾在第一次审判期间被提到：

1. 意大利本国语言版《圣经》，"一大部分是用红字印刷的"（版本不明）；

2.《圣经辅读》，一部中世纪加泰罗尼亚编年史的译本，该书由多种素材汇编而成，其中除了拉丁文《圣经》（*Vulgate*），还包括伊西多尔的《编年史》（*Chronicon of Isidore*）、奥坦的洪诺留所著的《释义》（*Elucidarium*）和几本次经福音（apocryphal gospels）*。

---

\* 次经指被收入《圣经》中，但其正典地位存在争议的各卷，包括存在争议的福音书，也称为"第二次正典"。无争议的各卷也被称为"首正经"或"正典"。

《荣耀童贞圣母马利亚之玫瑰经》,1564年,罗马卡萨纳塔图书馆

这本书以手抄本形式在 14 世纪和 15 世纪广为流传，至少有 20 几个名字略有不同的版本（如 *Fioretto della Bibbia*、*Fiore di tutta la Bibbia* 和 *Fiore novello*）被反复出版，一直持续到 16 世纪中期；

3.《圣母马利亚荣光经》或《圣母马利亚玫瑰经》[*Il Lucidario (or Rosario?) della Madonna*]，很可能就是多明我会会士阿尔贝托·达·卡斯泰洛所编著的《荣耀童贞圣母马利亚之玫瑰经》(*Rosario della Gloriosa Vergine Maria*)，这本书在 16 世纪也经常被重印；

4.《圣人传奇》[*Il Lucendario de santi*，原文中 lucendario 为"传奇"(legendario) 一词的误写]，广为流传的雅各布·达·沃拉吉纳《黄金传奇》(*Legenda aurea*) 的译本，由尼科洛·马拉米编著，也以《古今圣人生平传奇》(*Legendario delle vite de tutti li santi*) 之名传世；

5.《审判之史》(*Historia del giudicio*)，一部由无名诗人以八行体（ottava rima）写成的 15 世纪诗作，有多个长度不同的版本传世；

6.《约翰·曼德维尔骑士》(*Il cavallier Zuanne de Mandavilla*)，一本在 14 世纪中期写成的著名游记的意大利译本，作者据说是一个名叫约翰·曼德维尔爵士的人，在整个 16 世纪期间曾多次重印；

7."一本名叫《查博罗》的书"（实际上是《卡拉维亚之梦》，于 1541 年在威尼斯出版）。

在这些书之外，还有一些在第二次审判中提到的书籍应当被补充进来：

8.《编年史增补》(*Il supplimento delle cronache*)，贝尔加莫的奥古斯丁会会士雅各布·菲利波·福雷斯蒂于15世纪末编撰的编年史之意大利本国语言译本。直到16世纪晚期，这本书曾以《编年史增补补遗》(*Supplementum supplementi delle croniche*)之名被多次重印并增补；

9.《意大利年历》(*Lunario al modo di Italia calculato*)，由医学博士卡米洛·德·莱昂纳尔迪根据佩萨罗（Pesaro）等地情况编撰（有多个重印版本也以此为名）[*]；

10. 薄伽丘著《十日谈》，未删节版；

11. 被某位证人疑为《古兰经》的一本不确定的书（在1547年出现于威尼斯的一个意大利文译本）。

---

[*] 此处英文版未译，对照意大利文版译出。另Marino似应为原文错误拼写，此人在帕多瓦大学取得过医学博士学位，作品署名均带有dottorato in medicina的头衔，Marino Camilo de Leonardis的拼法仅见于此书。

# 第 13 章　镇上的读书人

首先，让我们来看一下，梅诺基奥到底是怎样搞到这些书的。我们能确定是他花钱买来的唯一一本，是《圣经辅读》。"这本书"，梅诺基奥供称，"是我在威尼斯花两个索尔多买的。"关于其他三本书，即《审判之史》《意大利年历》和那本莫须有的《古兰经》，我们没有任何线索。福雷斯蒂的《编年史增补》是梅诺基奥收到的礼物，赠送者是马尔明的托马索·梅罗。所有其他那些——11 本书中的 6 本，占到半数以上——都是借来的。这些情况很重要，它让我们得以窥见这个小社会中读书人的社交圈子，这些人通过互相传阅的办法，克服了自己微薄的财力所构成的障碍。那本《圣母马利亚荣光经》或《圣母马利亚玫瑰经》，是一个名叫安娜·德·切科的女人在梅诺基奥于 1564 年被放逐到阿尔巴时借给他的。她的儿子乔治·卡佩尔被传唤到庭做证（他的母亲此前已经去世），供认说他有一本名叫《圣人传》(*La vita de santi*) 的书。他的另外一些书已经被阿尔巴的教士没收,后者只把其中两三本归还给他,宣称他们(显然指的是审判官们)"打算把剩下的烧掉"。《圣经》和《圣人传奇》是梅诺基奥的叔父多梅尼科·格尔巴借给他的,但这本《圣人传奇》"已经被弄湿了,破烂不堪"。那本《圣经》后来落到了巴斯蒂安·斯坎代拉的手上,作为他的堂兄弟,梅诺基奥时不时地从他那里借阅此书。然而,在审判之前六七个月的时候,巴斯蒂安的妻子菲奥尔(Fior)拿走了这本《圣经》,把它丢到炉子里烧掉了。"但是烧掉那本书可是一宗罪行啊!"梅诺基奥感叹道。《约翰·曼德维尔骑士》是蒙特雷阿莱的教区神父安德烈亚·比奥尼玛五六年前借给他的,这位教士是在马尼亚戈翻阅"一些公证文件"时偶然发现的这本书。(比奥尼玛十分谨慎地指出,将这本书借给梅诺基奥的并非他本人,而是某个名叫温琴佐·隆巴尔多的人,这人"略识之无",而且想必是偷偷地将这本书带回了家中。)《卡拉维亚之梦》是尼古拉·达·波尔恰借给梅诺基奥的,正如我们在上文中看到的,这个人很可能就是那个尼古拉·德·梅尔基奥里。那本《十日谈》,便是梅诺基奥间接通过蒙特雷阿莱的卢纳尔多·德拉米努萨从尼古拉·德·梅尔基奥里处借到的。转过来,梅诺基奥又把《圣经辅读》借给了一个巴尔奇斯的年轻人蒂塔·科拉蒂纳,后者宣称只读了书中的一页。然后,教士告诉他,这是一本禁书,他就把它烧了。

这是一个十分活跃的社交圈子,牵涉其中的不仅有教士(这是可以预料得到的),还有女人。我们知道,在乌迪内,16

世纪初时，依照吉罗拉莫·阿玛齐奥的指令，曾开设了一所学校，它教授"阅读和教义，毫无例外地招收市民子弟和手工艺人以及下层阶级的子弟，不分老幼，不收任何固定费用"。那些教授少量拉丁文的初级学校，也存在于离蒙特雷阿莱不远的阿维亚诺和波尔代诺内等地。即便如此，在这样一个群山环绕的小镇上，居然存在此种大规模的阅读行为，依然是令人震惊的。不幸的是，关于这些读书人的社会地位，我们能拿到的信息实在微乎其微，不足以做出定论。我们已经提到了身为画家的尼古拉·达·波尔恰。前文提及的那份 1596 年的土地核查报告表明，梅诺基奥的堂兄弟巴斯蒂安·斯坎代拉拥有多块土地（但我们并不知道他是以何种身份拥有这些土地）；同一年，他还是蒙特雷阿莱的镇长。但其他人就只不过是一个个的名字而已。但不管怎样，有一件事是很清楚的，那便是书籍是这些人日常生活的一部分。这些书被人们使用，但并没有被加以额外的关注，有时候甚至还会受潮撕破。然而，梅诺基奥对那本最终被投入火炉的《圣经》之命运的愤慨反应，却是不同寻常的（毫无疑问，这样做的目的是逃脱宗教法庭可能进行的搜查）。尽管他讽刺地将《圣经》比作"那些越来越冗长的打打杀杀的书"，但在他看来，前者依然是一本与所有其他书籍不同的书，因为其中包含了上帝所赐的原理精华。

# 第 14 章　印刷品与"奇思异想"

在我们分析这份书目的内容时,应当记住一个事实,梅诺基奥提到的那些书,半数以上均借自他人。事实上,只有《圣经辅读》能够被确认为梅诺基奥本人真心实意的选择,这让他在某个不知名的威尼斯书商的店铺或书摊上,从众多选择之中,唯独购买了这一本。我们在下文中将会看到,这本书十分重要,对他来说,这本《圣经辅读》已经成为法国人口中的"枕边书"(livre de chevet)。而在另一方面,教士安德烈亚·比奥尼玛机缘巧合地在马尼亚戈的"公证文件"中发现了这本《约翰·曼德维尔骑士》;让它落到梅诺基奥手上的原因,想必是一种求书若渴、有读无类的心态,而不是某种特别的阅读趣味。这一点,或许也适用于从其他村民那里借来的所有书。我们再现的这份书目,呈现的主要是梅诺基奥能够实际接触到的那些书,而肯定无法反映他的阅读偏好和个人选择。

此外,这也是一份不完整的书目。比如说,这便解释了宗教文本的大量存在：11 本书中就占了 6 本。在两次审判期间，梅诺基奥曾参考上面这一类读物为自己的想法辩护，这是自然而然的事。一份完整列出他曾经拥有或阅读过的全部书籍的书目，或许会为我们展现出一幅更多姿多彩的画面，例如，其中或许会包括他曾经拿来同《圣经》相比、从而激起众怒的那些"打打杀杀的书"。其中一本，或许便是 1506 年在威尼斯出版的一部名为《菲奥拉万特》(*Fioravante*) 的打斗小说，或者是这一类的书。但即便是这些零碎不全且十分片面的书，也足以激起许多讨论。在《圣经》之外，书目中还包括虔信文学作品（works of piety）、诗体和散文体的不同《圣经》版本、圣人生平传记、年历、半带滑稽色彩的诗作、游记、编年史和故事集（《十日谈》）：所有这些书都是以意大利本国语言写成的（我们已经提到过，梅诺基奥的拉丁文水平仅限于在弥撒上听到的那些字句），完成于两三个世纪之前，流传甚广，被身处不同社会等级的人阅读。例如，福雷斯蒂的《编年史增补》和那本《约翰·曼德维尔骑士》，就曾出现在另外一些人的书房中。这些人是那种另类意义上的"不识字的人"（uomo sanza lettere）\*——几乎完全不认识拉丁文的人——莱昂纳多·达·芬奇就是其中一例。此外，《审判之史》这本书，也出现在了著名博物学家乌利塞·阿尔德罗万迪的藏书之中（此人恰巧也曾因为青年时期与异端群体的来往而受到宗教法庭的盘查）。当然，《古兰经》（如果梅

---

\* 英文版和意大利文版原文为 omo，似应为意大利文 uomo 之漏拼。

诺基奥真的读过这本书的话）在这份书目中是个另类；但我们会单独考虑这一特例。剩下的那些书，很明显并不足以让我们理解，梅诺基奥为什么会突然生出了那些被他的乡邻们称作"奇思异想"的古怪念头。

# 第 15 章　死胡同

那种走进死胡同的感觉再一次找上了我们。之前，在面对梅诺基奥放恣想象的宇宙起源论时，我们曾停下来，像那位宗教法庭的副庭长一样，扪心自问：这是不是一个疯子的奇谈怪论？在放弃了这种假设之后，对他的教会学理论的考察给出了另一种可能，也即梅诺基奥或许曾经是一名再洗派教徒。拒绝了这种设想后，我们又遇到了另一个问题，鉴于梅诺基奥认为自己是一个"路德派"的殉道者，或许他与宗教改革之间有着某些联系。然而，认定存在一股被宗教改革带入人们视野之中（却独立于宗教改革而存在）的根深蒂固的农民激进主义潮流，并试图将梅诺基奥的理念和信仰归于此种潮流，这一努力如今似乎也显然与我们根据审判记录而再现的书目相抵触。对于这样一个能读会写的 16 世纪磨坊主，我们应当在何种程度上认定他的典型性，又当在何种程度上承认他的非同寻常？而且，他又是哪一种人的典型？他肯定不是农民文化的时代典型，这是只要看一眼梅诺基奥本人将一系列印刷书籍作为其思想来源的做法，便能知道的。但在这座迷宫中屡屡碰壁之后，我们又回到了最初出发的地方。

不过，这一次我们却有了一点不同。我们已经看到了梅诺基奥都读过哪些书。但他是怎样阅读这些书的呢？

当我们逐一比较梅诺基奥提到的书中段落与他据此得出的结论（倘若不考虑他向法官们汇报这些结论时的态度的话）时，我们始终都能察觉到不少相当大的差异分歧。任何试图将这些书视为机械意义上的"原始出处"的做法，都会在梅诺基奥独出心裁的解读面前溃不成军。如此一来，在文本之外，重要的其实是他解读这些书的方法，这是一层被他无意识地置于自身和印刷制品之间的滤网：这道滤网让某些字句得到了强调，而某些字句则遭掩盖混淆，还有某些字句被从其语境中割裂，含义被曲解；这道滤网作用于梅诺基奥的记忆，扭曲了真实的文本字句。而这道滤网，他的这种解读方法，一直把我们领回到一种截然不同于书面表达文化的文化——一种基于口头传统的文化。

这并不意味着书本对于梅诺基奥而言不重要，或者只是装腔作势的道具。我们很快便将看到，他宣称，至少有一本书曾令自己感动至深，激励他思考那些语出惊人的新思想。事实上，正是印刷制品与口头文化的碰撞——而他便是这种碰撞的一个具体代表——让梅诺基奥想出了那些"他自己从脑袋里琢磨出来的看法"，那些他先是对着自己、然后当着乡里乡邻、最后面对宗教法庭的法官侃侃而谈的看法。

# 第 16 章　童女神殿

我们可以通过一系列例子来表明梅诺基奥解读文本的方式，这些例子的复杂程度会逐渐增加。在第一次审讯中，他反复说，耶稣基督和其他所有人一样，都不过是人，为圣约瑟和童贞女马利亚所生。他还解释说，马利亚"之所以被叫作童贞女，是因为她曾经在一座童女神殿中待过，因为曾经有过一座容纳 12 名童贞女的神殿，当这些童贞女长大后，她们会被嫁出去，我是在一本叫作《圣母马利亚荣光经》的书里读到的这些"。这本被他在其他地方称为《玫瑰经》的书，可能就是多明我会会士阿尔贝托·达·卡斯泰洛编著的《荣耀童贞圣母马利亚之玫瑰经》。梅诺基奥或许可能熟读了其中的这一段："想一想这些吧，发热心的凡人，在向上帝和祭司献上供物后，圣约阿希姆（St. Joachim）和圣安妮（St. Anne）将他们最宝贵的女儿留在了上帝的殿中，她在那里与其他被献给上帝的童贞女一道，得到精心呵护。在那个地方，她存崇高之心，思想神圣之事,她常被众圣天使拜访,仿佛她是他们的王后和皇后,她每时每刻都在虔诚祷告。"

当梅诺基奥读到《玫瑰经》中的这一页时,他或许会停下来,若有所思。他之所以会这样做,或许是因为他经常在蒙特雷阿莱的圣罗科教堂墙上见到一幅湿壁画。由波尔代诺内大师的学生卡尔代拉里绘制于1566年的这幅壁画中,便有马利亚身处神殿,并和约瑟及一群乔装打扮者站在一起的场景。不管怎样,他虽然没有曲解文本的含义,却改变了不同字句的重要性。在文本中,众天使的显现令马利亚与她的同伴们区分开来,向她的头上添加了一个超自然的光环。但在梅诺基奥心中,重要的一点却是"其他童贞女"的存在,通过将她与她的同伴联系起来,这便以最简单的方式解释了马利亚的童贞女之名。因此,原来的一个小细节,结果却成了中心问题,从而改变了这一文本的总体含义。

# 第 17 章　圣母马利亚的葬礼

4月28日举行的那次审讯即将结束时,在梅诺基奥毫无保留地将自己对教会、教士、圣事和教会礼仪的控诉倾泻而出后,梅诺基奥在回答审判官提出的一个问题时宣称:"我认为,在这个世界上,皇后要比圣母马利亚为大,但在身后的世界,圣母马利亚则要更大,因为我们在那里都是不可见的。"审判官的问题,源自一位证人供出的一件事,而梅诺基奥立即承认这件事的确发生过:"是的,大人,当皇后经过时,我说,她比圣母马利亚还大,但我指的是在这个世界;在那本关于圣母马利亚的书里,马利亚并没有获得许多尊荣,事实上,当她被埋葬时,她遭到了侮辱不敬,因为有人想要把她从使徒们的肩上扯下来,而他的手一直连在她身上,这就是在圣母马利亚在世时发生的事。"

梅诺基奥指的到底是哪一个文本?"关于圣母马利亚的书"的说法,再一次指向了《荣耀童贞圣母马利亚之玫瑰经》,但

《黄金传奇》，1588年，巴伐利亚州立图书馆

提到的内容却不相符。相反，这一段的出处是梅诺基奥读过的另一本书，即雅各布·达·沃拉吉纳的《黄金传奇》，就出现于题为"蒙福童贞女马利亚升天"的那一章中，而这部分内容，是由"一本假托为蒙福的传福音者约翰所写的次经书册"改写而成的。雅各布·达·沃拉吉纳的《黄金传奇》中是如此描述马利亚的葬礼仪式的：

> 于是众天使和众使徒唱着歌，将她奇妙的一生事迹传遍地上。所有被这甜美旋律唤醒的人，都出了城，彼此追问发生了什么事情。有个人说："使徒们负着死去的马利亚的身体，他们唱着关于她的旋律，这就是你们听到的乐曲。"于是，他们全都跑去拿起了武器，相互教唆着说道："来吧，让我们杀死所有的使徒，让我们用火把那曾生养了蛊惑人心者的身体烧光。"看吧，就在此时，那祭司中为长的，同样惊讶万分，满怀愤恨，他轻蔑地大声说道："就是这具躯体，寄居其中的那个人连累了我们和我们的世代，[看看吧，]现在她受到了怎样的荣耀。"说完这番话之后，他将自己的手放在了停尸架上，试图将它和尸体一起推到地上，但就在他把手放在停尸架上那一刻，两只手立时便枯槁了，附着在尸体之上：他极其痛苦，大声哭号痛悔，余下的人被云中的众天使打击，也都盲了双眼。这时，那祭司中为长的哭喊着："我乞求你，圣彼得，不要弃我于如此苦痛之中，我乞求你代我向我主求恩；难道你不记得了吗，我是如何

在你被女仆指控的那些时候原谅了你。"彼得答道:"我们因圣母的葬礼而心中纷乱,此时此刻,我也无暇为你施救。但如果你信我主耶稣和生养了他的那个人,我相信你会立时蒙赐医治。"这位祭司回答道:"我信我主耶稣诚为上帝之子,我也信这就是他的至圣之母。"马上,他的手就脱离了停尸架,但两臂依然枯槁,剧痛也未曾离开。于是彼得说:"亲吻停尸架,说,我信上帝耶稣基督,曾被她孕于怀中,直到他降生,她仍为童女。"当他这样做了之后,他便恢复了正常……

对于《黄金传奇》的作者来说,祭司长对马利亚遗体的冒犯,通过一段关于神奇疗愈的描述得到了解决,并且最后进一步颂扬了童贞女马利亚、基督之母的崇高地位。但显然,对于梅诺基奥来说,这段神迹的叙述并不重要,而对马利亚童贞之身——他曾反复拒绝相信这一点——的再度确认,重要性就更低了。他单挑出了祭司的一个行动,即在葬礼期间对马利亚的"侮辱不敬",以此作为她处境悲惨的证据。透过梅诺基奥记忆的滤网,雅各布·达·沃拉吉纳的《黄金传奇》变成了一个与原作截然相反的故事。

# 第 18 章　基督之父

　　提到《黄金传奇》中的这一段，几乎是个偶然事件。然而，我们之前从《圣经辅读》中摘引的那一段，却更重要。我们记得，在第一次审讯中，梅诺基奥坚持说，他不相信马利亚因圣灵感孕、无玷始胎，"因为许多人被生到这个世界上，但没有一个是童贞女生的"，还因为在一本名为《圣经辅读》的书中，他读到过"圣约瑟把我主耶稣基督称为他的儿子"。他根据这个争辩说，耶稣基督便是圣约瑟之子。现在，让我们来看一下《圣经辅读》的第166章"耶稣入学"，读者会看到，耶稣诅咒了掌掴他的老师，令后者当场暴毙。目睹旁观者的愤怒，"约瑟说：'控制你自己，我的儿，你难道看不出有多少人憎恨我们吗？'"梅诺基奥注意到了"我的儿"这一说法。但就在同一页上，紧接着的题为"耶稣与其他孩童嬉戏时，救活一个死去的孩童"的那一章里，梅诺基奥本应可以读到马利亚对一位妇女的回答。那个女人问马利亚，耶稣是不是她的儿子，而回答为："是的，他是我的儿子,他的父亲是那位唯一真神。"

梅诺基奥的解读方式显然是片面且武断的——仿佛他是在为早已根深蒂固的那些想法和信念寻找证明。在这个例子里,他的信念是"耶稣基督生而为人,和我们一样"。相信耶稣由童贞女所生,又死在十字架上,是有悖理性的:"如果他是永生的神(God eternal),他不会让自己被抓捕,又被钉死在十字架上。"

# 第 19 章　审判日

　　我们不应当因为梅诺基奥引用了《黄金传奇》和《圣经辅读》中取自次经福音的段落而感到惊讶。鉴于他将"上帝之道"的简明扼要——"三言两语"——与《圣经》经文的鱼龙曼衍相对立的态度，次经的这个概念必须被抛弃。次经福音和正经福音一样，均被放在了同一层次上，视作完全出自人手的文本。但在另一方面，我们听到蒙特雷阿莱乡民的证词（"他总是跟人争来辩去，他还有一本意大利本国语言版《圣经》，觉得自己讲的道理都基于这本《圣经》"）之后，或许会产生某种预期，但与此相反，梅诺基奥在审判过程中很少会引用具体的《圣经》经文。事实上，他对《圣经辅读》这种《圣经》衍生文本的熟悉程度，似乎超过了那本意大利本国语言版《圣经》。因此，在 3 月 8 日，当回答副庭长提出的一个内容不明的问题时，梅诺基奥宣称："照我说，爱你的邻舍是一条比爱上帝更大的诫命。"即便是这一说法，也有文本依据。梅诺基奥随即补充道：

"因为我在《审判之史》里读到,当审判日到来时,〔上帝〕将对那个天使说:'你是邪恶的,你从不曾为我做任何一件善行';然后那个天使回答说:'我主,我从未见过你的面,如何能为你行善行。'〔于是上帝说〕'我腹中饥饿,你不曾喂我,我口中干渴,你不曾给我水喝,我赤身露体,你没有用衣服遮蔽我,我被下到监牢中,你没有来看我。'因为这些,我认为上帝就是那个穷苦的邻人,因为他说'我就是那个乞丐'。"

这里是《审判之史》中的对应段落:

> 哦,你这已经蒙我父赐福的人
> 来吧,取用我的荣耀:
> 我又饥又渴,
> 你给我吃喝;
> 我在监牢里受痛苦折磨,
> 你总是会来看我;
> 我病弱,而得看顾
> 我死去,你把我埋葬。
>
> 当每个人都喜悦满足之后
> 他们会去到耶稣基督那里问他
> "主啊,你饥饿之时
> 我们可曾给你吃喝?
> 你病弱之时,可曾得看顾?

你死去了,我们可曾前来将你埋葬?
你被下入监牢之时,我们可曾去看你?
我们可曾给你衣服蔽体?"

基督将面带欣悦地回答:
"那个来到门前的乞丐
忍饥挨饿,病痛缠身,不堪一击
他以我的名请求慈悲,
他没有被你驱赶或薄待,
他享用着原本属于你的吃喝,
你出于对上帝的爱向他施舍:
心知我就是那个乞丐。"

剩下的那些人于是试图说话
但上帝怒气冲冲地将他们赶开,
祂说:"你们这些过了邪恶一生的罪人
去住到地狱的永火之中。
我从你们那里不曾得到任何吃喝
你也不曾因为爱我做过任何善行。
去吧,受咒诅的人,去到那长燃不熄的火中
你将在无休止的哀痛中,在那里住着。"

那些悲痛的万民会回答说:

"主啊，我们何时见过你
忍饥挨饿，病痛缠身，不堪一击，
你何时在监牢里蒙受这样的折磨？"
荣耀的基督随即回答：
"那时候啊，你正赶开那个可怜的乞丐。
你对那些被践踏的不存怜悯
不曾向他们表露慈悲。"

读者可以看出，这几段不甚工整的八行诗，基本上是照抄了《马太福音》第25章41—46节的文字。但梅诺基奥引用的却是这些诗句，而不是《圣经》经文。在这里，对印刷制品的借用基本上是准确的，只有一处有趣的小错漏，即将那些被诅咒者的抗议之辞放到了"天使"口中，而这种借用也在事实上成为一种改写。但如果说，在前面的几个例子中，对文本含义的扭曲主要还是以忽略无视的形式发生的话，这个例子却要复杂得多了。梅诺基奥在对待这个文本时，向前多走了一步，这一步看起来虽然小，但实际上却是一种飞跃：如果上帝是我们的邻舍，"因为他说'我就是那个乞丐'"，那么，爱我们的邻舍的确就要比爱上帝更重要。这个结论，旗帜鲜明地指向了这一时期几乎所有意大利异端群体共同坚持的那种激进的注重实践、身体力行的宗教虔信。即便是再洗派的贝内代托·德阿索洛主教，也会教导"唯独上帝，唯独我主耶稣基督我们的中保"的信仰，以及爱自己的邻舍，因为"在审判日……我们只会被问及，是否曾令饥者得食，渴者得饮，赤裸者有衣蔽体，病患者得人看顾，客旅者有处栖身……这些便是爱的根基"。看起来，这一类宣教似乎的确曾传进过梅诺基奥耳中。但他对这类说法的态度却并不是简单地被动接受。在他的慷慨陈词中，一种下定决心要把宗教信仰简化为道德问题的趋势反复出现。在一段一如既往充满鲜明形象的惊人推理中，梅诺基奥向审判官们解释道，亵渎神圣无罪，"因为它只会伤害自身而不及邻舍，就好像是我有一件斗篷，然后把它扯烂了，我伤害的只是我自己，没有别人。我认为，没有伤害到自己邻舍的人，也就没有犯罪，因为我们都是上帝的儿女，如果我们不彼此伤害，比方说，如果一个父亲有好几个孩子，其中一个说'我诅咒我的父亲'，那位父亲可能会原谅他，但如果这个孩子打破了其他什么人的孩子的脑袋，而这孩子又不付出代价的话，他就没那么容易原谅他了。因此，我才说，亵渎神圣不是罪，因为它没有伤害任何人"。因此，没有伤害自己邻舍的人，也就没有犯罪：人与上帝的关系同人与邻舍的关系相比，并不重要。那么，如果上帝就是那个邻舍，我们为什么还需要上帝呢？

当然，梅诺基奥并没有迈出这最终的一步，而这一步可能会使得他开口申明一个人类社会的理想型，在这个社会中，种种宗教价值完全付诸阙如，只有人的存在。对他来说，对邻舍的爱依然是一个宗教戒律，或者更贴切地说，便是宗教信仰之要义。此外，总的来讲，他的态度并不是毫不动摇的（出于这一原因，就他这一个例，我们只能说他有一种将宗教信仰简化

《宽恕的理由》，1539 年，奥地利国家图书馆

为道德问题的倾向)。(根据证人巴托洛梅奥·迪安德烈亚的说法)他常常对他的乡亲们说:"我教你们不要作恶,不要夺取其他人的财产,这些是我们能够做到的善行。"但在5月1日下午举行的那次审讯期间,审判官要求他明确指出什么是人能借之以升入天堂的"上帝的事工"(the works of God)。事实上一直以来只提到"善工"的梅诺基奥回答道:"爱[上帝],崇拜祂,以祂为圣,敬畏祂,感谢祂;此外,一个人当怀慈爱、怜恤和平安之心,可爱可敬,谦卑顺从,宽恕他人的过犯,信守自己的承诺:因他这般行事,便得进入天堂,而这也是要进天堂的我们所需要去做的。"在这个例子中,对邻舍的职分和对上帝的职分被并列对待,没有表示前者比后者更重要。但紧随其后的对"恶行"(bad works)的列举——"抢劫、暗杀、放高利贷、施行暴虐、侮辱、谩骂和谋杀:这是令上帝不悦的七种恶行,它们为害世间,令魔鬼愉快"——却完全针对人与人之间的关系,仅涉及人类向同类施行不义之举的能力。梅诺基奥简化了的宗教信仰("因他这般行事,便得进入天堂,而这也是要进天堂的我们所需要去做的")显然无法被审判官接受:"上帝的诫令都有哪些?""我认为,"梅诺基奥回答道,"它们就是我前面提到的那些。""那么呼求上帝之名,奉守圣日,这些就不是上帝的诫命了吗?""这个我不知道。"

事实上,正是这种对福音消息大道至简的排他性固执,才导致了像梅诺基奥这样的极端结论。差不多五十年前,这种危险便已经在意大利福音派最重要的著作之一中被富有远见地预测出来，这部著作，便是一本在威尼斯匿名出版的小册子《宽恕的理由》(Alcune ragioni del perdonare)。它的作者图利奥·克里斯波尔迪是大名鼎鼎的维罗纳（Verona）主教吉安·马泰奥·吉贝蒂的忠实伴侣。以这位主教的一系列布道为基础，克里斯波尔迪运用多种论证方法，大力主张基督教义的精髓便是"宽恕之律"，宽恕自己的邻人，从而令自己蒙上帝的宽恕。然而，行文至某处时，他清楚地看到，这种"宽恕之律"可能被完全从人的意义上加以诠释，从而"危及"对上帝应有的崇敬："这一剂宽恕的药方药性太猛，适用太广，以至立下这一条律法的上帝，威胁到了祂自己本应得到的崇敬。事实上，它就像是一条完全由人类制订出的律法，目的是让所有人得拯救，而实现途径便是公开宣称，上帝不想念及我们对祂的过犯，无论那些过犯是如何不计其数，只要我们能彼此原谅、彼此相爱即可。而事实上，如果祂不对那些宽恕他人的人施恩典，允许他们将自己的罪弃诸身后，成为善人，则每个人都将有理由评判说，这一条律法不是上帝意在管教万民的律法，而只是一条由人设计出的律法，只是为了让人能和平地存在和过活，不让自己被那些暗中和伙同犯下的过错和罪行所困扰，不要扰乱这个世界的和平与安好。但是，当那为了荣耀上帝而宽恕的人从上帝那里得到自己想要的东西，受到上帝的悦纳，可以随心所欲地施行善功，远离恶行，人们的信心便会在意识到上帝对我们的恩慈后变得坚固。"

这样，便只有在神圣恩典的超自然干预之下，才能避免将耶稣基督的核心教诲（"宽恕之律"）当成纯粹的人类政治契约。这种对宗教信仰进行属世诠释的可能性，显然在这本小册子的作者心中占有重要位置。与其思路最一致的那种马基雅维利式的表述，他是很熟悉的（或许还受到了部分影响）。这个马基雅维利，不是那个被狭隘片面地贬低为"宗教只是一种国家工具"理论之始作俑者的马基雅维利，而是那个写下了《论李维》（*Discorsi*）、将宗教视作促进政治统一之强大因素的马基雅维利。但在我们引用的这个段落中，遭到攻击的对象看起来是不同的：与其说是一种从虚无角度客观对待宗教的倾向，倒不如说是从内部腐蚀其根基的一种趋势。克里斯波尔迪的焦虑在于，"宽恕之律"可以被理解为"一条完全由人类制订出的律法，目的是让所有人得拯救，而实现途径便是公开宣称，上帝不想念及我们对祂的过犯，无论那些过犯是如何不计其数，只要我们能彼此原谅、彼此相爱即可"。这几乎立时让我们想起梅诺基奥对审判官说过的那些话："我认为，没有伤害到自己邻舍的人，也就没有犯罪，因为我们都是上帝的儿女，如果我们不彼此伤害，比方说，如果一个父亲有好几个孩子，其中一个说'我诅咒我的父亲'，那位父亲可能会原谅他，但如果这个孩子打破了其他什么人的孩子的脑袋，而这孩子又不付出代价的话，他就没那么容易原谅他了……"

当然，我们没有理由认为梅诺基奥熟悉这本《宽恕的理由》。然而，在16世纪的意大利，在最鱼龙混杂的那些社交圈子里，存在着一种将宗教信仰简化为舍此无他的属世真实的倾向，认为它不过是一种道德或政治契约（这一点被克里斯波尔迪极具洞察力地意识到了）。这种倾向在不同的场景下找到了不同的表达方式。然而，即便是在这种情况下，也有可能分辨出受过教育的阶级中最前卫的那些小圈子与具有激进倾向的大众群体之间的部分重合之处。

此时此刻，假如我们回到梅诺基奥在试图为自己的信念辩解时引用的《审判之史》中的粗陋诗句上（"照我说，爱你的邻舍是一条比爱上帝更大的诫命"），我们将再次清晰地看到，他的解读滤网远远要比"源头"本身更加重要。即便梅诺基奥的解读是由接触这一文本而引发的，但其根源，却能追溯到更遥远的起点。

# 第 20 章　曼德维尔

然而，有一些文本的确对梅诺基奥来说意义匪浅：他自己承认的最主要的一本，便是《约翰·曼德维尔骑士》，也即《约翰·曼德维尔骑士游记》(*Travels of Sir John Mandeville*)。当审判在波托格鲁阿罗重新开庭时，审判官们这一次口气严厉地重申了那句惯常的告诫，让他说出"所有共犯，否则将对他采取更严厉的手段；因为在本庭看来，他居然能独自学到这么多的东西而没有同党，是不可能的事"。"大人，就我所知，我不曾教唆过任何人，"梅诺基奥回答道，"也没让任何人传播过我的看法；我所说的这些都来自一本我读过的曼德维尔的书。"梅诺基奥在狱中写给法官的一封信里，更准确地列出了在他的诸般错误中排名第二的错误，也即"读了曼德维尔的那本书，内容涉及各色人种和不同的律法，它让我深受困扰"。是什么原因，让这本"令人困扰（的书）"导致了如此的不安？为了回答这个问题，我们必须首先考虑的问题是，这本书到底包含了什么样的内容。

这本《约翰·曼德维尔骑士游记》或许一开始是用法文写成的，写作地点是列日（Liège），成书时间约为14世纪中期，作者据说是某位约翰·曼德维尔爵士。书中内容基本上是对一些地理著作和几本中世纪百科全书——比如博韦的文森特编著的《大宝鉴》（Speculum）——的汇编。在以抄本形式广为流传之后，这部作品又发行了几个印刷版本，其中既有拉丁文版，也有译成几种欧洲主要语言的本地版。

《约翰·曼德维尔骑士游记》的内容分成了相差悬殊的两部分。第一部分记载了一次圣地之旅，有点儿像一本朝圣者的旅行指南。第二部分则描述了一段以东方（Orient）为目的地的远航。它到达了极其遥远的一些岛屿——远至印度以及古中国（Cathay）。这本书的结尾描绘了一个人间天堂，以及拱卫着这个传说中的祭司王约翰之国的岛屿。书的两部分都以亲历记的形式写成：尽管第一部分中有着大量准确且有文字记录在案的亲身观察内容，但第二部分却主要是凭空想象而来。

毫无疑问，这本书的第一部分内容，是它大获成功的主要原因。众所周知，在整个16世纪，描述圣地的著作，其发行量仍远超以新世界为内容的书籍。此外，《约翰·曼德维尔骑士游记》的读者，既可以从书中获知一系列关于各个圣地的情况介绍和保存在那里的主要圣物的具体位置，也能了解到当地居民的习惯和风俗。我们知道，梅诺基奥对圣物完全不感兴趣：但书中详细描述的希腊教会的独特神学理念和礼拜仪式，居住在圣地的那些"基督徒的不同行事方式"［撒马利亚人、雅各派信徒（Jacobites）、叙利亚人和格鲁吉亚人］，以及这些人与罗马教会的分歧，想必都曾激起他的兴趣。他对忏悔作为圣事之效用的否定，很可能会在曼德维尔对"雅各派信徒"的教义的描述中得到确认，甚至可能就是从中得到的启发。这些"雅各派信徒"之所以被如此相称，原因在于让他们皈依基督教的人乃是圣雅各（St. James）："他们说，人应当只对上帝忏悔，只对祂承诺改过自新；因此，当他们想要忏悔时，他们会在身边点起一堆火，把香料投入其中，在烟气缭绕中，他们向上帝忏悔，请求怜悯。"曼德维尔将这种忏悔定义为"自然的"和"原始的"（这两个形容词对于一位16世纪的读者来说具有重要意味），并立即意识到，"后世的圣教父和教皇们才要求人向另外的人忏悔，而这是有充分理由的，因为他们认为，就像如果人不知道疾病的本质如何，便无法将其治愈或开出良药，同样地，如果人不是首先知道罪的本质，也无法充分悔罪补赎，因为罪和罪是不一样的，时间和地点也不同。因此，有必要知道罪的本质和犯罪的地点与时间，然后才能做出适当的补赎"。现在，让我们听一下梅诺基奥的说法。尽管轻蔑地将对着教士忏悔和对着树忏悔置于同一层次，梅诺基奥却也承认，教士可以传授"悔罪之知"给缺乏此种知识的人："如果那棵树能够提供悔罪之知，那就足够了。如果有人要寻求教士的帮助，那是因为他们不知道应当为自己的罪愆做出何种忏悔，希望教士或许能教导他们，但假如他们已经理解了这件事，就不需要再去找那些

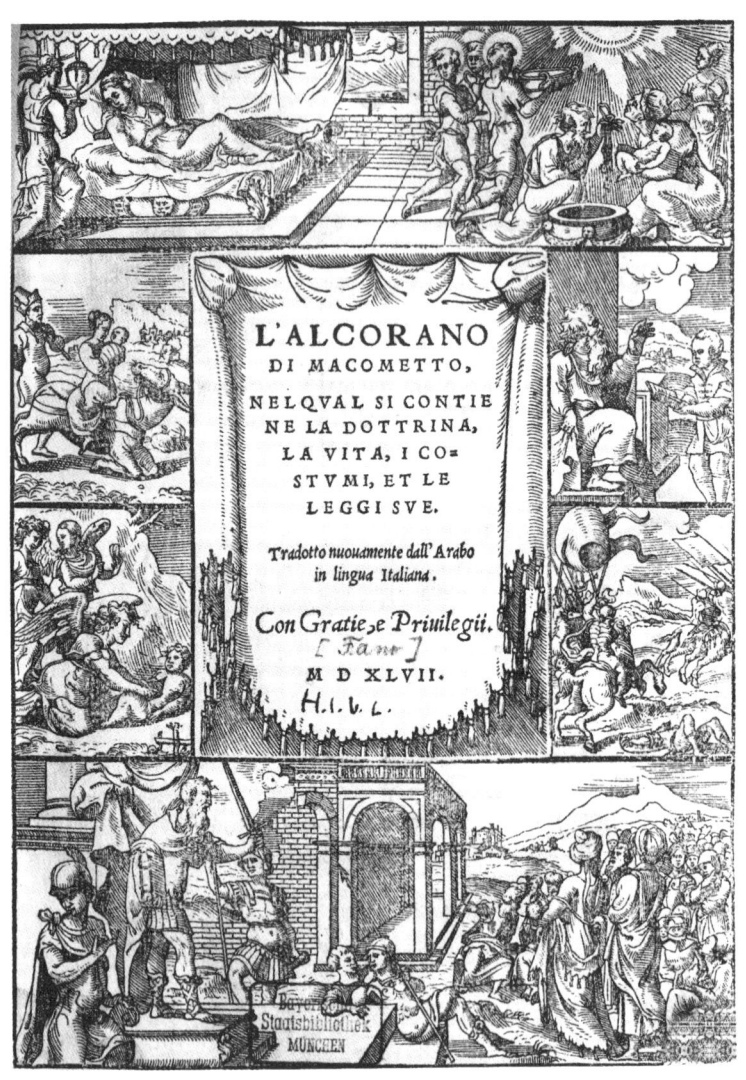

威尼斯出版的意大利文版《古兰经》,1547年,巴伐利亚州立图书馆

教士了。而对于那些已经对忏悔有所认知的人，这是没用的。"这难道不是对曼德维尔的话的复述吗？

曼德维尔对穆罕默德创立的伊斯兰教的长篇大论，或许引起了梅诺基奥更大的兴趣。根据第二次审判透露的信息，他曾试图直接阅读《古兰经》——这本书在16世纪中期被译为意大利文——以满足自己对这一问题的好奇心（但正如前文提到的，该证据未能得到确认）。但或许直接从曼德维尔的游记中，梅诺基奥便能了解穆斯林的某些特定信念，而这些与他自己的信念有部分重合之处。曼德维尔写道，根据《古兰经》，"在所有的先知中，耶稣为最大，与上帝最为亲近"。梅诺基奥几乎与他同声相应："我怀疑……与其说他是上帝，倒不如说他是某位先知，某位上帝派来这世上传道的大人物。"在《约翰·曼德维尔骑士游记》中，他再度找到了对耶稣基督被钉死于十字架的断然否认。这件事被认定为不可能，因为它与上帝的公义相抵触："但他从未像他们说的那样被钉死在十字架上；与之相反，上帝令他升至自己身旁，无须受死，完美无玷，而他的身体变成了某个叫作加略人犹大的家伙，那些以为他就是耶稣的犹太人钉死了后者。可耶稣已经活着升上了天堂，在那里审判整个世界：因此他们说……在这段文字上，我们犯了错误，因为上帝的大义无法容忍这样的事……"根据梅诺基奥的一个乡亲的证词，看起来，梅诺基奥有着相似的想法："耶稣基督被钉十字架不是真的，那个人应该是古利奈人西门。"事实上，这个救世主被钉死在十字架上的十字架悖论（the paradox of the cross）甚至是梅诺基奥所不能接受的："在我看来，这是一件奇怪的事，一个当主子的居然会允许自己以这种方式被抓住，所以我怀疑，既然他是被钉死在十字架上的，那他就不是上帝，不过是某位先知……"

这些相似之处是很明显的，即使只是部分相近。但阅读这些书页似乎并没有令梅诺基奥困扰。而曼德维尔借书中苏丹之口对基督教的严厉论断，似乎给他带来的困扰更少："他们［这些基督徒］应当为普通人树立良好品行的榜样；他们应当去庙堂中侍奉上帝，但他们却整日厮混在小酒馆中，赌博，喝酒，狼吞虎咽……而且，他们应当俭朴、谦卑、柔和、忠义，满有慈爱，就像你们所信的耶稣基督一样。但他们却倒行逆施，所有人都欣然做那邪恶之事，他们是如此贪得无厌，为了一点小利，便将自己的儿女、姐妹乃至妻子卖为娼妓，他们又窃取彼此的妻子，不守信用，事实上，他们并不遵从耶稣基督为了他们的救赎而立下的律法……"

作者在两百年前描绘出的这一幅基督教腐败堕落的情景，必定被梅诺基奥解读为一个绝对具有当代性和相关性的文本。那些教士和修士的贪婪，那些把自己装扮为耶稣基督追随者之人的特权和欺骗，他每天都在耳闻目睹。在苏丹的话中，梅诺基奥最多不过是找到了对自己那些针对教会的愤恨之辞的确认与辩解，而不是感觉深受困扰的原因。这个原因，必须要向其他地方寻找。

# 第 21 章　矮人族与食人族

"这些国土上的众多民族有着不同律法,因为有些人拜日,有些人拜火,有些人拜树,有些人拜蛇,还有人崇拜每天早上遇见的第一样东西。还有其他人崇拜神像和神偶……"曼德维尔在游记第二部分的一开头列举了这些事实,当时,他正介绍印度洋海岸边上的一个小岛查纳(Chana)。他在这里和后文中多次重复提到的"不同的风俗惯例",那些各色各样的信仰和宗教习惯,令梅诺基奥深受"困扰"。借助曼德维尔的讲述——那些绝大部分是向壁虚构的对远方国度的描述——梅诺基奥的精神宇宙急剧扩张了。它不再局限于蒙特雷阿莱或波尔代诺内,甚至也超过了威尼斯,即所有这些他作为一个磨坊主而存在的世界中的各个地方,这个宇宙如今包含了印度和中国,以及那些食人族、矮人族和狗头族所聚居的岛屿。关于矮人族的话题,曼德维尔曾用一页的篇幅加以描述,而这段文字后来取得了巨大的成功:"他们是一群矮个子,差不多只有三拃高*。他们不分男女都相貌俊美,仪态优雅,这皆由身量矮小使然。他们六个月大时就会结婚,两三岁时就生儿育女,通常寿不过六七岁;那些活到八岁的人,便会被当成耆长宿老。这些矮人族极其心灵手巧,尤为擅长加工丝、棉,兴作世上万物。他们经常与国土内的禽鸟作战,时或被其掠食。这些小个子的人既不在田地上劳作,也不栽种葡萄园,有与我们身量仿佛的高大之人寄居于他们之中,负责耕种土地。他们[矮人族]……瞧不起这些人,就像矮人族倘若寄居于我们之中,也会遭我们看低一样……"

矮人族对"与我们身量仿佛的高大之人"的鄙视,是这本书令梅诺基奥倍感困惑的关键之处。曼德维尔描述的各色各样的信仰与实践,促使梅诺基奥对自己的信仰和行动的根基发出质疑。这些主要来自凭空想象的岛屿,为他提供了一个观察自己生长于其中的世界的阿基米德支点。"如此众多的人种和……形态各异的风俗惯例","那许多的岛屿,一处有一种生活方式,另一处又是别样","在众多不同的国度中,有人信这个,还有人信那个",梅诺基奥在审判过程中反复地强调这一点。

同样是在这些年里,一位佩里戈尔(Périgord)的贵族——米歇尔·德·蒙田——在阅读关于新世界土著人的文字时,经历了类似的思想撞击,一种相对主义的启示。但梅诺基奥不是蒙田,他只不过是一个自学成才的磨坊主。他的一生,几乎都

---

* 约69厘米。

是在蒙特雷阿莱城中度过的。他既不懂希腊文,也不懂拉丁文(最多只知道几段祈祷文);他只读过不多的几本书,而且大部分还都是偶然落到他手上的。他咀嚼着书中的每字每句,榨取着其中的意义。他一连数年冥思苦想着书中的内容;在这些岁月中,书中的字句在他的记忆中酝酿发酵。有一个例子,可以表明他这种经年苦思的过程。《约翰·曼德维尔骑士游记》[*]的第148章,标题是"在都顿(Dondun)岛上,人们在无法逃脱时彼此相食,那里的国王大权在握,统治着54个其他岛屿,这些岛上居住着各色人等"。梅诺基奥在这一章中读到了这一页:

> 在这岛上有各色人等,因为父食子、子食父,丈夫妻子亦彼此相食。父母亲朋或染疾病,当儿子的或是某个友人马上会去到按他们的律法推举出的祭司那里,乞请他向神偶提问。这神偶的背后,实为魔鬼作答,他会说,病人此次命不该绝,并教给求问者治疗之道,于是,那儿子便回家侍奉父亲,按照神偶命令的方式行事,直到神偶治愈病人。病人的丈夫和朋友,也会如此对待他们的妻子亲朋。但如果神偶宣称他(病人)难逃一死,祭司便会与病人之子、妻或友同行,他们将一块布帛覆于病人口上,令其无法呼吸,这样使其窒息而死,然后他们将尸体切成小块,邀请

---

[*] 该游记有郭泽民和葛桂录从英文版翻译过来的中文版(《曼德维尔游记》,上海书店出版社,2010),本书部分岛名的中译参考了这一版本,但本书中提到的许多内容并未收入其中,为译者依照金茨堡原文译出。

所有的朋友前来取食尸体，然后他们会广招吹笛人，兴高采烈而又仪式庄严地就餐。当他们吃光死者身上的肉之后，他们会收拾残骨，唱着歌将其埋葬，百乐齐鸣地大事庆祝；所有未来参加这一庆典的亲朋好友，都会受到责备，他们会蒙羞悲痛，因为他们不再被当成朋友。朋友们说，他们吃掉了死者的肉体，从而让他免于受苦；而他们说，如果肉太瘦的话，他们就犯下了重罪，居然让这人如此瘦弱，无端忍受疼痛；而当肉肥腴时，他们会说这是好的，他们将这人及时送入了天堂，而他一点儿都没有受罪……

关于食人仪式的这段描述，对梅诺基奥的影响是极大的（同样深受影响的还有莱昂纳多·达·芬奇，他在其驱动下开始猛烈抨击人类之恶）。在2月22日的审讯中，这一点清楚地浮现出来。副庭长第无数次发问："告诉我，你是从哪些同党那里得来的这些看法？"梅诺基奥回答道："大人，我从来没遇到过任何有这些看法的人；我的看法是我自己从脑袋里琢磨出来的。不过，我倒是真的读过一本从本堂神父安德烈亚·达·马伦那里借来的书，他如今住在蒙特雷阿（Monte Real）。那本书的名字叫《约翰·曼德维尔骑士》；我觉得它本来是法文的，出版的时候译成了意大利本国语言。大约五六年前，他把这书借给了我，但我至少两年前就把书还他了。这本书讲的是一次去耶路撒冷的旅行，还提到了希腊人和教皇之间的一些区别；它还讲到一位伟大的汗王、巴比伦城、祭司王约翰和耶路撒冷，以及许许多多的岛屿,那里有些人过着一种生活,还有些人过着另外一种生活。书里头说,这个骑士去到了苏丹面前,苏丹跟他打听起教士、红衣主教、教皇和神职人员的事儿;他就说,耶路撒冷原本是属于基督徒的,不过因为基督徒和教皇的混乱治理,上帝把它从他们手中夺走了。他还在某个地方讨论说,当一个人死后……"此时,审判官不耐烦地打断了梅诺基奥,问他"这本书是不是没提任何有关混沌的事儿"。梅诺基奥回答道:"没有,大人,但我在《圣经辅读》中读到了那个;关于混沌这回事儿,我说过的其他那些东西,都是我自己从脑袋里琢磨出来的。"紧接着,他又回到被打断的话题上:"就是这本曼德维尔骑士的书,还讲了当人生病将死时,他们会去到祭司那里,然后祭司会向神偶求告,那个神偶会告诉他这人到底是不是一定会死,如果他一定会死,祭司就会将他闷死,大家一起把他吃掉;如果他的味道不错,他就是无罪的,但如果他的味道不好,他就犯下了许多的罪,他们居然让他活了这么久便是不对的。我从那儿得来了自己的看法,就是当身体死亡时,灵魂也一道死去,因为在众多不同的国度中,有人信这个,还有人信那个。"

再一次,梅诺基奥栩栩如生的记忆同化、改写和重塑了那些书中的字句。瘠弱的尸体变成了不好(吃)的,肥腴的则变成了好(吃)的。这些词语(好、坏)的道德内涵和美食含义发生了易位,从而将罪从杀人者身上转到了被杀者身上。因此,好(吃)的人是无罪的,不好(吃)的人则罪孽深重。便在此时,梅诺基奥仓促得出了他的结论:死后的世界并不存在,未来的惩罚和奖赏也不存在,天堂和地狱都在人间,灵魂终有一死。他一如既往地严重扭曲了文本(但显然是以一种完全不由自主的方式)。但在这一具体例子中,文本的功能并不全然是次要的:"我从那儿得来了自己的看法,就是当身体死亡时,灵魂也一道死去,因为在众多不同的国度中,有人信这个,还有人信那个。"

# 第 22 章 "自然神"

然而,坚持认为这世上存在各色各样的律法风俗,只不过是曼德维尔游记文字中的一个方面。与之遥相对应的,是承认在这万千变化之中,仍有一个要素保持恒常不变:那就是一种理性,一种永远会与对创世之神的信仰联系在一起的理性,而这位神,便是所谓的"自然神"(God of nature)。因此,在提到那些崇拜神偶和神像的查纳岛民后,曼德维尔表示:"你应当知道,任何崇拜形象的人,都是出于对某个曾经活着的英勇之人——比如赫拉克勒斯——的敬意,也是为了向许多在世时做出丰功伟绩的其他人致敬。然而,这些人说,他们很清楚,这些旧日的英勇人物并不是神,事实上,只有一位创造了万物的自然神,高高在天;这些人很清楚,这些英雄倘若不是得了上帝的特殊恩典,他们是无法做出那些奇事的,而正因为这些人受到了上帝的宠爱,他们才被自己的人民所爱戴。他们说,太阳也是如此,因为太阳有如此大能,所以他们完全清楚,这来自上帝对它超乎寻常的爱，因此才赋予了它高过世上所有其他之物的价值。因此，正像他们说的那样，它受到尊崇敬爱是合情合理的……"

"合情合理的"。带着一种克制的、疏离的、几乎是人种论的口气，曼德维尔描述着那些奇异的事实和信仰，一一指出在他们的怪异荒谬之后，是如何隐藏着一个理性的内核。事实上，查纳岛的居民崇拜着一位半牛半人的神。但他们认为，牛是"地上最神圣的动物，在所有动物中最有用"，而人"是所有生灵中最高贵的，统御所有动物"。难道不是也有一些基督徒，会迷信地认为某些动物拥有行善或作恶的力量吗？"这样，便没有理由去惊讶，这些在自然教义之外别无其他教义的异教徒，会出于自己的简单质朴而更宽泛地信仰这些东西了。"曼德维尔提到的纳卡梅拉（Nacumera）岛的居民，不分男女，全都长着"狗头，用他们的话叫'犬诺西法鲁斯'（Cynocephales）*"。但他马上补充说："他们是合情合理的人，善解人意。"因此，在这本书的最后一章，作为对自己屡次奇异之旅的总结，曼德维尔庄严地向读者宣告："你要知道，在所有的那些国度（中国）和岛屿，所有那些我描述过的云集了各色人等、各样律法与信仰的地方，没有任何一个有理性、能解人意的人，不信奉我们的某些信条，不具备我们的信仰中的某些优点，不相信上帝创造了世界。他们将上帝称作'自然神'（Iretarge），这与先知所

---

\* 由意为"狗"的词根 cyno- 和"头"的词根 -cephalous 组合而成。

说的一致:'地的四极都要敬畏祂',以及'万国都要侍奉祂'。但他们并不知道如何精确地阐述上帝、圣父、圣子或圣灵,也不知道如何谈论《圣经》,尤其是《创世记》和摩西五经的其他几部,比如《出埃及记》,以及各先知书,因为他们无人教导,除了借助自己的先天灵性(natural intelligence)之外别无所知……"曼德维尔呼吁对这些人应当采取无限宽容的态度:"尽管他们[梅塞德拉塔岛(Mesidarata)和吉诺扎法岛(Genosaffa)的居民]不像我们这样信奉所有的信条,但因为他们的善意,我相信——事实上是确信——上帝也爱着他们,悦纳他们的侍奉,就像祂悦纳约伯的侍奉一样。就是因为这个原因,我主曾借着先知何西阿之口说:'我为他写了律法万条',又在《圣经》的其他地方说:'整个世界都伏在祂的律法之下'。同样地,我主也在福音书中说过:'我另外有羊,不是这圈里的',这就是说,在那些基督徒之外,祂还有其他按照自然之律法侍奉祂的仆人……我们不可仇恨或鄙视任何一种基督徒,只因为他们的律法不同,也不可评判他们中的任何人。与之相反,我们应当为他们向上帝祷告,因为我们不知道上帝喜爱何人,也不知道祂憎恶何人,因为上帝不会憎恶任何祂所造之物……"

因此,通过《约翰·曼德维尔骑士游记》这个与众多神话元素交织在一起的温和无害的传奇故事,通过这本被译成多种语言、重印了无数次的书,中世纪宗教宽容的呼声得以传送到了这个宗教战争纷起、对立双方彼此革除教籍和烧死异端分子的时代。这或许只是汇入一股主张宽容的大众潮流的几条渠道之一，关于这个大众潮流，我们至今仍所知寥寥，但它的蛛丝马迹却在整个 16 世纪的过程中时或可见。而另一个例子，存在于那个一直流传不绝的、关于三只戒指的中世纪传说中。

# 第 23 章　三只戒指

这个传说对梅诺基奥的影响非常巨大,以至他在第二次审判过程中(1599年7月12日),曾向坐在审判席上的审判官长篇大论地谈及此事。这一次,这位审判官是方济各会会士杰罗拉莫·阿斯泰奥。梅诺基奥承认自己曾在过去说过("但我不知道是对谁说的"),他"生下来就是个基督徒,也特别想像一个基督徒那样生活,但如果他生下来是穆斯林的话,他或许会想要继续当个穆斯林"。在这之后,梅诺基奥还补充说:"大人,我求您听我说。从前,有个大领主宣称,只有拥有他的一枚名贵戒指的那个人,才能成为他的继承人。在他临终时,他让人仿造了两只跟原来那只十分相似的戒指。因为他有三个儿子,于是他就给每个儿子都分了一只戒指。每个儿子都以为自己才是他的继承人,拥有真正的戒指,但因为这些戒指十分相似,谁都无法肯定。同样,我们的父上帝也有众多祂喜爱的子女,比如基督徒、穆斯林和犹太教徒,祂赋予了每一种教徒按照其各自的律法生活的意志,我们不知道哪一种才是正确的那个。这就是我为什么会说,因为我生来是一名基督徒,我会想要一直当个基督徒,但如果我生来是一个穆斯林,我也会活得像个穆斯林那样。"审判官反驳说:"那么,你是认为我们不知道什么才是正确的律法了?"梅诺基奥回答道:"是的,大人,我的确认为每个人都觉得自己的信仰是正确的,而我们并不知道哪一个才是正确的。但因为我的祖父、我的父亲和我身边的人都是基督徒,我也想要继续当个基督徒,并且相信这才是正确的那一个。"

这是一个非同寻常的时刻,即便是在这样一场自始至终就非同寻常的审判之中。所有人的角色被暂时逆转了,梅诺基奥抢过了主动权,试图去说服法官:"大人,我求您听我说。"在这里,谁才是站在高雅文化这一边的人,而谁又站在大众通俗文化的这一边?很难去分说。梅诺基奥听到三只戒指的故事的方式,令当时的情势更加有悖常理。他宣称,他是"在某本书里"读到的这个故事。审判官在接下来的审讯中才弄清楚这到底是怎样的一本书:"这是在一本禁书里的。"梅诺基奥近一个月后揭晓了书名:"我在薄伽丘写的一百个故事(Cento novelle)那本书里读到这个",而这本书是从"已经过世的尼古拉·梅尔基奥里"那里借来的。这个人,可能就是尼古拉·达·波尔恰,据一位证人供称,梅诺基奥就是从他那儿"学来的他那些异端邪说。"

但我们迄今为止看到的这一切,都表明梅诺基奥并不会像鹦鹉一样复述他人的看法或主张。他对待书本的方式，他的那些古怪和笨拙的陈述，都是原创的迹象。当然，所有这一切并非发生于真空之中。我们越来越清楚地看到，智识潮流与大众潮流以各种各样仍有待解释的方式汇合在一起。将一本《十日谈》以及《卡拉维亚之梦》交到梅诺基奥手中的，或许就是尼古拉·达·波尔恰。这本《十日谈》，或者是其中的一部分——第一天的第三个故事，讲述了三只戒指的传说——给梅诺基奥留下了深刻的印象。不幸的是，我们不知道，他对薄伽丘其他的故事作何反应。当然，梅诺基奥对教派限制深恶痛绝的宗教态度，想必在这个犹太人麦启士德（Melchisedec the Jew）的故事中找到了支持和安慰。但薄伽丘这本书中关于三只戒指传奇的这一页，却没能逃过反宗教改革派内容审查官的剪刀。后者更在意那些冒犯宗教的段落，而不是所谓的淫秽下流内容，这已经是众所周知的了。梅诺基奥阅读的，必定是一个更早的版本，至少是一个未经过审查制度删改的版本。一方是身为审判官与教会法学者的杰罗拉莫·阿斯泰奥，另一方是绰号梅诺基奥的磨坊主多梅尼科·斯坎代拉，他们之间这场针对三只戒指的故事，以及这个故事对宽容的赞颂的冲突，具有某种象征意义。这个时期的天主教会正在两线作战：一条战线上的对手，是不愿遵循反宗教改革范式的古老和新生的高雅文化，而在另一条战线上的对手，则是大众通俗文化。正如我们已经见到的，在这两个截然不同的对手之间，地下的潜流却能够彼此交汇融合。

对于审判官的问题——"你是认为我们不知道什么才是正确的律法了？"——梅诺基奥给出了精明的回答："是的，大人，我的确认为每个人都觉得自己的信仰是正确的，而我们并不知道哪一个才是正确的……"这是主张宽容者的理论，这种被梅诺基奥和塞巴斯蒂安·卡斯泰利奥所推崇的宽容，不仅面向着那三种主要历史性宗教，还面向异端分子。梅诺基奥对宽容的立场，也正如与他同时代的那些思想家的立场一样，有着积极的内涵："大有威严的上帝将圣灵赐予所有人，既赐给基督徒，也赐给异教徒，既赐给穆斯林，也赐给犹太人，而祂珍视所有人，他们都以同样的方式得拯救。"这不只是一种狭义的宽容，而是以一种大道至简、不考虑教义或教派之分的宗教之名义，明确承认所有信仰一律平等。这是某种类似于"自然神"信仰的宗教，那种曼德维尔在游历各国、遍交万民时，即便在最荒僻、最奇异和最凶蛮的民族中也能发现的宗教——尽管，正如我们即将看到的，梅诺基奥事实上并不接受上帝为创世之神的主张。

但在《约翰·曼德维尔骑士游记》中，与这种承认相伴的，是一种对基督教凌驾于其他宗教的局部真理之上的坚定宣称。因此，梅诺基奥再一次超越了自己读到的文本。他的宗教激进主义虽然偶尔会从中世纪宗教宽容的主题中汲取养分，但却与那些与他同时代的、受过人文主义教育的异端分子的复杂宗教理论有着更多的相似之处。

# 第 24 章　书面文化与口头文化

我们已经看到，梅诺基奥是如何阅读他的那些书了：将字句孤立起来，有时加以扭曲，把两个不同的段落相提并论，匆匆忙忙地做出类比。每一次，在比较这些文本和梅诺基奥对它们的反应时，都会让我们猜测，或许存在着一把隐藏之钥，来开启他此种解读方式的秘密，而与某个异端群体可能存在的联系，是不足以对此进行解释的。梅诺基奥对他的这些读物的反复思量和阐释发挥，超出了任何既有的框架结构。而他最不同凡响的主张，居然是产生于接触了像《约翰·曼德维尔骑士游记》或《审判之史》这样无伤大雅的文本之后。在梅诺基奥的脑袋里形成一团火药的，不是诸如此类的书籍，而是印刷品与口头文化的相遇。

# 第 25 章　混沌

现在,让我们转回到梅诺基奥的宇宙(这个起初让我们无法理解的宇宙)的问题上。如今,我们已经能够重现它复杂的层次结构。它始于另辟蹊径,完全偏离了《创世记》中的叙述及其正统解释,而坚持认为存在着一个原始的混沌状态(a primordial chaos):"我说过,在我看来,一切都是混沌,也就是说,大地、空气、水和火,都混杂在一起……"(2月7日)在接下来的审讯中,正如我们已经在前文中看到的,副庭长打断了正在大讲特讲《约翰·曼德维尔骑士游记》的梅诺基奥,问他"这本书是不是没提任何有关混沌的事儿"。梅诺基奥给出了否定的回答,(有意识地)重申了前面提到过的那种书面文化与口头文化的交织:"没有,大人,但我在《圣经辅读》中读到了那个;关于混沌这回事儿,我说过的其他那些东西,都是我自己从脑袋里琢磨出来的。"

事实上,梅诺基奥记错了。这本《圣经辅读》并没有明确提到混沌。然而，在这本书中，在关于创世的圣经记载之前，没头没脑地插入了好几章文字，而它们主要摘引自奥坦的洪诺留所著的《释义》，一本在形而上学中混杂了占星术、在神学中又夹入四种气质学说的著作。《圣经辅读》的第4章"上帝以四种元素（elements）造人"*一开头便写道："经上说，上帝起初造了一个无形无式的巨然之质，祂造之极大极多，可以任凭心意取用处置，于是祂将其分开，按比例分配，从而可以用它造出由四种元素构成的人……"在这里，我们可以看到，假定存在着一个原始的各种元素混沌未分的状态，这实际上也就排除了"从无中造成"（ex nihilo）的可能：但"混沌"这个词，却不曾被提到。很可能，梅诺基奥是从一本他在第二次审判期间偶尔提到的书中学来的这个专业术语（但我们认为，他在1584年已经知道这个词了）。这本书，便是奥古斯丁会的隐修士雅各布·菲利波·福雷斯蒂编著的《编年史增补补遗》。这本编年史写作于15世纪末，但其渊源却显然来自中世纪的基本思想。书的一开始，便讲到了世界的创造。在援引了奥古斯丁会主保圣人奥古斯丁的言论之后，福雷斯蒂写道："经上说，起初上帝造了天和地：并不是这已经存在，而是有一种潜能，因为那之后，经上写着天被造了出来。这就像看着一棵树的种子，我们可以说，这里是树根、树干、树枝、果子和叶子：并

---

\* 在创世语境下也译为"形质"，见《彼得后书》第3章10—12节，"有形质的都要被烈火熔化"。

第25章 混沌

𝔭𝔷𝔦𝔪𝔬            Anno inanzi laduento di cristo    Anno
                                                                  3         del mō
                                                                                              do

A eta prima del mondo:laquale in questa opera: facendo el primo libro comincia Pri
quiet dura insino al diluuio:laquale secondo gli hebrei mille cinquecento cinquata mi
sei anni contiene. Ma secondo gli septanta interpreti z Isidoro: nel quinto libro
delle etymologie:z molti altri dua millia dorento quarantasepte anni. Et sancto
hieronymo dua millia annienon perho integramente formi dice. Et finalmente 5199
el nostro padre sancto Augustino nel quinto libro della citta di dio: nel suo vigesimo capitolo dua
millia dorento sexantadoi anni dicet cosi noi adiutandoci idio: facendo el numero z memo-
ria di tempi in questo modo incominciaremo:

C Adamo z Eua primi di ciascheduno parenti:ouero padre z madre vissono anni nouecento
trenta:z fuora de Caym Abel z Seth con le loro sorelle: di quali la scriptura sancta fa men-
tione:trenta altri figliuoli generorono. Ma Methodio martyre loro hauere generati cento
figliuoli descriue:z questo non debbe parere impossibile: di quali tutti Moyses auctore della
scriptura sancta breuemente fa mentione. Et studiandosi venire alla eta di Abraam de quel-
li z de figliuoli de molti altri antiqui padri z figliuole niente descriue. Et questo adamo con
la sua donna insieme per lo peccato della inobedientia in tutti gli giorni de loro vita gran-
dissima penitentia fecciono. Per laqual cosa non solamente meritorono la misericordia di dio
consequitarema anchora dono di prophecia meritorono riceuere. Onde z de christo: z della
coniunctione della chiesia: del futuro diluuio: z de iudicii: z de incendii de fuocho molte cose
predissero:lequale a loro figliuoli z nepoti manifestorono: a liquali precepti dettono di do-
ctrina:z molte altre cose infinite a loro insegnorono. Finalmente poi da infermita oppresso
al suo figliuolo Seth:z agli altri suoi figliuoli z successori prohibi che gli loro figliuoli con
gli figliuoli de Caym che occise el fratello per la loro vita crosa z cattiua coniungessino. Et an-
chora Seth mando: come alcuno dicein paradiso:acio che impetrasse oleo de misericordia.
Finalmente nellanno nouecento trenta della vita sua gia vechio morendo in Ebron nella cita
Barbea in una sepultura de marmoro: come scriue Egesippo fu sepellito: nelquale poi Eua
sua donna: z Abraam Sarra Ysaac z Iacob con le loro done se dicono essere sepelliti. Sono
anchora alcuni che dicono che fu nel monte caluario sepellito:z de quindi in ebron fu portato
lassato el capo nel monte caluario:nelquale luogho: come descriue Ambrosio: dopo el nostro

出版于意大利威尼斯的《编年史增补》内页，1491 年，藏地不详

非它们已经存在，而是它们定会由此而生。因此才会说起初上帝制造了天和地，但实际上只是天和地的种子，因为造天和地所用之质还处于混沌状态。但可以肯定的是，这将会成为天和地，因此，这个混沌之质便已被称作天和地。奥维德在他鸿篇巨制的一开始，就像其他哲学家一样，将这个欠缺具体形状的庞然之存在称作'混沌'（Chaos），而奥维德在上述作品中指出：'在大地、海洋和覆盖一切的天空存在之前，茫茫无际的自然所呈现的形态，被哲学家们称作"混沌"，它是一个巨大的孕育生机之质：其中空无所有，绵绵若存，万物之种纷纷纭纭，混而为一无形之大。'"

福雷斯蒂的初心，是要令《圣经》与奥维德的著述协调一致，但其结果，却以设想出了一个更奥维德化而与《圣经》不甚相符的宇宙告终。这个关于"巨大的孕育生机之质"的原始混沌的概念，给梅诺基奥留下了深刻印象。他反复思忖，一点一点地得出了自己的结论："关于混沌这回事儿，我说过的其他那些东西，都是我自己从脑袋里琢磨出来的。"

梅诺基奥试图将这些"东西"传达给他的乡亲。"我听他说过，"乔瓦尼·波沃莱多供称，"起初时，这个世界空无一物，它像泡沫一样被海水拍击，然后它凝成了一块奶酪似的东西，后来又从里面生出了大堆蛆虫，这些蛆虫变成了人，其中最强大、最有智慧的成了上帝，其他人都要服从于祂……"

这是个非常间接的证词，至少是第三手的证据。乔瓦尼·波沃莱多说，这是他的一个朋友八天前跟他说的，当时他们"正一起走在去波尔代诺内集市的路上"。而这位朋友转过来又说,这事他是从另外一个朋友那里听来的,那个人曾与梅诺基奥交谈过。事实上,梅诺基奥本人在第一次审讯时给出了一个略有不同的版本:"我说过,在我看来,一切都是混沌……都是从这一片混沌之质中形成的——就像奶酪是用奶制成的——而蛆虫会在其中出现,这些就相当于众天使。至圣至上者宣谕,这些就应当是上帝和众天使,而在这些天使中,亦有上帝,祂也是从这片混沌之质中同时创生出来的……"显然,在口耳相传之后,梅诺基奥的叙述被简化和扭曲了。像"混沌"这样难于理解的词消失了,代之以更正统的替代选项("起初时,这个世界空无一物")。接下来的这一连串类比"奶酪—蛆虫—众天使—至圣至上者—相对于人和众天使最强大的上帝",也被简化为"奶酪—蛆虫—人类—作为人类中最强大者的上帝"。

在另外一方面,在梅诺基奥的版本中,根本就没有提到泡沫被海水拍击这回事。波沃莱多是不可能凭空虚构出这件事的。在审判过程中,一件事变得越来越明显,那就是梅诺基奥做好了零星改动自己的宇宙起源论的准备,但其本质特征却一直丝毫无损。因此,针对副庭长的问题——"这个至圣至上者为何?"——他回答道:"我想,那个至圣至上者是来自永恒的上帝的圣灵。"在接下来的审讯中,他进一步解释说,末日到来时,人类将会被审判,而审判者便是"我前面提到的那个至圣至上者,祂在混沌之前便已存在"。在另外一个版本中,他用"上帝"替换了"至圣至上者",用"圣灵"替换了"上帝":"我认为,永生的上帝出自我前面提到过的那个混沌,祂取走最纯粹的光,就像是做奶酪时那样,只有精华才会被取用,然后从这光中,祂造了那些我们称为天使的精灵,然后祂从其中拣选了最尊贵的那一个,授予他所有的知识、所有的意志和所有的权柄,而这一个,便是我们口中的圣灵,上帝把他立于高处,高过世界上所有的被造之物……"他还改变了自己关于上帝与混沌孰先孰后的看法:"这个上帝在混沌之中,正如人在水中,想要生长,也正如人在林中,想要生长;因此,这个有知之智(this intellect having received knowledge)想要生长扩大,创造这个世界。"但接下来,审判官问:"上帝是永生且永与混沌同在的吗?""我认为,"梅诺基奥回答说,"他们一直同在,永不分离,这就是说,混沌不可无上帝,上帝不可无混沌。"面对这一番乱七八糟的言辞,审判官试图(在5月12日这天)在做出终审决定前再澄清一下事实。

# 第 26 章 对话

**审判官**：在之前的几次审讯中，说到上帝的问题时，你似乎自相矛盾了，因为有一次，你说上帝是永生的，永与混沌同在，而在另一次，你又说祂是从混沌中受造而成。所以，把这个情况和你的想法好好说清楚吧。

**梅诺基奥**：我的看法是，上帝永生且与混沌同在，但祂不自知，也不知己生，后来，祂意识到了自己的存在，这就是我说的祂从混沌中受造而成的意思。

**审判官**：你之前说，上帝有灵性（intelligence），那么，祂起初时又如何可能不自知，后来，又是什么令祂自知？你还需要说明，有何生于上帝之中，令上帝得以从无生变为有生。

**梅诺基奥**：我认为，此理之于上帝，正如它之于世间万物，皆由不足而趋至善，就像一个婴儿，在母亲腹中时无识亦无生，但出生之后，便为有生，在成长的过程中又开始有识。因此，上帝在与混沌同在时是不足的，无识亦无生，但后来，祂在这个混沌之中长之广之，于是开始有生并有识。

**审判官**：这个神圣之智在起初时便能知晓万物、分别万物吗？

**梅诺基奥**：祂知晓一切即将被造之物，祂知晓世人，也知晓将从世人而生其他。但祂不确知所有那些即将生出来的人，比如，那些看牲口的人，他们知道从这些牲口中，还有其他牲口将被生出来，但他们并不明确地知道将被生出来的是哪些。因此，上帝察见万物，但祂并不细看将会来到世上的每一样具体之物。

**审判官**：这个神圣之智起初时已经知晓万物：祂从哪里获得此种信息，是从祂自在之质而生，还是有其他的方式？

**梅诺基奥**：这个神圣之智取知识于混沌，混沌之中，万物混成，然后，它［混沌］将秩序和理解赋予这个神圣之智，正如我们知晓大地、水、空气和火，并能从中做出区分。

**审判官**：这个上帝在创造万物之前，难道没有意志和权能吗？

**梅诺基奥**：是的，正如知识在祂之中增长，意志和权能也会增长。

**审判官**：意志和权能在上帝之中是否同一？

**梅诺基奥**：它们彼此有别，正如在我们之中：凡有意志之处，必有行事之权能。例如，木匠想要做一个长凳，他就需要工具，而且如果没有木头，意志便徒劳无用。因此，我们在谈论上帝时，也会说，在意志之外，权能也是必须的。

审判官：这个上帝的权能又是何物？

梅诺基奥：借助灵巧的工人操控万物。

审判官：这些天使，被你认定为曾在创造世界的过程中担任上帝的执行者，他们是直接由上帝所造吗？或是还有其他的制造者？

梅诺基奥：他们由自然生成，取自世上至善之实质，正如蛆虫从奶酪中生出，当他们出现时，便从上帝那里领受了意志、智识和记忆，因为祂祝福他们。

审判官：上帝难道不能不借助众天使而自己完成一切吗？

梅诺基奥：是的，正如某个人在建造房屋的时候可以使用工人和帮手，但我们说，是他建造了这座房子。同样地，在创造世界的时候，上帝使用了众天使，但我们说，上帝创造了世界。正如木匠师傅在建造房屋时也可以自己动手，但会花更长时间，因此上帝在创造世界时，也可以自己完成，但也要用更长的时间。

审判官：假如没有众天使从中生出的那个原质，假如并不存在混沌，上帝能否仅凭一己之力创造出整个世界？

梅诺基奥：我认为，不可能不借助物质就造出任何东西，即便是上帝，也不能如此。

审判官：那个被你称为圣灵的精灵或至上天使，他与上帝可为同等同质？

梅诺基奥：上帝和众天使皆为同质，一如混沌，但于善性（perfection）上有差异，因为上帝之质要比圣灵之质更为至善，因为上帝是更加至善的光。我要说，耶稣基督也是一样，其质不若上帝之质和圣灵之质。

**审判官**：这个圣灵，他是否拥有与上帝同等的权能？耶稣基督的权能，是否也与上帝和圣灵一样？

**梅诺基奥**：圣灵的权能不如上帝，耶稣基督的权能不如上帝和圣灵。

**审判官**：被你称作上帝的这一位，是否为受造或受生者？

**梅诺基奥**：祂不由他造，得其动于混沌运行之中，由不足而趋至善。

**审判官**：谁令混沌运动？

**梅诺基奥**：混沌自动。

# 第 27 章　神话中的奶酪和真实的奶酪

梅诺基奥滔滔不绝的讲话中，充满了来自日常生活的譬喻，然而，就是在这番长篇大论里，带着一种沉静的自信，他向审判官们解释了自己的宇宙起源论，而后者显然对他深感惊异，被他激起了好奇心。否则，他们为什么要如此细致地进行这场审讯呢？在这一大堆神学术语中，有一点是贯彻始终的：拒绝将世界之创造归因于神圣的力量——此外，一个显然极其古怪的元素，也顽强地反复冒头：奶酪，以及从奶酪中生出的蛆虫。

在这里，或许有一点来自《神曲》(《净界》，第 10 篇，原诗第 124—125 行) 的空谷回声：

　　……青虫
　　要准备变化为天使一般的蝴蝶

当我们想起，维卢泰罗对这些诗句的评注（"天使一般的，换言之即为神圣的,他们由上帝所造,用来填补被从天堂赶出的黑天使们的座席……"),几乎原封不动地出现在梅诺基奥宇宙起源论的另一段言论("而这位上帝后来又造了亚当、夏娃和众多人类,让他们取代被逐出的众天使之位")中时,这种呼应就更加明显。如果仅在一页之中,就纯属偶然地发生了两次巧合,这会是相当奇怪的。但如果梅诺基奥真的读过但丁的话——或许一方面是为了求知,另一方面则是将后者当成掌握宗教和道德真相的大师——为什么竟是这几句诗("青虫,要准备变化为天使一般的蝴蝶")牢牢地印在了他的脑海之中?

事实上,梅诺基奥的宇宙起源论并非来自书本:"他们〔天使〕由自然生成,取自世上至善之实质,正如蛆虫从奶酪中生出,当他们出现时,便从上帝那里领受了意志、智识和记忆,因为祂祝福他们。"从梅诺基奥的回答中,似乎可以明确看到,反复提及奶酪和蛆虫,不过是为了进行解释性的类比。他借用了蛆虫出现于腐烂的奶酪中这一熟悉的日常经验,来阐释众生万物——众天使是其中至先至善者——如何在不借助神圣力量的情况下,自"大哉、朴兮"的混沌之中诞生。混沌先于"至圣至上者"而存在,而这没有得到更深入的定义;从混沌之中生出最早的生灵——众天使,而上帝本身是其中最大者——是一个自发的生成过程,"由自然生成"。梅诺基奥的宇宙起源论基本上是唯物主义的,而且趋近于科学。生命从无生命的物质中自发生成的这一学说,被当时所有的知识分子全盘接受(而且这一学说一直占据主流,直到弗朗切斯科·雷迪的实验在一个多世纪后将其否定），而这事实上要比教会基于《创世记》的世界创造教义更科学。一个像沃尔特·雷利这样的人，可以以"知其然不知其所以然"（experience without art）的名义，将做奶酪（又是奶酪！）的女人与自然哲学家联系起来：他们都知道，凝乳酶令奶酪在搅乳器中凝结，即便他们不能解释其中原因。

然而，光是倾听梅诺基奥的日常体验，并不能解释一切：事实上，它可能什么都解释不了。在奶酪凝块和星云凝聚生成地球之间迅速建立类比关系，在我们看来或许是显而易见的，但对梅诺基奥来说却不尽然。此外，还有更多原因。在提出这一类比时，他不经意地呼应了那些古老而遥远的神话故事。在收入吠陀经的一个印度神话中，宇宙的起源被解释为原始海水在创世诸神的击打下凝结——与牛奶的凝结类似。根据卡尔梅克人（Kalmucks）\*的说法，在时间之初，海水被一层固体覆盖，就像牛奶上的泡沫，植物、动物、人类和诸神都是从这层泡沫中生出。"起初时，这个世界空无一物，它像泡沫一样被海水拍击，然后它凝成了一块奶酪似的东西，后来又从里面生出了大堆蛆虫，这些蛆虫变成了人，其中最强大、最有智慧的成了上帝"：这些话或多或少地出自梅诺基奥之口，只不过可能存在一些前面提到过的简化而已。

这种不约而同十足惊人——甚至令人不安，除非有人愿意

---

\* 俄罗斯联邦少数民族之一，主要分布于卡尔梅克共和国，在西伯利亚和中亚地区亦有分布。中文文献中称之为"土尔扈特"。

接受那些颇为无法接受的理论，比如共同的无意识，或是纯属偶然这一类的简单化解释。当然，梅诺基奥谈到的是一块真实存在的奶酪，并不全然是神话性质的；这种奶酪，他应当经常见到其制作过程（或许他本人就曾经制作过）。阿尔泰山的牧羊人反过来会将同样的经验转化为一个宇宙起源的神话。但尽管有着这一不应被低估的差异，这种不约而同依然存在。无法被排除的一种可能是，它或许是一种超越了语言差异、结合了神话与科学的千禧年宇宙起源传说（a millenarian cosmological tradition）曾经存在的证据之一，尽管这些证据支离破碎，而且遭到过部分抹杀。令人好奇的是，在梅诺基奥的审判过去一个世纪后，这个反复出现的奶酪的譬喻又卷土重来了，这一次，是在一本引起了相当大争议的书中，其作者英国神学家托马斯·伯尼特试图以之调和《圣经》与他那个时代的科学发现之间的不协调之处。或许是对那个古老的印度宇宙起源论的一种无意识的呼应，伯尼特在其著作中专门用了几页的篇幅讨论此事。但在梅诺基奥这里，设想一种直接的传播（一种代代相传的口头传播），几乎是不可能的。如果我们考虑到，就在这些年里，就在弗留利地区，一种带有萨满教潜流的崇拜（比如本南丹蒂崇拜）是如何流传的，则这种假设就显得更不可能。梅诺基奥的宇宙起源论，恰恰便属于这个少有人研究的文化关系与传播的领域。

# 第 28 章　对知识的垄断

在梅诺基奥的谈话中,我们可以看到,一个根深蒂固的文化暗层仿佛从地缝中慢慢涌现而出,它是如此不同寻常,看上去几乎不可理喻。这个例子与我们迄今为止考察过的其他例子都不一样,它不仅牵涉到一种经过了书面文字过滤的反应,还与口头文化未能泯灭的残余有关。宗教改革和印刷术的传播,是令此种不同文化浮现于天光之下的必要条件。因为前一点,一个普通的磨坊主也敢于放胆直言,说出他自己对教会和世界的看法。拜第二点所赐,在他心中酝酿已久的那些模糊的、难以言喻的关于世界的看法,得到了表达所需的语言文字。在那些他从书本中苦苦摘寻出的句子或片段中,他找到了将自己多年来形成的看法系统阐述出来并加以辩护的工具,而他的听众和辩论对象先是其他的村民,后来甚至成了那些学富五车且大权在握的法官。

通过这种方式,他亲身体验到了这一无比重要的历史性一跃,跨越了将口头文化中比比画画、嘟嘟嚷嚷和大喊大叫的言论与中正平和、清晰明确的书面文化分离开来的鸿沟。第一种文化,几乎是身体的一种延伸扩张,而第二种文化,则是"思维的产物"。书面文化对口头文化的胜利,主要是抽象对经验的胜利。在从特定处境中寻求解脱的可能性中,人与人联系的根源,始终与书写和权力密不可分。在埃及和中国,这种例子显而易见,在那些地方,几千年来,祭司和官僚阶级垄断了象形文字和表意文字的书写。字母的发明,在公元前15世纪左右首次打破了这种垄断,但还不足以让书面文字普及至每一个人。只有在印刷术出现后,这才有了更切实的可能性。

梅诺基奥对自己想法的原创性一清二楚且深感骄傲:因为这,他才想要向那些最高的宗教和世俗权威阐述它们。但与此同时,他也感觉有必要掌握对手们的文化。他深知,书面文字以及精通和传播书面文化的能力,正是权力的源泉,因此,他并没有局限于谴责拉丁语这种被官僚(和神职人员)所使用的语言是"对穷人的背叛"。他论战的火力范围要更广。"你难道不明白吗,审判官们不想让我们知道他们知道的那些东西!"在这里述及的系列事件发生几年后,他对同村的丹尼尔·伊阿科梅尔大声宣称。"我们"和"他们"之间的立场对立是鲜明的。"他们"是"尊贵之人",手握大权者——不仅仅是那些居于教会等级制度顶端的人。"我们"是农民。几乎可以确定,丹尼尔是不识字的(当他于第二次审判期间上报梅诺基奥的言论时,他并没有在自己的证词上签字画押)。与之相对,梅诺基奥却能读会写：但他不觉得因为这一点，他与当权者的长期战斗便只同自己有关。那种"寻求高高在上的东西"的渴望，梅诺基奥曾经在十二年前面对波托格鲁阿罗的审判官时含糊地否认了，但这种渴望在他看来，依然不仅是合理合法的，也是每个人都可以触及的。与之相反，教士们为维护自身对知识的垄断而表现出的装模作样，在威尼斯的书商那里花"两个索尔多"就能买到，这必定在他看来极为不公，甚至是荒谬的。文化作为特权的理念，业已被印刷术的发明严重动摇了（但显然并没有被彻底打倒）。

# 第 29 章 《圣经辅读》中的话

在这本花"两个索尔多"从威尼斯买来的《圣经辅读》中，梅诺基奥找到了那些他在招供时与日常生活语汇一道使用的专业术语。因此，在5月12日的审讯中，我们既可以找到"母亲腹中的婴儿""畜群""木匠""长凳""工人""奶酪""蛆虫"这样的字眼，同时也能看到"不足""至善""实质""物质""意志、智识和记忆"这样的大词。第一眼看去颇似一锅表达卑微与崇高之意的词汇之大杂烩，但却与《圣经辅读》的第一部分极为相似。以该书的第3章"为何上帝不欲有恶，也无法接受恶的存在"为例："上帝不欲有恶，也无法接受恶的存在，因为祂已安排好这些元素，令彼此不相抵触，只要这一个世界存在，他们便可保持此种状态。有人说，这个世界将会永远存在，其理由是，当躯体死亡时，骨肉会化作它们被造出来时所用的那种物质……我们不难看出自然的功能，看出它是如何修和冲突之物，将所有不同化而为一，将它们合为一体，同为一质：

此外，这也将它们合于植物和种子之中，让男的女的公的母的合着自然之道彼此结合。木星之神朱庇特（Jove）造了其他生灵，它们借他而生，各合其序。因此，你能看到，自然是顺服于上帝的……"

"物质""自然""合一""元素""实质"；恶的起源；星象的影响；造物主与所造之物的关系。像这样的例子不胜枚举。古典时代和中世纪文化史中一些关键的概念和争论最激烈的主题，借助这样一本粗制滥造、颠倒无序的《圣经辅读》，传播到了梅诺基奥这里。它的重要性怎么强调都不算过分。首先，它为梅诺基奥提供了语言和概念的工具，让他可以阐发和表达自己的世界观。此外，这本书的阐述方式，是以经院学者在解析说明那些错误的主张并继而予以驳斥的阐释法为基础的，这显然促成了梅诺基奥求知若渴的好奇心的释放。蒙特雷阿莱的教士所展现出的那种铁板一块、无懈可击的教义传承，自身即面对着《圣经辅读》中各种诠释的冲击。在该书第26章"上帝如何感动（inspires）身体中之灵魂"中，梅诺基奥可以读到："如今，许多哲学家都受到了蒙骗，在灵魂的产生问题上陷入了巨大谬误。一些人说，灵魂都是永恒的。另外一些人说，所有灵魂皆为同一，元素则有五种，其中四种是上面提到过的那些，而另外一种被称为'奥比斯（orbis）'：他们说，上帝正是从这个奥比斯之中造了亚当和所有其他人的灵魂。因为这个原因，他们说，世界将永无终止，因为当人死之后，他又会回归于其元素。还有人说，灵魂是那些堕落的邪恶之灵，他们说，这些邪灵进入人的身体,当一具躯体死亡时,它们又会进入另外一具躯体,通过这种方式得救;他们还说,在世界末日,他们都将得救。另外的人则说,世界将永不终止,新的生命会在三万四千年后重生,每一个灵魂都将回到自己的躯体。所有这些都是谬误,那些如此说的人都是异教徒、异端分子、分裂教会者和不知何为神圣的真理与信仰之敌。"但梅诺基奥并不是那种会让自己被《圣经辅读》中的严词谴责吓住的人。他毫不犹豫地说出自己的主张,哪怕面对的是这一问题。这本书不但没有让他屈服于权威的解释,"许多哲学家"的例子反而诱使他去"寻求高高在上的东西",去追随他自己涌动的思潮。

如此一来,这些纷繁复杂的元素——有些历史悠久,还有些并不古远——结合为一个新的结构体。一块几乎不可辨识的柱头残片,或是一个尖拱半已磨灭的轮廓,从一堵墙上突露出来:但这栋建筑物的设计是属于梅诺基奥自己的。在无意识之中,带着一种开放的心态,他取用了他人的思想残片,就像他取用石料砖瓦一样。但他试图获取的这些语言和概念的工具,既非中性,也不单纯。这解释了他言谈中大多数的自相矛盾、含糊不清和不得体。使用这些充满基督教、新柏拉图主义和经院哲学色彩的术语,梅诺基奥试图将一代又一代农民的那种原始、直觉的唯物主义表达出来。

# 第 30 章　譬喻的功能

我们必须打破覆在表面上的这层术语学的盖子，才能释放出梅诺基奥那些最深刻的思想的滚滚洪流。当梅诺基奥谈起上帝、上帝的至圣至上、上帝之灵、圣灵和灵魂时，他的真实意图是什么？

让我们从梅诺基奥的话语中最明显的一个元素开始：譬喻的大量存在。这些譬喻用到了我们已经注意到的那些来自日常经验的词汇——"母亲腹中的婴儿""畜群""木匠""奶酪"，诸如此类。在这里，点缀于《圣经辅读》中的这些形象化表达，有着明显且唯一的说教目的：这也就是说，它们用直接易懂的例子，说明了想要传达给读者的那些论点。但在梅诺基奥的谈话中，譬喻的功能却是不同的，甚至在某种意义上是截然相反的。他的意识和语言世界，具有最绝对的写实主义特征，在其中，即便是譬喻，也必须严格地从字面意义上加以理解。这些譬喻的内容从来都不是偶然的，它们让梅诺基奥那些真实的、未表达出来的心里话透出了一点头绪。

# 第31章 "主人"、"管家"和"工人"

就让我们从上帝开始吧。对于梅诺基奥来说,上帝首先是一位父亲。譬喻的运用为这一陈旧的传统称谓赋予了新的含义。上帝是人类之父:"我们都是上帝的儿女,与那个被钉死的人别无二致。"这"都是"里面,包括了基督徒、异端分子、穆斯林和犹太人——"而祂珍视所有人,他们都以同样的方式得拯救。"不管他们想还是不想,他们都一直是这位父亲的儿女:"祂认所有人为己有,不论是穆斯林、犹太人、基督徒还是异端分子,都被祂视为同一,就像一位儿女众多的父亲,认他们同为自己的孩子。即便有人不想被承认,他们也属于这位父亲。"出于父爱,这位父亲甚至不介意被自己的儿女诅咒:亵渎神圣"只会伤害自身而不及邻舍,就好像是我有一件斗篷,然后把它扯烂了,我伤害的只是我自己,没有别人。我认为,没有伤害到自己邻舍的人,也就没有犯罪,因为我们都是上帝的儿女,如果我们不彼此伤害,比方说,如果一个父亲有好几个孩子,其中一个说'我诅咒我的父亲',那位父亲可能会原谅他,但如果这个孩子打破了其他什么人的孩子的脑袋,而这孩子又不付出代价的话,他就没那么容易原谅他了。因此,我才说,亵渎神圣不是罪,因为它没有伤害任何人"。

正如我们已经看到的,所有这一切都与"爱上帝不如爱邻舍重要"的断言紧密联系在一起——而对这样一位邻舍,也应当尽可能具体地从字面意义上去理解。上帝是一位慈爱的父亲,但祂远离了其儿女的生活。

但是,在作为一名父亲之外,上帝在梅诺基奥看来,还是权威的具体象征。他多次提到一位"至圣至上者",有时候与上帝有所区别,有时候指的就是"上帝之灵"或上帝本身。此外,上帝被比作一位"大统领",祂"向这个世界上的众人派出祂的儿子作为使者"。或者,祂也会被比作绅士:在天堂中,"将坐在那些位子上的祂,想要能查看万物,就像摆出所有家当清点观看的绅士一样"。"主上帝"首先是一位主子,也的的确确是一位主子:"我说过,如果耶稣基督是永生的神,他不会让自己被抓捕,又被钉死在十字架上,我对这个信条不确定,心存疑惑,就像我说过的,在我看来,这是一件奇怪的事,一个当主子的居然会允许自己以这种方式被抓住,所以我怀疑,既然他是被钉死在十字架上的,那他就不是上帝……"

一位主子。但领主们最主要的特征,便是他们不需要工作,因为有人帮他们做工。对于上帝,也是如此:"至于赎罪券,我相信它们是好的,因为如果上帝立了某人当教皇,让他代为颁赐赦免的话,那就是好的,因为这就像是我们从上帝那里接受赦免一样,因为这些赎罪券是某个充当祂的管家的人所给出的。"不过,教皇不是上帝唯一的管家。圣灵也"像是上帝的管家,这个圣灵从被造的众天使中选中了四个统领,或者我们应当称他们为管家……"人的被造,是由"圣灵借着上帝的意志通过自己的使者来完成的;这就像是一位管家与他的代工一道工作,圣灵也会帮上一把手"。

因此,上帝不仅是一位父亲,还是一个主人——一位不会弄脏自己的手亲自干活、只是将累人乏味的任务交给他的管家的地主。即便是后者,在做工时,也只有在极少的情况下才会"帮上一把手"。例如,圣灵造就了大地、树木、动物、人类、鱼类和所有其他生灵,但却是"借助了作为工人的众天使之力"。的确,在回答审判官关于这一问题的提问时,梅诺基奥没有排除上帝不借助众天使而创造世界的可能性:"正如某个人在建造房屋的时候可以使用工人和帮手,但我们说,是他建造了这座房子。同样的,在创造世界的时候,上帝使用了众天使,但我们说,上帝创造了世界。正如木匠师傅在建造房屋时也可以自己动手,但会花更长时间,因此上帝在创造世界时,也可以自己完成,但也要用更长的时间。"上帝拥有"权能":"凡有意志之处,必有行事之权能。例如,木匠想要做一个长凳,他就需要工具,而且如果没有木头,意志便徒劳无用。因此,我们在谈论上帝时,也会说,在意志之外,权能也是必须的。"但这种"权能"是由"借助灵巧的工人"操控万物而组成的。

这些反复出现的譬喻，当然是对于那种令宗教的主要形象更亲近、更易理解的需要的一种回应，而做法，便是借用日常经验来讨论这些形象。梅诺基奥曾经告诉过审判官，除了磨坊主之外，他还当过"木匠、锯木工和石匠"，也是这个梅诺基奥，将上帝比作了木匠和石匠。但从大量存在的譬喻之中，一个更深层次的内容浮现了出来。"创造世界"再一次被从字面意思上理解为一种物质的实体行为——"我认为，不可能不借助物质就造出任何东西，即便是上帝，也不能如此。"这是一份体力工作。但上帝可是一位主子，而领主们是不会亲手工作的。"这位上帝自身可曾创造或生成过任何存在物？"审判官们问道。"祂约定了意志，万物皆借着这意志而造。"梅诺基奥回答说。即便被比作了木匠或石匠，上帝也总是有"帮手"或"工人"听命的。只有一次，在猛烈抨击圣像崇拜时，兴奋过头的梅诺基奥提到了"上帝独自创造了天与地"。事实上，对他来说，上帝未曾创造任何事物，正如作为上帝"管家"的圣灵也未曾做过此事。亲手"创造世界"的是那些"工人"，那些"劳动者"，也即众天使。至于众天使，是谁造了他们呢？是自然："他们由自然生成，取自世上至善之实质，正如蛆虫从奶酪中生出……"

梅诺基奥能从《圣经辅读》中读到"众天使是这世上最早被造出来的生灵，因为他们是以已存的最尊贵之物质所造，他们便因骄傲而犯了罪，其尊位被褫夺"。但他也能读到："所以，你能看到，自然之于上帝，正如锤子和铁砧之于想要新造出自己所欲之物的铁匠，有时候他要的是一柄剑，有时候是一把刀，还有时候是其他东西：尽管他用锤子和铁砧制造了它们，但不是锤子制造了这些物件，而是铁匠。"但梅诺基奥并不能接受这一点。他顽固的唯物主义观不承认上帝作为造物主之存在。关于上帝之在，他的答案是肯定的——但这个上帝是一位遥远的上帝，就像把自己的田地交在管家和"劳动者"手中的主人。

遥远的上帝，或者说，这是一位十分亲近、消融于一切元素之中和与整个世界同一的上帝（而这两者实际上没有分别）。"我认为，整个世界，也就是空气、大地和世上所有美好之物，都是上帝……这是因为我们说，人是照着上帝的形象造的，在人中有空气、火、大地和水，从这一点可以引出，空气、大地、火和水都是上帝。"

而从这一点，也可以引出：在论述这些文本（《圣经》和《圣经辅读》）的时候，梅诺基奥沉着冷静的理性，再一次发挥了最非同寻常的自主权。

# 第 32 章　一个猜想

但在与其他村民讨论时,梅诺基奥的语气要急躁多了:"这个全能的上帝到底是什么?这是对《圣经》部分经文的背叛,只不过是想要欺骗我们,而如果祂真的是全能的上帝,祂就会让自己被看见";"你想象中的上帝是什么样的?上帝不过是一缕气息,是人们想象出的任何样子";"这个圣灵是什么?……这个圣灵根本无法被找到"。在审判过程中,当他被提醒自己说过这些话时,梅诺基奥愤怒地喊了出来:"你根本找不到任何证据,证明我曾经说过圣灵不存在。事实上,在这世上,我最强烈的信仰,便是相信圣灵,它是至高上帝的道,照亮整个世界。"

在蒙特雷阿莱居民的证词与审讯记录之间,存在着令人吃惊的反差。有人或许会想要将其归结于梅诺基奥出于恐惧的狡赖,目的是逃过宗教法庭的定罪。"真实"的梅诺基奥或许是一个在蒙特雷阿莱走街串巷、否认上帝之存在的家伙;而另一个梅诺基奥,审判中的梅诺基奥,不过是一个假冒为善者。但这种假设会迎头遇到一个严重的问题。如果梅诺基奥真的想要在法官面前隐藏他的那些更激进的想法,为什么他会顽固地坚持灵魂终有一死?为什么他坚定地否认耶稣基督的神圣性?事实上,除了在第一次审讯过程中偶尔地缄默不语,梅诺基奥在整个审判过程中的行为,看起来都绝对不像是出于谨慎或掩饰而使然。

根据梅诺基奥自己的供述,我们不妨循着这条线索来构思一种不同的假设。在那些无知的村民面前,他给出的,是自身思想的一个简化、通俗易懂的样貌:"如果我能够畅所欲言的话,我会说的,但我不想说。"与之相对,那些更复杂、只有内行才了解的看法,是保留给他渴盼着能接近的神职人员和世俗权威的。"我说过,"他告诉波托格鲁阿罗的法官们,"如果我获准觐见教皇,或是某位愿意听我一言的国王或诸侯,我可有好多要说的事情呢;就算他之后杀掉我,我也不在乎。"因此,梅诺基奥思想的最完整呈现,必定要从他在审判期间做出的供述中寻求。但我们还需要努力去解释,梅诺基奥何以在面对蒙特雷阿莱居民时说出了明显自相矛盾的话。

不幸的是,我们能够给出的唯一解答,完全是出于主观猜测的,那就是梅诺基奥有可能间接知道塞尔维特的《论三位一体的谬误》(*De Trinitatis erroribus*),或者读过这本书的意大利文译本。这个如今已经散失了的译本,是由人称"土尔卡"或"土尔切托"的乔治·菲拉莱托于1550年前后引入意大利的。

# DE TRINITA-
## TIS ERRORIBVS,
### LIBER PRIMVS.

IN SCRV-
tandis diuinæ
Triadis sanctis
arcanis, ab ho-
mine exordien-
dum eo duxi,
quia ad Verbi
speculationem si-
ne fundamento
CHRISTI,
ascendentes,
quàm plurimos cerno, qui parum aut nihil homi-
ni tribuunt, & uerum CHRISTVM obliuioni
penitus tradunt: quibus ego ad memoriā, quis sit
ille CHRISTVS, reducere curabo. Cæterum,
quid, quantumq; sit CHRISTO tribuendum, iu-
dicabit ecclesia.

Pronomine demonstrante hominem, quem hu-
manitatem appellant; concedam hæc tria. Primo
hic est IESVS CHRISTVS. Secundo, hic est
filius Dei. Tertio, hic est Deus.

Tria hæc in
homine cog-
noscenda,
antequam
de Verbo lo-
quamur.

a 2

《论三位一体的谬误》内页,1531 年,藏地不详

这当然是一个大胆冒险的猜测，因为我们所面对的是一个非常复杂的文本，其中充满了哲学和神学术语——这本书的难度同梅诺基奥读过的那些书相比，简直不可以道里计。但在梅诺基奥的言谈之中，我们依然可能发现它的一缕几不可闻的回响，尽管声音是那么的微弱，并且遭到了扭曲。

塞尔维特这部处女作的核心，是对耶稣基督全然为人的证明——但这是一种被圣灵神圣化了的人性。而在第一次审讯中，梅诺基奥是这样说的："我怀疑……与其说他是上帝，倒不如说他是某位先知，某位上帝派来这世上传道的大人物……"他随后对此进行了澄清："我觉得他是一个和我们一样的人，和我们一样都是男女结合后生出来的，他所有的一切，都来自世间男女；但的的确确，上帝降下圣灵，立他为自己的儿子。"

但对于塞尔维特来说，圣灵是什么呢？他一起手，便列举出了《圣经》中与这一表达相关的多重含义："圣灵的含义，时而是上帝本身，时而是一位天使，时而是某个人的心灵，一种直觉或心中的神圣之感，一种精神上的冲动，或是一缕气息；尽管有时候，在气（breath）和灵（Spirit）之间存在着鲜明的差异。有些人会认为，圣灵指的就是人的正确理解和理性，除此之外别无他意。"这种意义的多元性，与我们在梅诺基奥这里看到的情况形成了密切的呼应："我认为……他是上帝……是那个上帝向其颁赐下自己的意志的天使……我认为，我们的主上帝赐给我们自由意志，将圣灵赋予我们的身体……我［认为］灵来自上帝，正是它，在我们不得不做某样事情时，感动我们依此行事，或行那件事，或不行某事。"

根据塞尔维特的意图，这种关于术语的讨论是为了表明，作为一种有别于圣父之位格的圣灵，是不存在的："借圣灵以表征的，不是一个单独的事物，而是上帝的某种行动，上帝之权能的某种特定能力或特定感动。"藏在这一泛神论背后的假设，是圣灵就存在于人类和一切真实之中的哲学命题。"在谈论上帝之灵时"，塞尔维特在文字中回忆起一段过往，当时，他仍信奉着那些哲学家们的谬误，"曾几何时，我只知这第三种位格确实存在于某个角落，就已足够。但如今我知道，上帝自己说过：'我是近处的神，不是远处的神'；我如今也知道，上帝广大的灵充满全地，包有万物，成就了每个人的德性。\*我将和那位先知一样放声高呼：'主啊，我往哪里去躲避你的灵？'†因为天上地下，没有任何一个地方没有上帝之灵"。至于梅诺基奥呢，他可是一直都在跟他的乡亲们讲着，"你觉得上帝是什么？能够被看见的每一样东西，都是上帝……""天空、大地、海洋、空气、深渊和地狱，皆是上帝"。

塞尔维特使用了他掌握的每一种工具，对一个已经持续了千年之久的哲学和神学体系进行拆解：希腊文、希伯来文，洛

---

\* 此段引用对应的经文是《圣经·旧约·耶利米书》第 23 章第 23—24 节，但《圣经》原文为反诘语气，且与引文含义有异："我岂为近处的神呢？不也为远处的神吗？……耶和华说：我岂不充满天地吗？"

† 此处引用的是《圣经·旧约·诗篇》第 139 篇第 7 节，但这首诗的作者被认为是大卫王。

伦佐·瓦拉的哲学思想和犹太教神秘哲学（Cabala），德尔图良的唯物主义和奥卡姆的唯名论，神学和医学。最终，他像刮除创痂一样，去掉了围绕着"灵"这个词而赘生出的各种引申含义，从而恢复了它最原始的意义。在他看来，经文中"灵"（spiritus）、"气"（flatus）和"风"（ventus）之间的区别，只不过是习惯使然，与措辞有关。在灵与气息之间，存在着意味深长的类比关系："重申一下，所有由上帝的权能所造之物，据说都是借着祂的气息和感动而生；因为倘若没有一灵之息，道便无法言说，就好像我们不呼气便无法开口说话一样；因此，我们才常说，口中的气息，唇间的气息……因此，我认为，驻于我们之中的灵，就是上帝自身；我还认为，这就是驻在我们之中的圣灵……于人之外，圣灵不存。"我们应当将这与梅诺基奥的话相对比："你想象中的上帝是什么样的？上帝不过是一缕气息……空气是上帝……我们就是诸神……我认为［圣灵］驻于每个人之中……这个圣灵是何物？……这个圣灵无法被寻得。"

诚然，从这位西班牙医生的文字，到那个弗留利磨坊主的言论，这一猜想之跃可谓巨大。但在另一方面，我们也知道，塞尔维特的著作在16世纪的意大利流传甚广，而且不仅仅风靡于学者圈中。梅诺基奥或许提供了一条线索，让我们了解这些著作是如何被解读、理解和误解的。这一猜想，让我们有可能解决存在于蒙特雷阿莱居民的证词和审判记录之间的矛盾分歧。实际上，它似乎更像是一种有意选择，在不同的层面上选择不同的表现，而不是自相矛盾。在梅诺基奥一股脑地丢给村民的那些粗略解释之中，我们不能不看到一种有意识的尝试，尝试按照他的理解、将晦涩的塞尔维特思想转述为某种无知听众也能理解之内容。他将对这一教义的全面深入阐述保留给了一群不同的听众：教皇、国王和诸侯，或者要是没有更好的人选的话，阿奎莱亚宗教法庭的审判官和波托格鲁阿罗的市长也可以。

# 第33章 农民宗教信仰

在那些被梅诺基奥反复琢磨的书籍背后,我们已经辨认出了一种他在阅读时应用到的方法论。而在这一口头文化的坚实暗层背后,至少在宇宙起源论的问题上,我们看到了一股径直涌向表面的上升力量。但认为梅诺基奥的某些思想是对《论三位一体的谬误》这种高深复杂文本的遥远回应,并不意味着我们必须折返脚步。那种回应即便是真的,也只应被当成对一种学术观念的转译,从而将这种包含强大唯物主义成分的学术观念转化为大众唯物主义(而且在面对他的乡亲时又进行了进一步的简化)。上帝、圣灵和灵魂,皆非作为单独实质而存在。唯有被神圣所充满的物质,那四种元素的混合体,才真实存在。于是,我们再一次迎头对上了梅诺基奥之口头文化的根基。

他的这种思想,是一种宗教唯物主义。像这种关于上帝的评论——"这是对《圣经》部分经文的背叛,只不过是想要欺骗我们,而如果祂真的是全能的上帝,祂就会让自己被看见"——完全就是对教士和他们在书本中关于上帝为何之阐释的拒绝和否认。他在一切地方，都能看到自己的上帝。"这个全能的上帝到底是什么？——除了大地、水和空气。"他迅速补充道（均出自同一位证人、教士安德烈亚·比奥尼玛之口）。在他看来，上帝与人，人与世界，全都交织在一张基于天启而形成的各种关系之网中："我认为［人类］是由地土所造，但是，也是由所能找到的最美好的金属所造，这就是为什么我们看到人总是渴望得到这些金属，尤其是黄金。我们由这四种元素构成，于七大行星有份。因此，有人于某一行星之份要多过另一行星，有更多反复无常的水星气质或和蔼愉快的木星气质，所有这一切都取决于他出生时的天宫星象。"在这种真实被神圣所渗透的观点中，甚至连由神职人员主持的赐福仪式都是可以被接受的，因为"魔鬼习于侵入万物，毒害他们"，以及"教士的圣水可以驱走魔鬼"——尽管他又补充说，"我认为所有的水都是被上帝赐福的"，以及"如果一个平信徒知道他们配得知晓的道，就像教士所知的一样，因为上帝将祂的权能平等地赐给所有人，而不是给一人比另一人更多"。简而言之，这是一种农民宗教信仰，与教士在布道坛上宣讲的那种宗教信仰几乎没什么共同点。当然，梅诺基奥会去做忏悔（但不在镇中），领圣餐，而且毫无疑问地让自己的孩子接受洗礼。然而，他拒绝接受神创论、道成肉身和基督的救赎。他否认诸般圣事于救赎有效，并断言爱邻舍比爱上帝更重要。他相信整个世界便是上帝。但在这一气贯通的思想体系中，存在一个缺陷，那就是灵魂。

# 第 34 章　灵魂

让我们回到上帝与世界同一的这个问题上来。"我们说，"梅诺基奥曾如此宣称，"人是照着上帝的形象造的，在人中有空气、火、大地和水，从这一点可以引出，空气、大地、火和水都是上帝。"《圣经辅读》是这一论断的源头。他从书中借用了——却在过程中做了一个决定性的改变——人与世界、微观世界与宏观世界交相感应的古老概念："因此，男人和女人是最后被造的，他们由地土和基质（base matter）所造，这样他们应因自身之谦卑，而非傲慢，方得升入天堂；鉴于土是这样一种终日遭践踏的基质，而它又在所有其他元素之中，这些元素彼此联结、合为一体，像鸡蛋中的蛋黄一样被包在正中，周围有蛋清环绕，外层有蛋壳包覆；这些元素在这世界上也同样和同并存。蛋黄对应的是大地，蛋清对应的是空气，蛋清与蛋壳之间的那一层膜对应的是水，而蛋壳则对应着火：它们全都以此方式连合为一体，因此冷与热、干与湿也是如此交相作用。

我们的身体是由这些元素所造，由它们组成：我们的骨和肉，就是泥土，我们的血，就是水，我们呼吸，就是气，我们的体温，就是火。我们的身体由这四种元素组成。我们的身体受这世上万物的支配，但灵魂却只服从于上帝，因为它是照着祂的形象造的，构成它的物质比构成身体的物质更高贵……"如此，这便构成了一种拒绝，拒绝承认有一不同于身体及身体之行动的非物质本性存在于人（灵魂）之中，而这令梅诺基奥不仅将人与世界等同起来，也将世界与上帝等同为一种存在。或许是在有意回应《传道书》中的句子，他总是反复对村民这样说："人死之时，就像是一个动物，一只苍蝇……而且……当人死了，他的灵魂和所有与他相关的一切，也都一同死去。"

然而，在审判开始时，梅诺基奥却否认曾经说过这一类的话。他试着小心翼翼，听从自己的老朋友、那位波尔切尼戈的教区神父的劝告，然而却并不太成功。面对"关于那些虔诚的基督徒之灵魂，你有什么看法？"这个问题时，他回答道："我说过，我们的灵魂会回到大有威严的上帝那里，而祂会随着自己的心意发落他们，依据各人所行，让善人进入天堂，恶人降下地狱，而有些人则被发落到炼狱之中。"他以为，自己在教会的正统教义中找到了掩护（这一教义是他一点儿都不认同的）。但实际上，他却将自己推进了一个恐怖的迷宫。

# 第 35 章 "我不知道"

在接下来的审讯中（2月16日），副庭长一开始便提出了一个要求，让他澄清有关"大有威严的上帝"的那些言论。直接的攻击随之而来："你说我们的灵魂会回到大有威严的上帝那里，而你之前已经表示过，上帝不过就是空气、大地、火和水；那么，这些灵魂又如何回到大有威严的上帝那里呢？"这个自相矛盾是确实存在的；梅诺基奥不知道如何作答："我的确说过，空气、大地、火和水是上帝，我不能否认我说过的话；至于灵魂，他们来自上帝之灵，因此也必须回到上帝之灵那里去。"副庭长锲而不舍地继续追问："上帝之灵和上帝是一回事吗？这个上帝之灵是否由这四种元素合成（incorporato）？"

"我不知道。"梅诺基奥说。他沉默了片刻。他或许是累了。又或者，他不知道"合成"这个词是什么意思。最后，他回答说："我认为我们所有人都拥有来自上帝的灵，如果我们为善，这灵便喜乐，如果我们作恶，这灵便愤怒。"

"你的意思是这个上帝之灵就是那从混沌中而生的了？"

"我不知道。"

"交代真相，"副庭长重又开始紧盯不放，"解答这个问题；也就是说，如果你认为灵魂会回到威严的上帝那里，而那个上帝又是空气、水、大地和火，那么它们又怎么回去呢？"

"我认为我们的灵，也就是灵魂，会回到上帝那里，因为是祂赐下的它。"

这个农民是多么的顽固啊！倚仗着自己所有的耐心和逻辑，这位副庭长詹巴蒂斯塔·马罗阁下，教会法和罗马法的博士，再一次敦促他反躬自省，说出真相。

"我说过，"梅诺基奥于是回答道，"世上万物皆是上帝，至于我自己，我认为我们的灵魂会回归为世上万物，领受恩典，因为这会令上帝喜悦。"他沉默了一下。"这些灵魂就像那些在描述中与上帝同在的天使，祂视它们的善行，或令其随侍在侧，或将一些邪恶的灵魂散布到全世界。"

# 第 36 章　两种灵，七种灵魂，四种元素

于是，就这样，这场审讯捕捉了梅诺基奥的又一个自相矛盾之处，而这种自相矛盾还有很多。梅诺基奥做出了一个断言，因为缺乏更合适的术语，我们姑且将其描述为一种泛神论的主张（"世上万物皆是上帝"），一种显然拒绝承认个体幸存之可能性的主张（"我认为……我们的灵魂会回归为世上万物……"）。但在这之后，梅诺基奥或许生出了几分疑惑。出于恐惧或不确定，他短暂地沉默了一会儿。然后，从他的记忆深处，一幅画面闪现在他的眼前，他必定曾在某座教堂中见过这幅画，或许就在某座乡间小礼拜堂中：上帝被一群天使所环绕。这就是副庭长想要的答案吗？

但这位副庭长想要的，是与那一闪而过的传统天堂图景十分不同的东西。这种传统的天堂图景更多地应和着大众信仰的余音回响，而这种认为死者的灵魂"散布到全世界"的信仰之起源，是早于基督教的诞生的。在接下来的审讯中，他列出了

梅诺基奥之前对灵魂不死的否认，立即将他置于极其难堪的境地："那就说真话吧，比你之前受审时更畅所欲言些。"就在这一刻，梅诺基奥做出了一个意料之外的陈述，与他在前两次审讯中所说的截然相反。他承认自己跟某些朋友（朱利亚诺·斯特弗努特、梅尔基奥雷·格尔巴和弗朗切斯科·法赛特）谈论过灵魂不死的问题，但他澄清道："我的原话是，当身体死亡时，灵魂也会死去，但灵依然留存。"

直到这一刻之前，梅诺基奥一直忽略了这一区别：事实上，他曾明确说过"我们的灵，也就是灵魂"。如今，面对副庭长大惊失色的询问："他是否认为在人之中有身体、灵魂和灵，而三者彼此各异，灵魂是一回事，灵又是一回事？"梅诺基奥回答道："是的，大人，我的确认为灵魂是一回事，灵又是另一回事。灵来自上帝，正是此灵，在我们不得不做某样事情时，感动我们依此行事，或行那件事，或不行某事。"至于灵魂，或者更贴切地说世上众生之灵魂（正如他在审判过程中所解释的），不过是各种各样的心智活动而已，会随着身体一道消亡："我可以告诉你，在人之中，有智识、记忆、意志、思想、信念、信仰和希望。这七样是上帝赐给世人的，它们就像是灵魂一样，种种工作借之得以完成，而这就是我所说的，当身体死亡时，灵魂也会死去。"与之相对，灵"与世人有别，拥有同世人一样的意志，激励并统领此人"：在死后，此灵将回归上帝。这个灵，是善灵："我认为，"梅诺基奥解释说，"这世上所有人都可能被诱惑，因为我们的心分作两半，一半光明，另一半黑暗；在黑暗之心中，存有邪灵，在光明之心中，存有善灵。"

两种灵，七种灵魂，一个由四种元素构成的身体：如此玄奥且复杂的人类学理论，到底是如何出现于梅诺基奥的头脑之中的呢？

# 第37章 一种理念的传播路线

正如身体与四种元素之关系的那个例子,对多种"灵魂"枚举,也能在《圣经辅读》中找到:"的确,灵魂在身体中有许多名字,正如它在其中有许多功能。因此,当灵魂赋身体以生机时,它被叫作'实质';当它有所欲求时,它被叫作'心';当身体呼吸时,它被叫作'灵';当它理解和感觉时,它能被叫作'决断';当它想象与思考时,它可以被叫作'想象'或'记忆';因此,灵性位于灵魂可及的最高处,我们在那里领受理性和知识,因为我们拥有上帝的形象……"这一连串叙述,与梅诺基奥所说的只有部分能对应上:但相似之处是毋庸置疑的。主要的区别在于,灵存在于灵魂的各种名字之中;此外,它还被从词源学上解释为源自呼吸的这一身体动作。那么,梅诺基奥对于必有一死之灵魂(a mortal soul)和不死之灵(immortal spirit)的概念区分,又是源自何方?

这种概念区分经过了一个漫长而复杂的过程,才最终传到他这里。我们必须回到对灵魂不死问题的讨论之上。这一讨论始于阿威罗伊派的圈子（Averroist circles），尤其是受到彼得罗·蓬波纳齐思想影响的帕多瓦大学的教职人员，它在16世纪最初的那几十年里一直持续不绝。哲学家和医生们公开宣称，当身体死亡时，个体灵魂——不同于阿威罗伊设想的主动智识（active intellect）——也会消亡。方济各会会士吉罗拉莫·加拉泰奥（他曾就读于帕多瓦大学，后来因为异端思想而被判处终身监禁）在信徒的语境下对这些主题进行了阐述，他坚持认为，得拯救的灵魂死后会一直沉睡，直至最后审判日到来。或许是追寻着他的足迹，一位前方济各会会士保罗·里奇——后来以"卡米洛·雷纳托"而闻名于世——重新陈述了灵魂长眠的教义。他将血气（anima）与灵智（animus）做了个区分，前者合该与身体一道消亡，后者则命定将在末日被复活。雷纳托曾以流亡者的身份生活在瓦尔泰利纳（Valtellina），而借着他的直接影响，这一教义被威尼斯的再洗派教徒所采纳，尽管也存在反对意见。后者"相信（属血气的）灵魂就是生命，因此尽管人死了，这个维系人之生命的灵仍会归于上帝，而生命则归于大地，不再知道善与恶，只是沉睡，直至最后审判日时我主复活所有世人为止"，但邪恶者却不在此列，他们并没有任何形式的往生，因为"坟墓之外，别无地狱"。

从帕多瓦大学的教授群，到弗留利的一个磨坊主：这条影响与接触之链的确相当特别，尽管从历史的角度颇有属实之可能，因为我们极可能知道是谁构成了它的最后一环——那就是波尔切尼戈的教区神父、梅诺基奥的童年好友乔瓦尼·丹尼尔·梅尔基奥里。在 1579 年到 1580 年，梅诺基奥受审前几年，他也曾因异端罪被告发到康科迪亚的宗教法庭之上，而且被认为"略为可疑"。告发他的教区信众，给他冠上的罪名多种多样：从"拉皮条加耍流氓"，到对待圣物（比如祝圣后的圣体面饼）有失恭敬。但让我们感兴趣的，却是另外一点：据说是梅尔基奥里在城镇广场上发表的一番关于"我们只有在最后审判日那一天才会升入天堂"的言论。在梅尔基奥里接受审判时，他否认说过这番话，但他承认，自己曾经说到过肉身之死与灵性之死的差别，内容基于他读过的一本名为《传道文集》（*Discorsi predicabili*）书，书的作者是"法诺（Fano）的一个教士"，但名字他已经不记得了。面对着一干审判官，他自信满满地用一篇虔诚且合乎教规的布道辞为自己开脱："我记得我曾说过，说到肉身和灵性之死这回事，存在着两种死亡，它们各自不同。尽管所有人都要面对肉身之死，灵性之死却只针对那些邪恶之人；肉身之死让我们失去生命，灵性之死却让我们失去生命和恩典；肉身之死让我们失去朋友，灵性之死却让我们失去圣人和天使；肉身之死让我们失去地上的财物，灵性之死却让我们失去天上的财宝；肉身之死让我们失去地上的所得，灵性之死却让我们失去救主耶稣基督的每一样善工；肉身之死让我们失去了地上的王国，灵性之死却让我们失去天国；肉身之死让我们失去感觉，灵性之死却让我们失去感觉和智识；肉身之死让我们失去这具肉身的行动能力，灵性之死却将我们化作顽石；肉身之死令身体腐臭，灵性之死令灵魂腐臭；肉身之死将身体回馈大地，灵性之死将灵魂交给地狱；邪恶之人的死堪称可怖，正如我们在大卫诗篇中读到的'恶必害死恶人'，而为善之人的死堪称可贵，正如我们同样在《诗篇》中读到的'在耶和华眼中，看圣民之死极为宝贵'；邪恶之人的死被称为死，为善之人的死被称为睡，正如我们在传福音者圣约翰的福音中读到的'我们的朋友拉撒路睡了'，以及另外一个地方提到的'她不是死了，是睡着了'；邪恶之人畏惧死亡，宁愿不死，为善之人不惧死亡，而与圣保罗同声宣告'我……情愿离世与基督同在'。\* 这就是我推想而出并宣讲给众人的肉身之死与灵性之死的区别：如果我是错了，我愿意公开放弃这一主张，改正错误。"

即便那本书不在手边，梅尔基奥里依然完美地记住了它的内容——事实上，几乎是一字不差。他是在《有关基督生平的传道文集》(*Discorsi predicabili per documento del viver christiano*)的第 34 篇传道文中读到的这些内容，这本由奥古斯丁会隐修士（不是教士）、法诺的塞巴斯蒂亚诺·阿米亚尼汇编的供传道者使用的小册子，当时流传甚广。但在那一大篇精心计算、状若无辜和文采斐然的对比修辞中，梅尔基奥里单独摘出了一句可能做出异端诠释的话："邪恶之人的死被称为

---

\* 后三处分别出自《约翰福音》第 11 章 11 节、《路加福音》第 8 章 52 节和《腓立比书》第 1 章 23 节。

# DISCORSI PREDICABILI

Per documento del viuer Christiano,

*Seconda Parte.*

DEL R. P. M. SEBASTIANO de gli Ammiani da Fano, Scrittore dell'Ordine de Fr. Eremitani di S. Agostino.

Con alcuni Discorsi contra molte bestemmie di Paolo Vergerio, quale egli ci dà contra l'auttorità del Sommo Pontefice.

IN VENETIA,

Appresso Gio. Battista Somasco.

M D LXXVI.

《有关基督生平的传道文集》，1576 年，奥地利国家图书馆

死,为善之人的死被称为睡。"毫无疑问,他知道这些字句的言外之意,因为他曾说出那句相当出格的话"我们只有在最后审判日那一天才会升入天堂"。但审判官们显然没有他那么警惕和博学。梅尔基奥里的想法到底和哪种异端有关呢?他们定下的罪名,是他坚持"那些虚妄且邪恶的异端分子所散布的危险、错误言论……(这些异端分子)指的就是那帮亚美尼亚教会信徒、瓦勒度派(Valdensium)和约翰·威克里夫",而这充分反映了他们的懵懂昏聩。看起来,再洗派教徒关于灵魂沉睡的教义解释,并不为这些康科迪亚的宗教法庭审判官们所知。面对这些可疑却来源未明的言论,他们从自己处理争议的那些操作手册中翻出了前一个世纪的古旧定义。我们将会看到,同样的情况,也发生在了梅诺基奥身上。

在梅尔基奥里的审判中,并没有提及必有一死之灵魂与永生之灵的区别。然而,在他的辩称中,这却是一个基本假设,也即直至最后审判日到来,世间众生的灵魂将一直沉睡。这一概念区分,必定是经由这位波尔切尼戈的教区神父传到梅诺基奥那里的。

# 第 38 章　自相矛盾

"我认为我们的灵,也就是灵魂,会回到上帝那里,因为是祂赐下的它。"梅诺基奥曾在 2 月 16 日(第二次审讯)这样说。他在 2 月 22 日(第三次审讯)纠正了自己:"当身体死亡时,灵魂也会死去,但灵依然留存。"5 月 1 日上午(第六次审讯),他似乎又回到了最初的立场:"灵魂和灵是一回事"。

他曾被质问关于耶稣基督的看法:"圣子是什么?他是人、天使还是上帝?""他是一个人,"梅诺基奥这样回答,"但在他之中有灵。"后来,他又补充道:"基督的灵魂要么是那些亘古时受造的众天使之一,要么是圣灵采四种元素或是自然本身而新造的。若非三位一体,造成之物不可能完备,因此,因为上帝将知识、意志和权能赐给了圣灵,祂便也将其赐给耶稣基督,这样后来他们便能够彼此支持……当只有两个位格而又不能达成一致观点时,如果有第三个位格存在,则只需三个位格中有两个达成一致,第三格便会附议;因此,圣父将意志、知识和权能赐予耶稣基督,因为他必须审判……"

时间已将近正午,审讯将会暂时中断,让大家用餐,然后在同一天的下午继续举行。梅诺基奥滔滔不绝地说着,在名言警句中夹杂着来自《圣经辅读》的记忆片段,沉醉于自己的话语中。他或许也累了。他已经在监狱里度过了部分冬天和春天,想必早已不耐烦地想要结束这场已经拖了快三个月的审判。然而,被这些博学多识的修道士提问并如此专注地聆听(甚至还有一位书记员逐句记下他的回答),对于某个之前只能对着一群几乎完全由半文盲的农民和手工艺人组成的听众发表意见的人来说,想必也是一种倍感陶醉的体验。他的听众并非他梦想着能当面对谈的教皇、国王或诸侯——但,这也很郑重其事了。梅诺基奥重复着他已经说过的那些话,时或增加一些新的内容,时或略去某些细节,同时又不断自相矛盾。耶稣基督是"一个和我们一样的人,和我们一样都是男女结合后生出来的……但的的确确,上帝降下圣灵,立他为自己的儿子……在上帝命他为先知、赋予他大智慧并降圣灵在他身上之后,我相信他行了许多神迹……我认为他拥有和我们一样的灵,因为灵魂和灵是同一回事"。但这种灵魂和灵是一回事的说法,到底意味着什么?"你之前说,"审判官打断道,"当身体死亡时,灵魂也会死去:因此,我们想要知道,是否耶稣基督的灵魂也会在他死后消亡。"梅诺基奥犹豫了一下,开始列举上帝赐给世人的七种灵魂:智识、记忆……在整个下午的审讯中,法官们紧抓不放:耶稣基督的智识、记忆和意志会不会随着他肉身的死亡一道消

第 38 章　自相矛盾

亡?"是的,各位大人,因为在高高的天上,不再需要它们的运作。"那么,鉴于梅诺基奥将灵等同于注定会与身体一道消亡的灵魂,他是否放弃了自己关于灵得以幸存的主张呢?没有,因为没过多久,在谈起最后审判日时,他就表示"这些位子上坐满了属天之灵(celestial spirits),但它们会被最精挑细选、最有灵性的属地之灵(terrestrial spirits)重新坐满",而这之中就有耶稣基督之灵,"因为圣子耶稣基督之灵是属地的"。这又是怎么一回事呢?

试图去为这一团糟的话语理清头绪,似乎是不可能的——或许也是无意义的。然而,在这些形诸言辞的自相矛盾背后,还藏着一个真正的、梅诺基奥自己也深困其中的矛盾。

# 第 39 章　天堂

　　他不得不去想象另一个世界的生活。他很确定，死亡时，人将回复为构成自身的各种元素。但在一种无法抑制的渴望驱使下，他又会去设想某种死亡之后的幸存状态。出于这一原因，必死之灵魂与不死之灵之间玄奥的对比关系，在他的头脑中逐渐固定成形。因此，副庭长巧妙的提问——"之前你信誓旦旦地说，上帝不过是空气、大地、火和水，那么这些灵魂又怎么能回到大有威严的上帝那里呢？"——让一直都踊跃于回答、辩解和闲聊的梅诺基奥沉默了。当然，肉身复活在他看来既荒谬又无凭无据："不，大人，我不认为我们的肉身会在最后审判日复活。这在我看来是不可能的，因为如果我们都复活的话，众多肉身将充满天上地下：大有威严的上帝将以其智识察见我们的肉身，正如我们闭上眼睛、在头脑中构思如何去做某件事情时，也能以智识得见经过，两者并无区别。"至于地狱，在他看来不过是神职人员的发明。为了向对方灌输自己关于真正的地狱就在这个世间的观点,他补充说:"关于世人应当和平相处的讲道,我听了很喜欢,但关于地狱的说法,保罗说的是一套,彼得说的又是另一套,所以我觉得这是一桩生意,是那些知道得比旁人多的人的发明。我在《圣经》中读到过……就是大卫在被扫罗追赶时写的《诗篇》。"但那之后,他又自相矛盾地承认,赎罪券("我认为它们是好的")和为死者而献上的祷告("因为上帝赐给某人这样一点点益处,让他受到多一点启示")是有效的。最重要的是,他会幻想天堂的样子:"我认为,它是一个环绕整个世界的地方,人从那里能见到世上万物,甚至是海里的鱼;对于那些身在该处的人,这就像是置身于盛宴……"天堂是一场盛宴——工作的终结,每日劳苦的反面。"智识、记忆、意志、思想、信念、信仰和希望",换言之,"上帝赐给人类的七样事,就像是一个想要工作的木匠——一个手里有斧子、锯子、木头和其他工具的木匠——上帝也赐给人类这些东西,为自己做工",但在天堂中,所有这些都没用了:"在那上面,不再需要周转运作。"在天堂中,物质变为柔软透明:"以我们的肉身之眼无法察见万事万物,但以心灵之眼相看,一切都能被洞见,无论是大山、墙壁还是每一样事物……"

"这就像是置身于盛宴。"梅诺基奥的这个农民天堂,或许从伊斯兰教(而不是基督教)的往生观中汲取了更多的元素。他是在曼德维尔栩栩如生的描述中读到的相关介绍:"天堂乃是一温柔乡,人在其中可找到四时鲜果,河流中永远流淌着奶与蜜、美酒与甘露;那里有美丽宏伟的房子,兼备各样优点,以宝石、黄金和白银为饰。每个人都有婢女环绕，听从他的使唤，他会发现她们日渐动人……"但不管怎样，当那些审判官问梅诺基奥，"你认为存在一个地上的天堂吗？"他的回答却带着明显的讽刺之意："我认为地上的天堂是那些绅士们所在的地方，他们有许多财产，无须劳作以维生。"

# 第40章　一种新的"生活方式"

在关于天堂的这些想入非非之外,梅诺基奥还渴望着一个"新世界"。"我的心思是高尚的,"他对审判官说,"我希望有一个新世界,一个新的生活方式,因为教会并没有为所应为,也因为不应当有那许多的浮华夸耀。"梅诺基奥的这些话,到底是什么意思?

在建立于口头传说之上的那些社会中,社区的记忆会不由自主地掩饰变革,或是将它们重新吸收。与物质生活的相对灵活机动对应的,是越来越僵化固定的对过往的想象。一切将永远如此;这个世界就是它此刻的样子。只有在急剧的社会变革发生之时,才会涌现出一个通常充满神奇色彩的、对某个不同且更好的过去的想象——一个完美模型,相对于它,眼下的一切似乎都成了堕落与败坏。"在亚当耕田、夏娃织布之初,谁为绅士,谁又是贵族?"力图转变社会秩序的斗争,随即变成了一种想要回到这种传说中之过往的意识形态。

即便是梅诺基奥，也会拿他目睹的富有且腐化的教会来与传说中初期教会的清贫纯正相对比："我希望［教会］得到满怀慈爱的治理，就像我主耶稣基督创立它之时那样……如今，到处都是浮华夸耀的弥撒，而我主耶稣基督并不需要这些浮华。"但和大多数其他村民不一样的是，他有能力阅读，这让他有机会获取一种超越了这种简单化的两相对照的关于过去的观点。《圣经辅读》和福雷斯蒂的《编年史增补补遗》事实上提供了一种对人类事件的分析性叙述，这些事件远至世界之创造，近至当前的时事，其中混杂了神圣与世俗的历史，杂糅了神话与神学，既有对战争和国家的描述，也有对王侯将相和哲学家们的枚举，异端分子和艺术家也都占有一席之地。如果说前一本书的作用还相对有限的话，后一本书的影响则特别明显。关于梅诺基奥对这些文本做出了何种反应，我们缺乏具体的信息。当然，它们并没有像《约翰·曼德维尔骑士游记》那样，让他"深受困扰"。16世纪（以及之后很长一段时间）的种族优越感危机，实际上来自地理影响——尽管这种影响相当奇异荒唐——而不是来自历史影响。然而，一条几乎难以察觉的踪迹，或许却可让我们多少理解一些梅诺基奥在阅读福雷斯蒂的《编年史增补补遗》时的情绪。

这本《编年史增补补遗》在其作者去世（1520年）前后，都曾被多次翻译和重印，广为流传。梅诺基奥拥有的应该是作者死后问世的一个译本，一位不知名的作者对内容进行了增补，加入了在他所处时代不久之前发生的一些事件。因此，他会读到出自某位无名编辑——很可能是福雷斯蒂在奥古斯丁会中的某个会内兄弟——之手的几页内容，专门描述"圣奥古斯丁隐修会一位名为路德的马丁修士"所导致的教会分裂。这些增补页码中的文字，口气全都相当温和，尽管在结尾处转变为斩钉截铁的谴责："他〔路德〕以此种大逆不道之行径裂教而出，其原因，"这位不知名的编辑写道，"似乎是在于罗马教皇（尽管事实上并非如此），但真相却是某些心怀不满的邪恶之人，在神圣的伪装下，穷凶极恶、肆意胡为。"这些人指的是方济各会会士，尤利乌斯二世（Julius II）和利奥十世（Leo X）曾先后将宣讲赎罪券的任务委托给他们。"因为傲慢是一切过错之母，而这些修士的习于富贵，或许也不适当地煽动了他们的敛财之心，于是，这些本应严守会规的方济各会修士突然集体转入癫狂大作的状态，并因为自己在宣讲赎罪券时做出的种种愚蠢行为，成了众口交传的惊天丑闻的引子。在信奉基督教的其他地区中，他们在德国传布甚广，而当他们听说，某些性情平和但颇有地位的人（这些人良心正直且恪守教义）想要指责他们时，他们立即便宣布将这些人革除教籍。在这些人中，就有这个马丁·路德，他确是一位学识渊博的才智之士……"如此一来，在这位不知名的奥古斯丁会的作者看来，教会分裂的原因便成了方济各会中那些在面对路德正义凛然的回应时将他革除教籍的修士。"在那之后，这位出身颇为高贵、受到所有人尊敬的马丁·路德，便开始公开宣讲，反对赎罪券，指责其虚伪而不义。结果便是他立时将一切搅得天翻地覆。此外，教皇国和世俗国家之间早存有恶意,因为这些国家中绝大部分财富都掌握在神职人员手中,所以,他便轻而易举地在后者之中找到了追随者,从而导致了天主教会的内部分裂。看到自己得到的支持日益增加,他便完全脱离了罗马天主教会,借着自己的那些千奇百怪的想法和想象,创立了一个新的教派和一种新的生活方式。这就是那一大批国家叛出天主教会、在一切事情上都不再顺服于它的由来……"

"他……创立了一个新的教派和一种新的生活方式","我希望有一个新世界,一个新的生活方式,因为教会并没有为所应为,也因为不应当有那许多的浮华夸耀"。被"高尚的心思"所驱使,梅诺基奥开口说出了自己发起一场宗教改革的雄心壮志(我们会在后文中讨论他提及的那个"新世界")。就在这一刻,不管自己知不知道,他都在效仿着自己从福雷斯蒂的《编年史增补补遗》中读到的那些关于路德的形象描述。当然,他并没有复述那些宗教理念——在这个问题上,这本编年史并没有多谈,因为它的内容仅限于谴责路德提出的那些"新型教义"。但是,比其他更重要的一点是,他无法满足于这位无名作者给出的警告和或许模棱两可的结论:"这样,他便迷惑了那些无知的民众;还有那些有识之士和饱学之人,听说了教皇国中的种种邪恶行径,便加入了他的行列,而没有去考虑这一主张——低级修士和高级教士们都过着下流的生活,所以罗马教会也不是什么好东西——是否有真凭实据。因为即便这些人的确过着下流的生活,罗马教会却依然是好的和至善的;而即便基督徒们都过着下流的生活，基督教信仰也依然是好的和至善的。"对于梅诺基奥和卡拉维亚，"教会的律法和诫令"似乎"都不过是桩生意"，是为了让教士们中饱私囊而设计出来的：于梅诺基奥而言，神职人员的道德更新与教义的深刻改革是紧密联系在一起的。借助福雷斯蒂的编年史这一意料之外的载体，呈现在他面前的路德，成了一个宗教叛乱分子的人物原型——一个已经知道如何去动员"无知的民众，还有那些有识之士和饱学之人"来反对教会等级制度的人。这个人，利用了"世俗国家"酝酿已久的针对后者的"恶意"，"因为这些国家中绝大部分财富都掌握在神职人员手中"。梅诺基奥曾对审判官们愤怒地说道："每一样东西都归教会和教士所有。"谁知道呢，或许他也想到了，弗留利的情况与当初阿尔卑斯山外那些宗教改革获得成功之处的情况，存在着许多的相似之处。

# 第 41 章 "杀掉那些教士"

梅诺基奥与那些"有识之士和饱学之人"可能存在的联系,并不为我们所知——除了我们会在稍后加以考察的一个例子。不过,我们很熟悉他那种要在"无知的民众"中散播自己想法的百折不挠的努力。但显然,没有人理睬他。在第一次审判的结案判决中,这种不成功被解读为神圣力量介入的标志,它阻止了蒙特雷阿莱那些头脑简单的居民走上歧途。

实际上,有一位名叫梅尔基奥雷·格尔巴的不识字的木匠,一个"被认为没什么脑子的人",听进去了梅诺基奥的话。"在小酒馆里流传着关于他不信上帝、言辞激烈地亵渎神圣的说法。"不止一位证人同时提及梅尔基奥雷和梅诺基奥的名字,因为前者"诋毁教会的各样事情,口出恶言"。于是,副庭长想要知道,这个人与刚刚被关进监狱的梅诺基奥有何瓜葛。开始时,梅尔基奥雷坚持说,二人之间的交情只不过是职业往来("他提供给我需用的木料,我付给他钱");但后来,他承认自己曾在蒙特雷阿莱的小酒馆中口出亵渎神圣之辞，并重复着一句从梅诺基奥那里学来的话："梅诺基奥告诉我，上帝不过是空气而已，我也是这么想的……"

这种盲目信赖的态度并不难理解。因为梅诺基奥有能力阅读、书写和发表演说，在梅尔基奥雷看来，后者身上几乎有着一种魔力。在梅诺基奥借给他一本自己家中的《圣经》之后，梅尔基奥雷到处神神秘秘地宣称，梅诺基奥拥有一本可以凭之而"行神奇之事"的书。但大家无须费力，便能理解两者之间的差异。"这个家伙……有异端的嫌疑，但他和多梅内哥那家伙不一样。"有人在谈起梅尔基奥雷时这样说。另一个人则评价道："他说的那些东西，你可以料到会出自一个疯子之口，而且他还喝醉了。"即便是副庭长，也很快便搞清楚了，他面前这个人与那位磨坊主完全不是一类人。"当你说上帝不存在的时候，你真的打从心里认为没有上帝吗？"他温和地提问。而梅尔基奥雷马上回答道："不是的，神父，因为我相信，天上和地下都有上帝的存在，祂能随时凭着自己的意思决定我们的生死；我之所以说出那些话，是因为它们是梅诺基奥教给我的。"对梅尔基奥雷略施薄惩之后，法官们把他释放了。这个人是梅诺基奥在蒙特雷阿莱唯一的一个追随者——至少，是唯一一个自己承认的追随者。

显然，梅诺基奥并不打算向自己的妻子和孩子吐露心中所思："但愿上帝阻止他们有这种想法。"尽管在镇上有许多关系往来，他必定深感孤独。"那天晚上，"他招认道，"当审判官神父告诉我'明天离开这里去马尼亚戈'时，我几乎失去了对自己的控制，我想要跑出去，搞点儿破坏……我想要杀掉那些教士，放火焚烧那些教堂，做点儿疯狂的事：但顾及我两个年幼的孩子，我控制住了自己……"这个无权无势的亡命之徒的情感爆发，充分说明了他的孤立无援。面对折磨着自己的种种不公，他唯一的反应，就是被自己立即压制下去的个人暴力企图：向那些迫害他的人报仇雪恨，鞭笞那些压迫的符号，成为一个亡命之徒。就在一代人之前，农民们曾经放火焚烧过弗留利贵族们的城堡。但，时代已经变了。

# 第 42 章　一个"新世界"

只有那个"新世界"的梦，如今还残留在他的心中。这是一些业已被时间流逝磨灭了光泽的字句，就像是辗转过多手的硬币。现在，就让我们试着去重新捕捉一下它们原本的含义吧。

梅诺基奥并不相信世界是由上帝创造的。此外，他还明确表示拒绝原罪的概念，宣称"人在离开母腹之后，喝下第一口母乳之时，便开始犯罪"。对他来说，耶稣基督不过是一个人。这样一来，任何宗教千禧年主义的观念，对他来说都是格格不入的。在供述的过程中，他从来不曾提到基督复临（the Second Coming）。他渴盼的这个"新世界"，因此便是一个完全基于人世的、可以通过人类的工具手段来实现的现实。

然而，我们倾向于视为理所当然的一件事是，当梅诺基奥使用某种表达时，这种庸常化的譬喻手法仍完整地保留着它的原始动力。但实际上，它却是一个基于譬喻之上的二次方譬喻。在这个世纪之初，一封以阿梅里戈·韦斯普奇的名义写给美第奇家族的洛伦佐·迪·彼得罗的信，其标题恰好就是"新世界"（Mundus novus）。焦孔多的朱利亚诺·迪·巴托洛梅奥将这封信从意大利文翻译成了拉丁文，他在前言中解释了这个标题的重要意义："几天前，我向大家详细描述了我从那些新地区返程的经过……姑且可以称其为新世界，因为我们的先人并不知道这些地方，而且对于所有耳闻者来说，这也是一件彻头彻尾的新鲜事。"这些地方并不是哥伦布所以为的印度群岛，甚至不是某些新的岛屿，而实际上是一个直到当时仍不为人知、只能"姑且可以称其为"新世界的所在：这个譬喻在当时还是全新的，他几乎要为此向读者解释一番。而本来特指这一含义的该名词，逐渐被广泛应用于日常语境中。但正如我们已经看到的，梅诺基奥用到这个词的时候，所指是很不一样的，他不是用它指代一个新的大陆，而是指代一个有待建立的新社会。

我们不知道，谁是这种词义转换的始作俑者。不管怎样，一个激进而又迅猛的社会变革之图景，便隐藏于这种转换之后。伊拉斯谟在一封于1527年写给马丁·布策尔的信中，忿忿不平地提起了路德宗教改革采取的激进行为。他评论说，首先，后者本应征得诸侯和主教们的同意，避免进行煽动性的活动；此外，包括弥撒在内的一些事项，本应可以"在不招致动乱的前提下得到改变"。他总结道，如今的这些人，不再接受任何与传统有关的东西，就好像一个新世界可以一下子被凭空建成一样。一方面，是一种缓慢而渐进的转变，而在另一方面，是一场迅速而激进的剧变（我们可以称其为革命性的剧变）：两者之间的对比十分鲜明。但伊拉斯谟在用到"新世界"这一表达时,意中所指完全与地理无关:重点在于"建成"(condere)这个用来指代城市之建立的专门术语。

不过,"新世界"从一个地理意义上的譬喻转变为一种社会意义上的指代,这种变化在不同层次的乌托邦文学中都一目了然。一个例子,便是《一部章回小说,叙述了发现于大洋海中某个新世界里的一切,文字优美,令人愉悦》\*,一部 16 世纪中期前后以匿名形式出现在摩德纳(Modena)的章回小说。它是关于"安乐乡"[land of Cockaigne,但"安乐乡"的说法特指成书时间较早的《贝贡拉大战贝塔里亚》(*Begola contra la Bizaria*)中提到的一个假想的安乐之地,并非这部章回小说中的乐土名称]这一古老主题的众多文学变体之一,讲述了发现于大洋彼岸的那些国度中的种种奇异之事:

> 再一次,一个美丽的地方
> 被水手们发现于大洋海
> 它从不曾被人见过,也未尝有人听说

对它的描述遵循了这类经常夸大其词的农民乌托邦的常见基调:

---

\* 意大利文名是 Capitolo, quai narra tutto l'essere d'un mondo nuovo, trovato nel mar Oceano, cosa bella, et dilettevole,后文简称"章回小说"。

> 一座奶酪丝堆成的大山
> 耸立于平原正中,
> 一口大锅被运到了峰顶……
> 从山洞里涌出一条流着牛奶的大河
> 缓缓地淌过村落
> 它的两岸都以乳清干酪筑成……
> 此地的国君名叫布加洛索
> 他被立为王,因为懒惰无双,
> 像一垛干草,他高大肥硕……
> 从他的屁眼里,流淌出蜜露
> 当他吐口水时,杏仁蛋白糖随之而出,
> 在他头上活蹦乱跳的是鱼儿,而不是虱虫。

但这个"新世界"不仅仅是一块丰饶之地,它还是一个不受各种社会制度束缚的地方。这里没有家庭,因为彻头彻尾的性自由在此处蔚然成风:

> 那里既无须短裙也不用斗篷,
> 衬衫和裤子啥时候都没用:
> 无论是君子还是淑女,一律都赤身露体。
> 那里既无酷暑也无严寒,
> 每个人只要想的话,尽可对他人上下打量动手动脚:
> 啊,多么快乐的生活,啊,多么美好的时光……

> 在那里，我们不会为子女太多而发愁，
> 想着怎么看顾他们，像我们这边的人一样，
> 因为天上下雨时，降下的都是小饺子。
> 至于女子的婚嫁问题
> 也无须任何忧虑，因为她们都是抢手货，
> 每个人都能各取所欲。

那里没有财产，因为不需要工作，而且每一样东西都是共用的：

> 人人都随心所欲，
> 谁要是胆敢提起工作
> 他们就把他高高吊起，连老天爷都救不及……
> 那个地方没有农民也没有农奴，
> 人人富足，拥有所有心中想要之物，
> 因为桌面上全都堆满了各样宝物……
> 田地都不会被分割，
> 各样事物摊到每个人头上都绰绰有余，
> 所以这里才成了全然自由之地。

在几乎所有不同版本的16世纪"安乐乡"文学作品中，都能看到这些元素（尽管并不都是如此长篇大论），而它们很可能是对一个已经被传奇化了的异国景象的进一步夸张。那些

最早的探险家对大洋彼岸风土人情的浮华描述——赤身露体，性爱自由，没有私有财产和社会差异，极其丰沃宜居的自然环境——便是这一景象的始作俑者。正是以此种方式，中世纪关于流奶与蜜之地（Bengodi）的传说呈现出了强烈的原始乌托邦主义的元素。得以自由散播的不仅仅是严肃主题，即便是禁忌主题，只要置于滑稽可笑、自相矛盾和夸大其词的语境之下，比如猫头鹰拉出来了斗篷、驴子身上绑满了香肠，便也能通行无碍，而且一定会在最后遭到这种遵循惯常公式的嘲讽：

> 要有谁打算去往那里，我会这样给他指路：
> 去吧，在傻瓜港上船，
> 径直驶过谎言海，
> 无论谁最终抵达，都会成为笨蛋之王。

1552 年出版的《大千世界》（Mondi），是 16 世纪意大利乌托邦文学中最早也最著名的一部，其中专门便有题为"新世界"的一章。安东·弗朗切斯科·多尼在书中收录的对话里使用了十分不同的语言。该书的语气是极其严肃的，甚至连主题也有所差异。多尼笔下的新世界，并不是一个像"安乐乡"一样的农民乌托邦，而是一个彻头彻尾的城市化空间，位于一座呈星型布局的城市之中。此外，这个新世界的居民过着一种有节制的生活，与安乐乡中的肆意狂欢大相径庭（"我享受着这种良好的秩序，它消除了酩酊大醉的耻辱……以及坐在餐桌前

《大千世界》,1552 年,罗马国家中央图书馆

狼吞虎咽五六个小时的耻辱")。然而，多尼同样将关于黄金时代的古老神话与关于美洲大陆之原始淳朴的早期描述结合了起来。但在书中，仅有一处含蓄地提到了那些地方：多尼描述的这个世界，只不过是"一个不同于当下世界的新世界"。正是因为这种含糊其词的表述，在乌托邦文学之中，将一个完美社会的模型投射到未来的某一个时间——而不是某个难以抵达之地——第一次成为可能。但这个"新世界"的首要特征——女性和财产的共有——却是从探险家们的叙述中得来的（同样也来自托马斯·莫尔的《乌托邦》，多尼本人便是这本书的出版人，而且还曾为之作序）。正如我们已经看到的，这些特征也是关于"安乐乡"的那些想象之一部分。

梅诺基奥很可能读到过关于美洲大发现的内容，它们曾在福雷斯蒂的《编年史增补补遗》中被零星提到。当他带着已成夙习的开明态度公然宣称："因为我曾读到过，世上有许多人种，我认为，这许多不同的人类肯定是在世界各地被创造出来的"，他的脑海中可能就想到了这些叙述。然而，梅诺基奥可能并不熟悉多尼笔下的这个城市化的、清醒节制的新世界——尽管在《章回小说》这一类的乡村狂欢式作品或其他类似文本中，这种新世界的回声余韵必定曾传入他的耳中。不过，两种新世界中的某些元素，或许都会让他深感欣喜。在多尼描绘的那个世界里，宗教信仰无须烦琐仪式，尽管城中心有着一座恢宏雄伟的庙宇。这是梅诺基奥在受审期间带着渴盼之心详加描述过的那种宗教，一种化约为"认识上帝，感谢祂，爱你的邻居"之简单诫命的宗教。在《章回小说》中描述的那个世界，幸福的景象是与丰饶联系在一起的，与享受物质财富和无须劳作有关。当梅诺基奥被指控违反了大斋节的戒律时，他开口为禁食辩护，尽管自己这样做是出于膳食营养的考虑，而非基于宗教信仰原因："禁食的这个戒律之所以被确立下来，其想法是令各种体液无从形成，至于我嘛，我倒希望我们可以一天吃三顿或四顿饭，只不过不要饮酒，以免招致体液生成……"但是，这种为戒酒的辩护立即转变为针锋相对的攻击，或许就是冲着坐在他对面的那些修道士去的（此处书记员的笔录并不完整）："不要像这些人……一顿饭里吃的东西倒比三顿饭该吃的还多。"在一个充满了社会不公、人们时刻处于饿死的恐惧中的世界里，对一种众人皆醒、节制有度之生活方式的设想，本身便带有抗议的意味：

> 我在地上挖洞刨坑
> 寻找各种稀奇古怪的根茎
> 这样才能把我们的腮帮子塞满：
> 不过呢，如果每天都能有所获
> 我们的结局，就不会太过凄惨。
> 这就是饥荒，就是这么恐怖的事情。

这些诗句，出自当时一首名为《某个穷人在饥荒时的哀歌》（*Lamento de uno poveretto huomo sopra la carestia*）的诗，而

接下来的这首《普天同庆丰饶之乐》(*L'Universale allegrezza dell'abondantia*) 则立即给出了回答：

> 今天我们喜悦欢庆
> 所有的人聚集在一起
> 因为那邪恶的饥荒
> 已不能再令我们忧伤……
> 为面包和谷物三声欢呼，
> 为了丰饶与充足，
> 来吧，你们这些可怜人，让我们一起歌唱
> 我们终于等来了希望……
> 黑暗之后，光明来临，
> 邪恶之后，美好现身，
> 为我们带头指路的丰饶女神，
> 来吧，引我们远离苦难穷困；
> 她带来了取用不尽的谷物：
> 这美好的白面包啊，
> 光是这就足以让我们幸存。

这种诗歌中的对比，为我们提供了一个现实世界里的沉重范例，对那些夸大其词的安乐乡幻想起到了抵消平衡作用。与饥荒时"各种稀奇古怪的根茎"相对的，是富足时所有人一同进食的"美好的白面包"，而后者是"一场盛宴"。"这就像是

置身于盛宴",梅诺基奥曾经这样谈论过天堂:一场无休无止的盛宴,不复有"黑暗与光明"、饥荒与丰足、大斋节与狂欢节的周期变换。大洋彼岸的安乐乡也是一场恢宏的盛宴。谁知道,梅诺基奥心心念念的那个"新世界",到底与它有多大程度的相似之处呢?

不管怎样,他的话语在那一瞬间令深藏不露的各种乌托邦的大众起源显现出来,无论这些乌托邦是学者笔下的还是民间流传的,而它们常常都仅被视为纯粹的文学实践。或许,那幅关于"新世界"的图景,事实上却拥有一个甚为古老、与关于某个遥远的繁荣时代的神话传说紧紧联系在一起的内核。换言之,它并未打破那种人类历史周而复始的观点,而在一个目睹了文艺复兴、宗教改革和新耶路撒冷等众多传奇形成的时代,这是一种十分典型的观点。这些都是不能被排除的。但依然存在的一个事实是,关于一个更加公正之社会的图景,被有意识地投射到了某个非末世论(noneschatological)的未来中。这不是一个人子(Son of Man)高居云端之上的未来,而是像梅诺基奥这样的人类——他曾经徒劳无功地试图说服的蒙特雷阿莱的农民们——通过自己的斗争,成为这个"新世界"的开创者和主人的未来。

# 第 43 章　审讯结束

所有的审讯于 5 月 12 日正式结束。梅诺基奥被押回了他的牢房。几天时间过去了。最后,在 17 日那天,他拒绝了提供给他的一位律师的服务,向主审法官们呈交了一封长信,在信中请求后者原谅他以往的过犯(他的儿子在三个月前就请求他写下这封信),然而却是徒劳无功。

# 第 44 章　写给法官们的信

谨以圣父、圣子和圣灵之名,我,多梅尼科·斯坎代拉,又名蒙特雷阿莱的梅诺基奥,是一名受洗的基督徒,一直遵循着基督徒的生活方式,一直行着基督徒的各样事工,而且一直尽我所能去顺服尊长和属灵的神父们,此外,每日晨昏,我也一直会在身上画十字圣号,念诵"以圣父、圣子和圣灵之名"。我会诵读拉丁文的主祷文、圣母经和信经,并向我主上帝和圣母马利亚各献上一段祷告。的的确确,正如审判记录中表明的,我想过、信过、说过一些违反上帝和神圣教会诫令的事。我说这些,是受了邪灵的驱使,他蒙蔽了我的智识、记忆和意志,让我去想、去信、去说这些谬误不真的东西,所以我才会到处抒发己见,但我并没有说过这就是真理。我想效法雅各之子约瑟的例子,他跟他的父亲和哥哥们讲到他的那些梦,梦里预示他们将要向他下拜。因为这个,他的哥哥们生他的气,想要杀掉他,但如果他们杀了他的话,并不会让上帝喜悦,于是,他们就将他卖掉了。就是这样,他们把他卖给了一群埃及商人,这些人将他带到埃及,而他在那里因为某些过犯而被下到监狱里。这之后,法老做了一个梦,以为自己见到了七头肥壮的牛和七头干瘦的牛,没人能为他解这个梦。有人告诉他,监狱里关着一个年轻人,可能知道如何解这个梦,于是[约瑟]被从监狱带到法老面前。[约瑟]告诉他,肥壮的牛预示着七个丰年,而干瘦的牛预示着七个荒年,荒年中甚至想要买粮都无处可寻。于是,法老相信了他,让他当了治理埃及全地的长官。接下来,丰年来临,约瑟留足了可以维持二十余年的粮食;再接下来,便是荒年,哪里都找不到粮食,即便想要花钱买也是徒劳。雅各知道,在埃及有粮可粜,就派了他的十个儿子带着牲口前往埃及。他们被自己的弟弟认了出来,在法老的许可下,他将自己的父亲传召到了埃及,所有的家人和财物也都一起到来。这样,他们一同生活在埃及,但哥哥们还是不情不愿,心怀恐惧,因为他们曾经卖过他。当约瑟看到他们待得不情不愿的时候,便对他们说:"不要因为你们卖过我而闷闷不乐,这事不是你们行的,而是出于上帝的意旨,这样祂才能满足我们的需求;所以,快活起来吧,因为我全心全意地原谅了你们。"同样,我也曾对我的弟兄们和属灵的神父们说话,而他们控告了我,就像卖掉我一样,把我告发到了最尊贵的审判官神父那里,而他将我带到宗教法庭之上,关入监狱。但我并不责怪他们,因为这是上帝的意旨。尽管我不知道,他们是否为我属灵的弟兄或神父,然而我还是原谅所有导致了这一切的人,这样上帝才会像我原谅他们一样原谅我。上帝想要让我被带到宗教法庭之上,有四个原因:第一,让我忏悔我的错误;第二,让我为我的罪做出补赎;第三,帮助我摆脱邪灵;第四,让我的孩子们和所有属灵的弟兄引以为戒,不要犯下这些错误。因此,如果我真的想过、信过、说过、做过有违上帝和神圣教会诫令的事,我如今深感悲痛忧伤,忏悔不乐。所以我开口说,"我罪,我罪,我的重罪"(mea colpa, mea masima colpa),并请求至为神圣、三位一体的圣父、圣子和圣灵,连同荣耀的童贞女马利亚和天堂中所有的圣人,以及至为神圣、至为可敬、至为杰出的法官大人,施下原谅和怜悯,赦免我所有的罪,愿您能有心原谅我,怜悯我。因此,我奉我主耶稣基督受难之名,乞请您不要依着愤怒或公义来判处我,而是满怀着仁爱、慈悲与怜悯。您知道,我主耶稣基督是心怀怜恤、乐意饶恕人的,他原谅了曾为罪人的抹大拉的马利亚,不认他的圣彼得,与他同钉十字架的窃贼,把他钉死在十字架上的犹太人,还有除非见到他、摸过他就不肯相信的圣多马,他还会一直原谅他们。因此,我坚信他也会原谅我,对我施怜悯。我在一间黑暗的牢房里忏悔补赎了一百零四天,深受耻辱,颜面扫地,毁家败业,累及子孙。因此,我乞求您,出于对我主耶稣基督的爱,出于对荣耀圣母童贞女马利亚的爱,报之以慈爱和怜悯,不要让我与上帝赐给我、让我欢喜满足的儿女们分离。我保证永不再犯这些错误,转为顺服所有尊贵之人和我属灵的神父,万事依照他们的命令而行,再无他言。我等待着至为神圣、至为可敬、至为杰出的您给出的判决,接受教训,学习如何像一个基督徒一样生活,从而可以教导我的儿女成为真正的基督徒。这些是我犯错的原因:第一,我相信爱上帝和爱你的邻舍这两条诫命,认为这就已经足够;第二,因为我读了曼德维尔的那本书,内容涉及各色人种和不同的律法,它让我深受困扰;第三,我的心思意念让我知道了那些不合规矩的东西;第四,是一直折磨着我的邪灵教给我谬误不真之事;第五,我和教区神父之间存有分歧;第六,我努力工作,劳累过度,身体虚弱,正因如此,我才不能在一切事情上遵守上帝和神圣教会的诫命。我如此为自己辩护,并请求宽恕与怜悯,而非愤怒与公义,我也请求我主耶稣基督和您的怜悯与原谅,而非愤怒或公义。请不要把我的虚妄与无知当回事。

# 第 45 章　修辞手段

从外观上看,梅诺基奥写下的这几页文字,字母和字母之间是分开的,几乎没有连写(根据当时的一本写作手册,这通常出自"山野村夫、女人和老人"之手),显然表明其作者并非擅长舞弄笔杆之人。从库尔齐奥·切利纳先生流畅遒劲的字迹中,我们得到的则是一种截然不同的第一印象。这位蒙特雷阿莱的书记员,似乎是梅诺基奥第二次审判时的告发者之一。

梅诺基奥的文化程度肯定没有超过小学水平:学习书写想必耗费了他大量的气力及体力,这从某些看起来仿如刻在木头上而非写在纸上的笔画便可见一斑。他显然感觉阅读要轻松自在得多。尽管他已经被关在"一间黑暗的牢房里……一百零四天",手头显然没有任何书籍,但他还是从记忆中搜寻出了众多与约瑟的故事有关的细节。这些他从《圣经》和《圣经辅读》中读到的细节,是在相当长的一段时间里,被他慢慢消化吸收到脑海之中的。我们认为,正是出于这种对书面文字的熟记于心,他那封写给审判官们的信,才呈现出了那些奇异的特征。

从其中,可以区分出下面这些段落:第一,梅诺基奥表示,他一直像一个好基督徒那样生活,尽管他意识到,自己违反了上帝和教会的诫命;第二,他宣称,这种自相矛盾的源头,是"邪灵"诱导他相信和传讲那些谬误不真的东西——不过,他将这些描述为一种"看法",而不是真理;第三,他把自己比作约瑟;第四,他给出了上帝想要把他投入牢狱的四个原因;第五,他将法官们比作仁慈的耶稣基督;第六,他乞求法官们的原谅;第七,他列出了自己所犯错误的六种原因。对应着这一井然有序的外部结构,文中所使用的语言,也充满了对仗和押头韵的字句,以及首字重复或派生联想等修辞手段。仅看开头的第一句,便已十分明显:"我是一名受洗的基督徒,一直遵循着基督徒的生活方式,一直行着基督徒的各样事工";"一直……一直……一直";"每日晨昏,我也一直会在身上画十字圣号"\*。当然,梅诺基奥是在不知不觉中运用的这些修辞手法,正如他也并不自知,他提出来的前四个"原因"是哲学上的目的因,而另外六个则是动力因。但不管怎样,他在信中运用的大量头韵和修辞手段并非出于偶然,而是源自一种记忆的必须——必须找到一种可以让自己轻而易举地转化为记忆的语言。在这些字句付诸纸上之前,它们必定在头脑中经过了深思熟虑。但从一开始,它们就是作为书面文字被构思出来的。我们可以从宗教

---

\* 意大利原文 et senpre matina et sera io son segnato col segno de la santa croze,押了头韵。

法庭书记员记下的审讯记录抄本中大致推测出梅诺基奥的"口头语言",仅就充满譬喻这一点而言,它就与这封信上的语言大为不同。在写给宗教法庭审判官们的这封信中,这些譬喻全然不见影踪。

无论是梅诺基奥与约瑟之间(硬生生建立起来)的关联,还是众法官与耶稣基督之间(寄希望于其存在)的关联,事实上都不是在打比方。《圣经》提供了一个劝喻之网(a network of exempla),当下的现实或是与之若合符节,或是应当保持一致。但是,这种劝喻本身的构成公式,便导致了这封信隐含的那些内容得以滋生,而这并不取决于梅诺基奥本人的意愿。梅诺基奥认为自己和约瑟是一种人,不仅因为他是个无辜的受害者,还因为他有能力揭示其他人并不知晓的真相。那些庸常世人,比如曾经指控过他、害得他身陷囹圄的蒙特雷阿莱的教区神父,可以被比作约瑟的兄弟,而他们只不过是上帝深不可测之设计中的环节而已。但故事的主人公是他,"当代约瑟"梅诺基奥。是他原谅了那些邪恶的兄弟,而这帮人只不过是一种最高意旨的盲目工具。这种类比一早便抵消了这封信结尾处的乞求怜悯。即便是梅诺基奥本人,也意识到了这种前后不一。他补充说,"尽管我不知道,他们是否为我属灵的弟兄或神父",企图重新确立起一种兄友弟恭、父慈子孝的关系,而这种关系却是他之前的种种猜测实际上予以否认的。不管怎样,尽管他的儿子通过神父给他捎信,建议他保证"完全顺服于神圣教会",他依然没有盲目依从儿子的劝告。在承认错误的同时,梅诺基奥一方面将这些错误视为天意，而在另一方面则用种种原因对它们予以解释，除了在提及"邪灵"这一点上，他基本上并没有承认审判官的观点是正确的。这些原因，很可能是按照重要性递减的顺序排列的。首先，其中有两处文本摘引，一个较为含蓄，另一个则十分明显：他对一段圣经（《马太福音》第22章36—40节）进行了文本诠释，还用我们之前观察到的那种方式对《曼德维尔骑士游记》予以解读。接下来，是两个内在的原因："心思意念"的驱使，和"邪灵"的诱惑，他在审判时已经说过，那个"邪灵"就驻在人心"黑暗"的隐秘深处。最后，则是两个外部环境因素：他与那位教士之间的敌意，以及身体的虚弱，在另外的场合下，他已经用后面这个原因来辩解自己为何会违反禁食的义务。这之后，我们就看到了那些书，对于那些书的种种反应（"我相信……两条诫命……它让我深受困扰"），从书中得出的推论，以及他的具体表现。在这看起来彼此不相关的一串原因之间，毫无疑问存在着某种关联。尽管在最后可怜巴巴地乞求怜悯（"不要把我的虚妄与无知当回事"），梅诺基奥却没有放弃讨论与争辩。

## 第 46 章　第一次判决

就在梅诺基奥发出亲笔信的同一天，法官们开庭宣读了判决。他们的态度在审判过程中发生了几乎难以察觉的变化。开始时，他们曾经指出过梅诺基奥的自相矛盾之处；后来，他们试图将他引回这条笔直却狭隘的正路；最后，在见识了他的冥顽不灵之后，他们放弃了劝他回头的企图，把注意力集中在刨根问底上，似乎是想了解他的错误的完整样貌。现在，他们一致宣布，梅诺基奥"不仅是个地地道道的异端分子……甚至还是个异端头子"。5 月 17 日，他们通过了判决。

不管是谁，一见之下，立即就会为这份判决的长度而震惊。它要比普通的判决长四五倍。这既表明法官们对梅诺基奥一案的重视，也表明，将他不同凡响的慷慨陈词套进此类文书的标准模板之中，是何等不同寻常的困难。法官们的震惊透过那些干干巴巴的法律术语依然显而易见："我们认定，你犯下了难以胜数、几乎不宜提及的异端重罪。"这场不同寻常的审判，就这样以一份同样不同寻常的判决（以及附带的一份同样冗长的弃绝宣誓）画上了句号。

在一开始，法官们强调指出，梅诺基奥到处宣讲自己的异端观点，而且"不仅同神职人员，还同头脑简单、愚昧无知的民众"就天主教信仰展开辩论，从而动摇了他们的信仰。这毫无疑问是个加重情节：必须让蒙特雷阿莱的农民和手工艺人离这种危险的教义越远越好，为此不惜任何代价。在这之后，是对梅诺基奥各种想法的详细驳斥。法官们带着一种在宗教法庭审判中难得一见的大肆舞文弄墨，着重强调了这名犯人的厚颜无耻和冥顽不灵："由是耽溺于此类异端邪说"，"汝秉此顽梗不化之心"，"竟斗胆抵赖"，"以亵渎不敬之词造谣中伤"，"以虎狼之心妄下断言"，"汝未能完守神圣禁食斋戒"，"汝于圣训尚心怀忿怒，竟以吾等为不察？""汝凭愚谬之见，无端谤毁"，"汝为妖邪所惑，乃敢肆意论断"，"汝信口胡诌，污言秽语"，"汝造端构恶，成此邪僻之事"，"而汝竟矢口否认，不见种种秽乱，皆为汝所污……""汝素常巧舌如簧，恶口妄语"，"汝恼羞成怒"，"荼毒世人"，"亦有旁无佐证诸事，闻者皆曰罪大恶极"，"汝之恶念邪心，犹不以此为足……乃仿庞然大物（gigantes），吹角举兵，攻击至圣且不可妄称之圣三一"，"于上帝之子耶稣基督之事，汝口出种种残暴可怖之言，以至诸天震动，众生哀恸，闻者皆战栗失色"。毫无疑问，这些法官是在试图用这种夸张的辞藻堆砌表达一种十分真实的情感：面对如此众多闻所未闻的异端邪说，他们极度震惊而又深感恐惧，在他们看来，这简直如同地狱滔天。

不过，"闻所未闻"并不是一个特别准确的形容词。毫无疑问，这些宗教法庭的审判官在弗留利举行了无数次审判，审判对象包括路德教派信徒、巫师、本南丹蒂和亵渎神圣者，乃至再洗派教徒，但他们却从来未遇到过类似的情形。只有在梅诺基奥就忏悔是否足以在上帝面前交代个人所犯之罪的问题发表评论时，他们才回忆起，某些"异端分子"——也即宗教改革的追随者们——宣讲过同样的教义。至于其他方面，他们则试图从更遥远的过去和自己接受过的神学和哲学教育中寻求供参照的类似案例和先例。因此，梅诺基奥关于混沌的说法，被同一位不知名的古代思想者的学说联系了起来："昔一哲人云，尝有一永在混沌存焉，世上万物皆从之而生。此说于他处皆已遭驳斥查禁，而汝又令沉渣复起，顽梗妄言是理为真。"而"上帝但为善工，不行恶行，而魔鬼一意为恶，诸行不善"的说法，则被追溯到了摩尼教的异端教义："昔时摩尼教徒意以为善恶分别而生，而汝竟令此邪见重行于世。"类似地，关于所有宗教一律平等的主张，也被等同于奥利金的万有回归（apocatastasis）\*教义："汝再度宣扬奥利金之邪说，谓众生皆可得救，无论彼为犹太人、穆斯林、异教徒和基督徒，以及所有离经叛道之徒，皆因圣灵已被平等颁赐众人……"梅诺基奥坚决主张的一些观

---

\* 也称奥利金主义，认为上帝所造一切皆为善，而一切有灵者最终皆可升入天堂，曾在553年的第二次君士坦丁堡大公会议上被判为异端。

点，在法官们看来不仅是旁门左道，甚至更有悖自然理性。下面这个想法就是其中一例："我等在母腹中时，唯死肉而无他。"而关于上帝并不存在的想法则是另外一例："言及灵魂之造生，汝不独悖逆神圣教会，更与天下哲人悉数相左……彼侪于此尽皆赞同，无人敢有非议，而汝竟斗胆妄称'上帝实为不存'。"

在福雷斯蒂的《编年史增补补遗》中，梅诺基奥或许曾经零星地接触过奥利金和摩尼教的教义。但将它们视为梅诺基奥个人思想的祸端，却显然是一个错误。这份判决进一步确认了一条鸿沟的存在，它贯穿于整个审判期间，将梅诺基奥的文化世界与审判官们的文化世界隔在了两边。

这些审判官们的职责，是迫使这名罪犯重新回到教会的正道中来。梅诺基奥被处以了一系列的刑罚：他要公开弃绝自己的所有异端邪说，履行众多的补赎事工，永远身着一件装饰有十字架的忏悔服，并在牢狱中度过余生，而所有费用均由其子女承担（"我等庄严宣令，汝当遭禁锢于高墙之内，度余生于其中"）。

# 第 47 章 牢狱

梅诺基奥在康科迪亚的监狱里受了将近两年的折磨。1586年1月18日,他的儿子齐安诺托以众兄弟和母亲的名义,向马泰奥·萨努多主教和当时担任阿奎莱亚和康科迪亚宗教法庭审判官的埃万杰利斯塔·帕利欧呈交了一封陈情书。梅诺基奥本人执笔写下了这封信:

> 我这身为囚徒的可怜的多梅内哥·斯坎代拉,曾在其他场合下恳求过宗教法庭,就我是否值得原谅、从而为我的过错做出更多补赎而再行咨商,但如今,迫于我的极度窘境,我再次乞请你们就此事予以考虑:自从我被从家中带走、投入这残酷的监狱受罚,已经过去了两年多的时间。我被剥夺了与爱妻见面的机会,因为她离此地甚远,又为家事所累,而我的孩子们,因为日子贫苦也被迫弃我于不顾,令我唯有一死。然而我竟不知,为何却未因那污浊的

空气丧生。因此，我为自己犯下的大罪懊悔悲痛，乞求原谅，首先是来自我主上帝的原谅，其次是来自神圣的宗教法庭的原谅，请求庭上施恩赐，将我释放。我严格保证，我将依照神圣罗马教会的教诲生活，践行宗教法庭判给我的一切补赎事工，并为他们每一个人的喜乐向我主祷告。

在这封程式化的陈情书中，那些地方土话的痕迹被一洗而空（比如，教会这个词被拼写成了"Chiesa"而不是"Gesia"），显然背后有一位律师的帮忙。梅诺基奥两年前提笔在手、书写自辩的时候，他表达自我的方式与之大相径庭。但这一次，主教和审判官决定赐下他们之前拒绝给予的慈悲。首先，他们传唤了监狱看守焦万·巴蒂斯塔·德·帕尔维。他告诉他们，梅诺基奥被关押其中的那座监狱"牢固且安全"，有三重"牢固且安全"的大门与外界隔开，因此"在康科迪亚城中，再找不到比它更牢固、更防卫森严的监狱了"。

梅诺基奥从未离开过这座监狱，除了少数几次例外。在判决宣布的那天和圣司提反节当天，他会站在城中大教堂的入口处，手持蜡烛，背诵自己的弃绝宣誓，此外，他还会参加弥撒并领受圣餐（但通常他都是在狱中领圣餐）。他在许多星期五都会禁食，"除了在他身患急症、人们都以为他会死掉的那一次"。梅诺基奥生病后中断了自己的禁食，"但许多次，在其他圣日的前夜，他跟我说过许多次，'明天只给我拿点儿面包就行了，因为我想要禁食，不要给我拿肉或其他任何油腻的食物'"。"许多次，"这位监狱看守补充道，"我静悄悄地走到他的牢房门前，探听他到底在做什么、说什么，然后我就听到他在祷告。"另外的一些时候，曾有人见过梅诺基奥读着一本某个教士带给他的书，或是"一本里面收录了7首圣诗和其他祷文的圣母日课集"；他还要求提供一幅"圣像，让他可以对着说出自己的祷告，于是他的儿子就给他买了一幅"。就在几天前，[梅诺基奥]还曾说过："他一直顺从上帝对自己的安排，并且意识到了，他正在为自己的罪孽和错误受苦，不过上帝一直在帮助他，因为他不能相信自己居然可以在监狱中活过十五天，但他居然熬了这么久。"他经常对监狱看守谈道："他以前相信的那些蠢事，表示他很清楚，那些真的就是一些蠢事，但他从未坚持过那些东西，也未曾真正坚信，只不过是出于魔鬼的诱惑，这种奇思异想才进到了他的脑袋里面。"总而言之，他似乎真心诚意地痛悔前非，尽管（这位监狱看守谨慎地评论道）"世人的心难以被轻易察知，除了在上帝面前"。随后，这位主教和审判官传召了梅诺基奥。他哭泣着苦苦哀求。俯伏在地的他，卑微地请求原谅："我为冒犯了我主上帝而深感后悔，如今，我希望我从来没说过那些蠢话，我是愚蠢地被魔鬼所蒙蔽，才做出那些事，而我自己并不明白魔鬼告诉我的那些东西……我不仅不后悔做了那些判给我的补赎事工，不后悔被投进监狱，我还感到极其喜悦，而当我向神圣庄严的上帝祷告时，上帝也总是会给我安慰，让我觉得自己仿佛身在天堂。"他握紧双手，抬眼向天，大声宣告，假如不是为了妻子和孩子，他宁愿在牢狱中度过余生，以此补偿他对耶稣基督的冒犯。但他"很穷"：他必须靠着两座磨坊和两块佃地养活他的妻子、7个孩子和几个孙儿孙女。他身处的牢狱"条件恶劣，泥涂遍地，昏黑阴暗，潮湿不堪"，已经彻底毁掉了他的健康："我足足躺了四个月下不了床，今年，我的两条腿都肿了，脸也浮肿起来，这您都能看到，我几乎什么都听不见了，变得极其虚弱，仿如离体游魂。""的确，"宗教法庭的书记员记录道，"在他说这番话的时候，他的面色十分苍白，体格虚弱，其状可怜。"

康科迪亚主教和弗留利宗教法庭的审判官都意识到了这番表白中的真情实感。他们马上召来了波托格鲁阿罗的市长和几名当地贵族（其中便包括一位未来的弗留利历史学家焦万·弗朗切斯科·帕拉迪奥·德利·奥利维），对他予以减刑。他们将蒙特雷阿莱镇划为梅诺基奥的终身禁足之地，命令他不得离开。他被公开禁止谈论或提及他那些危险的想法。他必须定期忏悔，在衣服外面穿上一件绘有十字架的忏悔服，作为其败德辱行的标志。他的一个朋友丹尼尔·德·比亚西奥出面为他作保，承诺假如他违反判决的话，将缴纳200达克特的罚金。梅诺基奥回到了蒙特雷阿莱，身心俱已残破不堪。

# 第 48 章　回到镇上

他恢复了自己在乡里乡邻中的地位。尽管触犯了宗教法庭，遭到了有损名誉的惩戒，还被投进了监狱，1590 年时，他依然再度被任命为蒙特雷阿莱圣马利亚教堂的管理人。新的教区神父乔瓦尼·丹尼尔·梅尔基奥里，是梅诺基奥的童年好友，他必定在这一任命中出了力。（我们随后将看到，在曾经向宗教法庭告发了梅诺基奥的前一位教区神父奥多里科·乌莱身上，究竟发生了什么事。）显然，没人觉得让一位异端分子——确切地说是一个异端头子——监管教区基金有何不妥：就这个问题，我们或许还记得，即便是这位教区神父，也曾经同宗教法庭打过交道。

管理人的这个职位，经常会被委任给磨坊主，或许是因为他们有能力垫付教区管理所需的资金。不管怎样，这些管理人通常都会延迟交付从信众那里收集的什一税，从中赚上一笔。1593 年，康科迪亚主教马泰奥·萨努多在巡视教区的过程中来到蒙特雷阿莱,他查阅了之前七年里管理人们登记的账簿。在众多债务人中,就有多梅尼科·斯坎代拉的名字,我们的这位梅诺基奥老兄,欠了200里拉的债——仅次于一个名叫贝尔纳多·科尔内托的人所欠的单笔最大债务。这是一种常见现象,一种经常会在这一时期弗留利地区的教区巡视中遭到谴责的现象。这位主教(他或许并没有把斯坎代拉这个名字与自己在九年前惩戒过的那个人联系起来)如今试图引入一种更加严格、更加精确的管理制度。他不满地指出,"账簿登记明显缺乏规范,尽管在上一次教区巡视中,便就此给出了合理指示。如果这些指示得到听从,毫无疑问,教会事务将开展得顺利得多";他下令购入一本"大账本",要求教区神父逐年登记教会所得,具体到"每一块地产,每一个付款人,每一天的谷物分配状况,每一项教会开支,以及与管理人的账目交割情况",如果未能做到,便可能会受到暂停圣职的处罚;此外,管理人还需要在一个"牛皮本"上注明自己的收入,而这笔账目"随后需要被归总到账本中去"。管理人中那些欠钱的人,被勒令结清账款,否则便可能"被处以不得进入教堂、死后不得举行教会葬礼的惩罚",而教区神父则需要在六个月内将1592年的账目呈交到波托格鲁阿罗,不然就要面对罚款并再一次被暂停圣职。我们不知道,梅诺基奥是否最终还清了欠款。他或许做到了,因为在萨努多主教本人于1599年到1600年进行的下一次教区巡视中,蒙特雷阿莱的管理人们所拖欠的债款,都是1592年之后欠下的了。

还有一条来自同一时期（1595年）的证据可以证明，梅诺基奥的声誉在他的乡里乡邻中依然完好无损。在蒙特雷阿莱的焦万·弗朗切斯科伯爵和他的一名承租人巴斯蒂安·德·马丁之间，就两块田地和一间农宅的问题发生了"一点小争执"。应这位伯爵的请求，任命了两名核查员，对前几任承租人对这栋房屋的修缮进行估价。皮耶罗·德拉祖安纳被选中作为伯爵一方的代表，而梅诺基奥则代表承租人一方。这桩案子十分棘手，因为一方当事人不是别人，正是当地的领主。但显然，梅诺基奥据理力争的能力，是得到了人们的信任的。

同一年，梅诺基奥和儿子斯特凡诺还租下了一个新的磨坊，位置是在"上边的界墙下方"（de sotto le siege de sora）。租期是九年：承租人每年需要支付4蒲式耳小麦、10蒲式耳黑麦、2蒲式耳燕麦、2蒲式耳小米、2蒲式耳荞麦，以及一头重150磅的猪。租约中的一条特别规定，如果这头猪低于或高出约定的重量，则应当支付等价的现金作为弥补（每磅猪肉6索尔多）。此外，租约中还有关于"礼物"的规定：一对阉鸡和半幅亚麻布。后者是一种实物形式的酬谢，因为这座磨坊也被用来漂洗布匹。两位承租人得到的这座磨坊，配有两头"健壮堪用"的驴子，一台水车，以及6台漂布机；他们有义务在将磨坊交还给其业主——彼得罗·德·马克里之继承人的监护人们——时保证其"条件有所改善，而不是破败失修"。上一位承租人弗洛里托·迪·贝内代托之前已经破产，他承诺在五年内将租金偿付给业主；而在这名承租人的请求下，梅诺基奥和斯特凡诺主动出任了这一约定的担保人。

所有这些都表明,斯坎代拉家的父子俩此时的财务状况应该相当稳定。梅诺基奥充分参与着他所在社区之生活。1595年,他替弗留利邦的行政长官当了回传信人,向蒙特雷阿莱的镇长转达口信,此外,他还被选举为蒙特雷阿莱"乡里"的14位代表之一,负责遴选当地的核查员,而镇长也在这些代表之列。

然而,又过了一段时间,在曾经帮助过他的一个儿子(可能是齐安诺托)去世之后,梅诺基奥必定陷入了困境。他试着靠从事其他的职业养活自己,当过学校老师,还在宗教节日的庆典上演奏吉他。现在,他比以往任何时候都更急于摆脱判决加诸己身的那些惩罚——身着忏悔服的耻辱,以及不得离开蒙特雷阿莱的禁令。于是,他前往乌迪内,求见新上任的宗教法庭审判官焦万·巴蒂斯塔·达·佩鲁贾,请求免除这两项责罚。关于忏悔服,他得到的回复是否定的,"因为关于这一问题的豁免令不应被轻易颁授",这位审判官在一封1597年1月26日写给康科迪亚主教的信中如此解释;然而,他得到了允许,可以"行动自由地……在可疑之处以外的各个地方营生,这样便可以某种方式纾解自己和家人的贫困处境"。

昔日那场审判所带来的后果,一点一点地被抹除了。但是,与此同时,宗教法庭却开始再度对他产生了兴趣,而梅诺基奥对此却一无所知。

# 第49章 告发

在前一年的狂欢节期间,梅诺基奥曾经在宗教法庭审判官的许可下离开蒙特雷阿莱,前往乌迪内。某一天的晚祷时分,在公共广场上,他遇到了某个叫卢纳尔多·西门的人,开始跟他聊了起来。两个人彼此相识,因为卢纳尔多在这些巡游的宗教节日庆典之上演奏小提琴,而正如我们在上文中提到的,梅诺基奥也从事着类似的行当,只不过演奏的是吉他。过了一段时间之后,卢纳尔多获知了一则关于反对异端的教皇诏书,他给宗教法庭副庭长杰罗拉莫·阿斯泰奥写了一封信,汇报了这次谈话的内容;这之后,他又以口述方式将信中的关键内容确认了一次,只有很少的一点细节改动。发生在广场上的这场对话,大致上就是这个样子的:

**梅诺基奥**:"我听说你打算当个修士,真的吗?"
**卢纳尔多**:"这难道不是个好故事吗?"

梅诺基奥："不是，因为这跟伸手要饭差不多。"

卢纳尔多（玩弄文字游戏地说）："我是必须当了修士才能乞食吗？"

梅诺基奥："关于那些圣人、隐士和其他过着圣洁一生的人，我们不知道他们最后都去哪儿了。"

卢纳尔多："我主上帝不想让我们现在就知道这些秘密。"

梅诺基奥："如果我是一个穆斯林的话，我可能不想成为基督徒，但我是一个基督徒，我也压根不想成为穆斯林。"

卢纳尔多："那没有看见就信的有福了。"

梅诺基奥："如果我没看见，我就不信。但我的确相信，上帝是整个世界之父，有生杀予夺之权能。"

卢纳尔多："穆斯林和犹太人也信这个，但他们不相信祂是童贞女马利亚生的。"

梅诺基奥："当耶稣基督被钉在十字架上的时候，犹太人对他说，'你如果是基督，就从十字架上下来吧'，但他并没有下来，这是什么意思？"

卢纳尔多："这样做是为了不向犹太人表示顺服。"

梅诺基奥："这是因为基督做不到。"

卢纳尔多："这么说，你不相信福音书了？"

梅诺基奥："不，我不信。如果不是这些教士和修士，这帮没有别的更好的事情可做的人，你觉得会是谁写的这些福音书呢？他们凭空想出了这些东西，然后一个接一个地把它们写下来。"

此时，卢纳尔多反驳说："教士和修士都没有写过福音书；相反，它们是很早以前就写成了的。"他随即自己走开了，认定这个同伴是个"异端分子"。

上帝、天父，有"生杀予夺"之权能的主人；一个生而为人的基督；由无所事事的教士和修士们生造出来的福音书；各种宗教一律平等。就这样，尽管经历了审判，做出了令自己声名扫地的弃绝宣誓，一度身陷囹圄，而后又曾公开表示痛改前非，梅诺基奥却又拾起了他的那些显然从未在心中真正加以弃绝的老想法。但卢纳尔多·西门只知道他的名字（"某个名叫梅诺基奥的人，蒙特雷阿莱的磨坊主"）：尽管有传言说，他是故态复萌，而且之前曾经被宗教法庭"当成一名路德教派信徒"正式予以惩戒，但这次告发并没有得到即时处理。直到两年后的1598年10月28日那天，或是出于偶然，或是在系统性审核现有记录时顺便发现，宗教法庭的审判官们才开始怀疑，那个梅诺基奥和多梅尼科·斯坎代拉事实上就是同一个人。随后，宗教法庭的机器再次开动了。杰罗拉莫·阿斯泰奥在此期间已经成为弗留利地区宗教法庭的庭长，他开始收集有关梅诺基奥的新信息。调查结果表明，那位几年前告发了梅诺基奥、令他身陷囹圄的奥多里科·乌莱先生，为这一行动付出了沉重的代价："他遭到了梅诺基奥亲戚的迫害，被赶出了蒙特雷阿莱。"至于梅诺基奥本人，"众人一直且至今仍然相信，他还像从前那样坚持着同样的错误想法"。便在此时，这位审判官去了趟蒙特雷阿莱，向新任的教区神父焦万·丹尼尔·梅尔基奥里查问了此事。后者报告说，梅诺基奥已经停止身穿忏悔服，还曾出镇旅行，违反了宗教法庭的谕令（正如我们已经看到的，这只有一部分是真的）。然而，他的确会做忏悔，每年领受几次圣餐。"至于我，我认为他是一个基督徒，一个值得尊敬的人。"他总结道。他并不知道镇上的居民对梅诺基奥有何看法。但在做出这些声明并签字画押之后，梅尔基奥里又退缩了：显然，他担心他可能有些做过头了。在"我认为他是一个基督徒，一个值得尊敬的人"这几句话之后，他要求补充一句"仅从外表判断而言"。

圣罗科教堂的本堂神父、镇上的书记员库尔齐奥·切利纳则要坦率得多。他确认说："我认为他是一个基督徒，因为我见过他做忏悔和领圣餐。"但切利纳先生从梅诺基奥表面的顺服中，看出了以往的那种躁动又在露头："这个梅诺基奥有些古怪念头，当他看见月亮、星星或其他行星，又或是听见雷声或别的什么动静的时候，他马上便想要就刚刚发生的事情发表意见。到最后，他会服从大多数人的意见，表示整个世界知道的要比他一个人知道的更多。而我相信，他的这种古怪想法是邪恶的，但出于恐惧，他会服从其他人的意见。"由此可见，宗教法庭的惩戒和监禁，的确在他身上留下了深刻的烙印。看起来，梅诺基奥不再敢于——至少在镇里不敢——像以往那样放肆直言。但即便是恐惧，也未能成功扼杀他的智识自由："他马上就想要发表意见。"相反，新出现的是他被孤立的那种苦涩而讽刺的感觉："他会服从大多数人的意见，表示整个世界知道的要比他自己一个人知道的更多。"

这主要是一种内在的孤独。切利纳先生本人便观察到："我见过他与很多人交往，我相信他跟谁都是朋友。"而他，则宣称自己觉得"跟这个梅诺基奥既没有深交，也没有敌意；但我爱他像爱任何一个基督徒那样，当我有事情交给他办的时候，我对他就像对旁人一样。"正如我们已经看到的，从表面上看，梅诺基奥已经完全重新融入镇上的生活：他第二次被任命为教区教堂的管理人；他和儿子一道租下了第三座磨坊。但是，尽管如此种种，他仍觉得自己是个局外人——或许这也是他后来几年财务困窘的后果。忏悔服是这种排斥的有形象征。梅诺基奥为此深受困扰。"我知道，"切利纳说，"有很长一段时间，他都拥有一件宗教法庭发的带十字架的长衫，他偷偷地把它穿在自己的衣服底下。"梅诺基奥告诉他："他想要去宗教法庭那里，获取不穿它的许可，因为他总是说，都怪他的这件带有十字架的长衫，人们都不愿跟他交往，也不想跟他说话。"当然，他在这件事上是在自己骗自己——他同每个人都有往来，他跟镇上的所有人都很和睦。但不能像以前那样表达自己的看法，却令他倍感压力。"当他被人听见在谈论什么月亮星星这些事的时候，"切利纳评论道，"人们就会告诫他保持沉默。"切利纳无法精确地记起他是否曾经说过这个话题，虽然审判官提示说，梅诺基奥可能是在将操弄人类自由意志的力量归结于行星影响，但他依然没有印象。不管怎样，他断然否认了梅诺基奥说这些话是在"开玩笑"的可能性："我想，他说的时候是严肃认真的,而且他有某些不良倾向。"

宗教法庭的调查再次告一段落。不难理解其中缘由:毕竟,这个带头传播异端邪说的磨坊主,已经发不出什么动静,而且表面上也算循规蹈矩;他不再对镇上乡邻的信仰构成威胁。1599 年 1 月,在弗留利宗教法庭的一次全体会议中,法庭决定传唤"犯人"(也即梅诺基奥)到庭。但即便是这一决议,也被撤回了。

# 第 50 章　与犹太人的夜谈

然而，卢纳尔多上报的那番对话表明，梅诺基奥对教会的各种礼仪及圣事的表面服从，只不过是为了掩盖他对自己昔日理念的顽固坚持。与此同时，某个名叫西门、四处流浪、靠人施舍为生的家伙出现在了蒙特雷阿莱，他是一名皈依了基督教信仰的犹太人，而梅诺基奥为他提供了栖身之地。两人就宗教信仰问题彻夜长谈。梅诺基奥说了"有关信仰的许多事情"：比如福音书是教士和修士们写成的，"因为他们没有别的更好的事情可做"；比如圣母马利亚在嫁给圣约瑟之前"曾生下另外两个人（creatures），因此圣约瑟才不愿意娶她为新娘"。基本上，这些都是他曾在乌迪内的广场上向卢纳尔多提到的相同话题：攻击神职人员的寄生生活，拒绝接受福音，否认耶稣基督的神性。然而，在此之外，那天晚上，他还谈到了一本被自己不幸遗失了的"最美好的书"，这本书，西门"判断即为《古兰经》"。

或许，正是出于梅诺基奥对基督教核心教义——主要是三位一体这一教义——的拒绝，他才和这个时期的其他异端分子一样，怀着好奇之心转向了《古兰经》。不幸的是，西门的判断并不是确凿无疑的，而且无论如何，我们都不知道，梅诺基奥从那本神秘的"最美好的书"中获取了何种启示。显然，他确信，自己的异端思想终有一日会被发现。他曾向西门吐露心事："他知道，他会因此而死。"但他并不想逃跑，因为与他一道担任过某人教父的丹尼尔·德·比亚西奥，曾在十五年前面对宗教法庭替他作保："不然的话，他是会逃到日内瓦去的。"因此，他决定留在蒙特雷阿莱。他已经在展望自己的生命尽头了："他死的时候，一些路德教派信徒会知道的，他们会来收敛骨灰。"

谁知道梅诺基奥心里想的到底是哪些"路德教派信徒"呢？或许是他曾与之保持过秘密联系的某个群体——也可能是他在几年前遇到过，但随即从视野中消失了的某个人。梅诺基奥为自己的死所设想的那个殉教者的光环，会让人觉得，所有这些话都不过是一个老头子可悲的胡思乱想而已。毕竟，他什么都不剩了。如今，他是孤零零的一个人：他的妻子和与他最亲密的儿子，都已经死去。他和其他子女的关系想必不是太好。他不屑地对西门说："如果我的孩子们想要走他们自己的路，那就祝他们好运吧。"但那个神秘的日内瓦，那个宗教自由之乡（至少他是这么想的），却又太远了；这一点，以及他对一位曾在自己最困难时挺身相助的朋友坚定不移的忠诚，阻拦了他远走高飞。但在另一方面，显然他也无法遏制自己对与信仰有关的那些事的强烈好奇心。于是，他便在那里盘桓着、逡巡着，等待着迫害者的到来。

# 第 51 章 第二次审判

事实上，不过几个月后，一封针对梅诺基奥的新告发信便呈交到了审判官那里。看起来，他似乎说了一番亵渎神圣的话，其内容经口耳相传，从阿维亚诺一直散播到了波尔代诺内，并激发了一连串令人震惊的反应。阿维亚诺的一名旅店老板、人称皮尼奥尔的米歇尔·德尔·图尔科，接受了讯问：七八年前，（别人跟他说）梅诺基奥曾大声宣告："如果耶稣基督真的是上帝，那他居然会让自己被钉到十字架上头，可就真是个……""他并没有说耶稣基督可就真是个什么，"这位旅店老板补充道，"但我觉得，他的意思是说，耶稣基督可就真是个傻蛋（coglione）……当我听到这些话的时候，我的头发都竖起来了，我马上转移了话题，免得听到这种事情，因为我认为他比异教徒还坏呢。"他最后说，梅诺基奥"依然坚持着他那些老观点"。

到这时，交口议论着梅诺基奥说过的那些事的人，已经不

阿基利·博基编著的寓意画集内页,1555年,法国国家图书馆

止是蒙特雷阿莱的居民了:这位连宗教法庭的监狱都无法令其改邪归正的磨坊主,声名已经散播到了这座城镇狭小的人际圈子之外。他提出的那些引发争议的问题,他开过的那些亵渎神圣的玩笑,年复一年之后,还在被人不断重复着:"如果童贞女马利亚是个妓女的话,你怎么能相信耶稣基督或全能的上帝是这个童贞女马利亚的儿子呢?""如果耶稣基督是婊子养的,他又怎么能是圣灵感孕而生的呢?""圣克里斯托弗比上帝还伟大呢,因为他背负着整个世界。"〔令人好奇的是,同样的一句俏皮话也出现在了一本梅诺基奥肯定没看过的书里,这本书是一部寓意画集(collection of emblems)\*,里面充满了带有异端色彩的双关语,编著者是博洛尼亚的人文主义者阿基利·博基。〕"我相信他是执迷不悟的,但他不敢公然说出来,因为心里害怕",蒙特雷阿莱的扎努托·法赛特这样说,他曾听过梅诺基奥"演奏音乐"。但那种习惯性冲动,再一次驱使梅诺基奥同其他村民讨论起宗教信仰问题来。有一天,在从梅宁(Menins)返回蒙特雷阿莱的路上,他问丹尼尔·伊阿科梅尔:"你觉得上帝是什么?"或许是出于尴尬,也可能是有意保持距离,对方答道:"我不知道。""祂不过就是空气。"梅诺基奥马上插嘴说。他在脑子里把自己那些老念头过了一遍又一遍;他从来都没有放弃过这些想法。"你难道不明白吗,审判官们不想让我们知

---

\* 一种流行于16、17世纪欧洲的艺术形式,每幅寓意画通常由三部分构成:简短的格言、具有象征意义的图像或符号以及解释两者之间关系的警句诗。

道他们知道的那些东西。"然而,他却觉得自己可以站出来对抗他们:"我想要在这些审判官神父面前,就'我们在天上的父'这事儿说上三言两语,看看他们能说点儿什么,以何作答。"

这一次,审判官必定觉得梅诺基奥做得有些过头了。1599年6月末,他被抓了起来,关在阿维亚诺的监狱里。晚些时候,他被转押到了波托格鲁阿罗。7月12日,他出庭受审,面对他的,是审判官杰罗拉莫·阿斯泰奥神父、康科迪亚的副主教瓦莱里奥·特拉波拉以及当地市长彼得罗·扎内。

# 第52章 "奇思异想"

"在将一个老头子从监狱中带出之后……"书记员开头这样写道。自从梅诺基奥第一次接受宗教法庭的讯问,已经过去了十五年。在这期间,他还在监狱中度过了三年时光。如今,他已经是一个老头子了:身材消瘦,满头白发,灰色的胡子也开始变白。他的穿着打扮还是像个磨坊主一样,身披斗篷,头戴一顶浅灰色的小帽。他已经67岁了。被定罪后,他从事过许多工作:"我当过锯木工、磨坊主和旅店老板,我开着一家学校,教孩子们学习算术和读书写字,我还在宗教节日庆典上弹奏吉他。"换言之,他尝试过凭借自己的各样技能把日子过下去——这其中,就包括给他惹了麻烦的读书写字的技能。事实上,当审判官问他是否曾被宗教法庭审判过的时候,他回答说:"我被传讯过……(审判官)讯问我关于信经的事,还有其他一些进到我脑子里头的奇思异想,因为我读过《圣经》,还因为我爱瞎琢磨。但我一直都是一个基督徒,而且依然如此。"

他的口气是恭顺的——"奇思异想"——然而，与之相伴的却是一如既往的自负，他很清楚自己的智力水平，而且颇感自豪。他详细解释了自己如何履行了法庭判决的补赎事工，他如何前去忏悔，如何领受圣餐。他还解释了，虽然自己偶尔会离开蒙特雷阿莱，但总会事先征得审判官的同意。他只对穿忏悔服的问题表示了歉意："我凭着良心发誓，在节期里，有时候我会穿着它，有时候就不穿；但在冬天的工作日里，当天气很冷的时候，我总是把它穿在身上，虽然是在外衣下面"，因为如果把忏悔服露出来的话，"我已经为此损失了许多钱，不能应征去从事土地核查或其他工作……因为大家看到那件忏悔服的时候，都以为我被革除了教籍，所以我才不穿它"。他曾向担任宗教法庭审判官的神父乞求免除这一责罚，但却徒劳无功，"他不愿意批准我脱掉这身忏悔服"。

当他们问他，是否还继续对自己曾因之受罚的那些问题有所疑问时，梅诺基奥无法说谎。他没有公然否认，只是说："许多奇思异想进到了我的脑子里，但我从来不想理睬它们，也从来没有教过任何人坏事情。"当主审的审判官问他，是否"曾与其他人讨论过各种信条？这些人是谁？都是在什么场合地点？"时，他回答说，自己曾经"开玩笑地与人谈论过某些信条，但我真心不知道这些人都是谁，也不记得地点或时间"。这是一个不够谨慎的回答。审判官严厉地训斥了他："你怎么能拿信仰问题开玩笑呢？拿信仰开玩笑难道是合适的吗？'开玩笑地'这个词又到底是什么意思？""就是说点儿谎呗。"梅诺基奥软弱无力地回答道。"你说过什么谎？快，清楚交代！""我真心说不出来。"

但审判官继续穷追不放。"我不知道，"梅诺基奥说，"有些人可能错误解读了这些话，但我从未相信任何有悖信仰的东西。"他试图还击以求自保。他从没说过，耶稣基督不能自己从十字架上走下来："我相信福音是真的。"但在这时，他又行错踏差了一步："我的确说过，有学问的教士和修士编造了福音书，假装它来自圣灵。"审判官抓住了这一点：他真的说过这话吗？什么时候？什么地方？对谁说的？谁是那些修士？被激怒了的梅诺基奥回答道："你怎么能指望我知道这些事呢？实话实说，不，我真的不知道。""如果你不知道，为什么你还说？""有时候，魔鬼诱惑我们说出某些字句……"

再一次，梅诺基奥试图将他的疑惑和他的愤怒归结为魔鬼的诱惑——然而，这却恰恰揭示了他心中所信的理性根基。他曾在福雷斯蒂的《编年史增补补遗》中读到，"许多人，比如圣彼得、圣雅各以及其他一些人，都写过福音书，但正统却不承认它们"。在这里，类比的那种腐蚀性的影响力，也作用于梅诺基奥的头脑之中。如果有些福音书是次经，出自人手而非神圣力量，那么为什么不是全都如此呢？这就把话题又带回到了他十五年前坚持的那些想法的言外之意，也就是说，《圣经》可以被简化为"三言两语"。显而易见，时间过了这么久了，他却还在追寻着自己旧时的思想理念。而如今，他再一次有机会向那些有可能理解这些理念的人（至少他是这么想的）娓娓道来。他盲目地抛开了所有的谨慎小心："我认为，上帝创造了万物，就是大地、水和空气。""那么火呢？"康科迪亚的副主教带着一种高高在上的讽刺语气插问道，"又是谁创造的？""火处处皆在，就像上帝一样，但另外的三种元素是三个位格：圣父是空气，圣子是大地，圣灵是水。"梅诺基奥随后又补充道："在我看来就是这样的；但我不知道这是不是真理；而且我相信，那些在空气中的灵彼此争斗，闪电就是他们的怒气。"

就这样，顽固地又走回到老路上去的梅诺基奥，不知不觉地重新发现了古希腊哲学家们的那个宇宙，而这是远远超出基督教宇宙图景之外的一个宇宙。这位身为农民的赫拉克利特，意识到了存在于火中的、究极流变、不可摧毁的原始元素。对于梅诺基奥来说，所有真实之物都被它充斥其中（"处处皆在"）：这是一个一以贯之的真实存在，然而在它的众多表象（manifestations）之中，却满是为神圣所充斥的诸灵的存在。因为这个原因，他才说，火就是上帝。的确，梅诺基奥还设想出了一个颇具争议的详尽对应关系，将另外三种元素与三位一体的三个位格对应起来："我认为圣父是空气，因为空气是高于水和大地的一种元素；接下来，我认为圣子就是大地，因为子是从父而生的；此外，正如水来自空气和大地，圣灵也来自圣父和圣子。"出于一种为时已晚且无济于事的谨慎，他马上便否认了这些关系（"但我不想相信这些东西"），但在其后，梅诺基奥最坚定的信念浮现出来：上帝为一，祂即世界。审判官紧紧抓住了这一点：那么，他是否相信上帝拥有身体？"我知道，耶稣基督拥有身体。"梅诺基奥避重就轻地回答道。要在和这样的人争辩时占上风，并不是件容易的事。审判官从自己的学术武器库中祭出了一则三段式诡辩。"你说，圣灵是水；水为一体；因此，难道不能接着说圣灵也是一体吗？""我说，这些东西是相似之物。"梅诺基奥回答说。此时，他或许会带有一丝自鸣得意：他也知道如何推理，如何使用逻辑和修辞工具。

这时，审判官转为了防守："根据审讯记录，似乎你说过，上帝不过就是空气。""我不知道我说过这话，但我的确说过，上帝就是万事万物。""你相信上帝就是万事万物吗？""大人，是的，我的确相信。"但这是何种意义上的相信呢？审判官并没能领会这一点。"我相信上帝是祂想要成为的一切事物。"梅诺基奥解释道。"上帝能是石头、毒蛇、魔鬼这一类的事物吗？""上帝能够成为任何好的事物。""既然存在着许多好的受造物，那么上帝也可以是一个受造物了？"

"我不知道要说什么好。"梅诺基奥回答说。

# 第 53 章 "幻象和异梦"

　　事实上，造物主与受造物之间的区别，也即存在一位身为造物主的上帝的这个概念，对他来说是全然陌生的。他很清楚，自己的理念与审判官的理念不同；但如今，他发现自己缺乏能将这一不同表达出来的言语。当然，杰罗拉莫·阿斯泰奥的逻辑陷阱，并不能令他相信自己是错误的一方，其效力并不比十五年前审讯过他的那些法官的所作所为更强大。因此，他立即试图采取主动，事实上几乎是将这场审讯的功能彻底翻了个个儿。"大人，我求您听我说……"正如我们已经看到的，通过讲述三只戒指的传奇，梅诺基奥强化了他在第一次审判时便已经提出过的宽容主义。不过，那时候，争论的性质还是宗教信仰意义上的：所有的信仰（其中也包括异端信仰）都具有同等的价值，因为"上帝将圣灵赐予所有人"。但如今，重点却落在各个教会的对等性上，因为它们都是与社会生活联系在一起的实体："是的，大人，我的确认为每个人都觉得自己的信仰是正确的，而我们并不知道哪一个才是正确的。但因为我的祖父、我的父亲和我身边的人都是基督徒，我也想要继续当个基督徒，并且相信这才是正确的那一个。"他请求保留于传统宗教信仰的领域之内，但支持这一请求的，却是诉诸三只戒指传奇的理由；然而，很难不把这些话视为梅诺基奥受到宗教法庭谴责惩治后自身经历的苦果。对于那些他在内心中认定为"商品"的宗教仪式，最好是佯作不理，最好是从外部加以观察。这种抽身远离，让梅诺基奥不再那么重视异端的问题，不再那么重视与传统宗教信仰公开的、有意的决裂。然而，与此同时，他却比以往任何时候都更认定了，宗教信仰不过是一种属世现实。坚持我们都不过是出于偶然、基于传统才成为基督徒，牵涉到了一种程度十分严重的决定性分裂。就在这些年里，这种决定性分裂令蒙田写下了这样的话："我们是基督徒，正如我们是佩里戈尔人或阿勒曼尼人。"*蒙田和梅诺基奥各自以独特的方式发现了宗教信仰与制度习俗的相对性，而这一发现是相当令人不安的。

但是，这种对祖先所持宗教信仰的坚守——一种有意的、并非处于被动的坚守——仍然只是表面上的。梅诺基奥参加弥撒，前去忏悔，领受圣餐；但在内心中，他仍在来回琢磨着那些既新鲜也古老的思想。他告诉审判官，他认为自己是"一个

---

\* 中文版有《蒙田随笔全集》（马振骋译，人民文学出版社，2018），但引用的这句话为本书译者参照原文及英文版上下文译出。另，佩里戈尔（Périgord）是法国的一个历史地区，蒙田的家乡。阿勒曼尼人（Alemans）是日耳曼人的一支。

哲学家、占星家和先知",并且谦虚地为自己辩护道,"即便是先知也会犯错误"。此外,他还解释说:"我认为我是一名先知,因为邪灵让我看见幻象和异梦,让我相信我知晓诸天的本质和诸如此类的事情;而且我相信先知们说的话都是众天使口述给他们的。"

我们记得,在第一次审判中,梅诺基奥从未提及超自然的启示。但如今,他却在暗示着某些神秘的体验,尽管他含糊其词地将这些体验贬低为"幻象"和"异梦"。可能对他施加了影响的,或许是阅读《古兰经》(被那位皈依基督教的犹太人西门认定为此的"最美好的书")的经历,这本书便是天使长加百列口述给先知穆罕默德的。梅诺基奥或许曾认为,他可以在犹太拉比阿卜杜拉·伊本·萨拉姆和穆罕默德伪托的对话中找到"诸天的本质",虽然这段对话是被凭空加到《古兰经》意大利文译本的第一卷中去的:"他说,继续告诉我,为什么天被称为天。他回答道,因为它是由水汽生成的,而水汽来自大海的汽雾。他问,那么它的绿色从何而来?他回答道,来自卡夫山(Mount Caf),而卡夫山则受之于天堂中的祖母绿。他问,天有门吗?他回答道,天上有门户重重,悬垂向下。他问,这些门有钥匙吗?他回答道,有金的钥匙。他问,你要向我说真话,告诉我,我们的这个天从何而生?他回答道:其一为碧水,其二为清水,其三为祖母绿,其四为精金,其五为蓝宝石,其六为五彩祥云,其七为灿然之火。他说,你所说诚然为真。但在这七天之上,又有何物?他回答道,上有生命海,而鸿蒙海更在其上，以此层层类推，是空空海、苦痛海、阴沉海和欢愉海，其上有月、日，直至我们求告其名的上帝……"

这些当然都只是些猜测。我们并没有证据证明，这本被梅诺基奥满怀热情地提到的"最美好的书"，就是《古兰经》；而且即便我们找到了证据，我们也无法重构梅诺基奥阅读它的方式。一个相对于他的经验和文化而言全然陌生的文本，可能是他无法理解的——而可能正是出于这一原因，才会让他将自己的奇思异想投射到书页之上。但我们对这种投射（假如它确实发生过的话）一无所知。此外，总的来讲，想要深入了解梅诺基奥智识生活的最后这个阶段，是十分困难的。不同于十五年前，恐惧驱使他一点一点地否认了审判官对他提出的几乎每一项指控。但再一次，要他撒谎，还是颇费一点力气的：只有在"短暂地陷入沉思"之后，他才坚称自己从未"怀疑过耶稣基督就是上帝"。但接下来，他马上自相矛盾地说："耶稣基督并不拥有天父的权柄，因为他拥有一具人的身体。""这是糊涂话。"法官们表示异议。对此，梅诺基奥回答说："我不记得说过这话，而我是个糊涂蛋。"他低声下气地承认，当他说福音书是由"有学问的教士和修士"写成的时候，他心里头想的是四福音书的作者，"我觉得他们都是有学问的"。他试图告诉这些人他觉得他们想要听到的一切："这是真的，审判官和其他尊贵之人不想让我们知道他们知道的那些事，所以我们应当保持沉默。"但时不时地，他还是无法控制自己："我不相信天堂存在，因为我不知道它在哪里。"

在第一次审讯结束时,梅诺基奥呈交了一张纸。他在上面写着拉丁文主祷文里的几句话,"不叫我们遇见试探,救我们脱离凶恶",并解释道:"我谨以此请求免除我所受的那些磨难。"随后,在被押回监狱前,这个老人用他颤抖的手签上了自己的名字。

# 第54章 "哦,伟大、全能且神圣的上帝……"

这就是他写下的内容:

谨以我主耶稣基督、童贞圣母马利亚和天堂中所有圣人之名,我请求为我提供帮助和法律顾问。

哦,伟大、全能且神圣的上帝,创造天地的主,我乞求你,以你至圣之善及无限慈怜,指示我灵我身,令其所思所言所行,都是为了让神圣而大有威严的你喜悦:这祷告是凭着至圣三一的圣父、圣子和圣灵之名,阿门。我这可怜的梅内哥·斯坎代拉\*,在这世上蒙羞受辱,失欢于诸位大人眼前,令我家门败坏,生活尽毁,全家人都惨遭连累,除了说出这几句话,我已不知该如何开口,如何去做。首先,"救我们脱离凶恶,不叫我们遇

---

\* 原文如此,用的是 Menego Scandella,与全书常用的 Domenico Scandella 拼法略有不同。

见试探，免我们的债，如同我们免了人的债，我们日用的饮食，今日赐给我们"*：所以我向我主耶稣基督和诸位大人们祷告，出于怜悯，在不给自身带来伤害的同时赐我少许帮助。不管我梅内哥·斯坎代拉前路如何，我都将乞求所有虔信的基督徒，谨守神圣罗马大公教会及其官员——也即宗教法庭审判官、主教、副主教、教区神父、本堂神父和堂区神父——定下的每一条戒规，让他们从我的经历中得益。我，梅内哥，还曾认为，死亡将让我脱离这些恐惧，这样就不会再麻烦任何人，但结果恰恰相反，死亡夺走了我的一个儿子，他本可以让我远离所有的麻烦和苦难；这之后，它又起意夺走了我的妻子，她一直看顾着我；我剩下的那些儿子女儿，都视我为疯狂，因为我给他们带来的只有祸害，而这的确是真的，要是我在15岁时就已经死去，他们可能就不会被我这个可怜的不幸之人连累了。

就算我真的有过某些邪恶思想，或是说过某些不实之词，但我从未相信过这些东西，也从未有过反对神圣教会的举动，因为我主上帝已经教我认识到了，我所想所说的每一样事情，都是幻象，并非智慧。

我确认这就是事实，因为除了神圣教会确信的那些事情之外，我不想思考任何东西，也不想相信任何东西，只是依照教士和诸位大人们的命令而行。

---

\* 拉丁文原文次序如此。

# 第 55 章 "要是我在 15 岁时就已经死去"

在这一页纸的底部,是蒙特雷阿莱教区神父焦万·丹尼尔·梅尔基奥里应梅诺基奥的请求写下的几行字,标注的日期是 1597 年 1 月 22 日。这些文字宣称,"如果可以凭着外表来判断内心",梅诺基奥的一生是"合乎基督徒标准且循规蹈矩的"。正如我们所知(这位教士或许也知道),他的谨慎小心是有充分根据的。但是,梅诺基奥在这个"文字作品"中表达出的顺服意愿,却显然是真诚的。他的子女视他为累赘,拒绝同他往来,他是镇上人眼中的羞耻,家族的祸害,他强烈渴盼着能够被重新接纳入教会,虽然这个教会一度曾令他敬而远之,甚至还曾给他打上"遭上帝摒弃者"(reprobate)的外在标签。因为这,他向"诸位大人"——先是"宗教法庭审判官"(可理解地被排在了第一位),然后依次为"主教、副主教、教区神父、本堂教士和堂区神父"——卑恭驯服地乞求怜悯。从某种意义上讲,这是一种无用的屈服之举,因为当他写下这些文字时,宗教法庭对梅诺基奥的调查尚未恢复。但不可抑制的"寻求高高在上的东西"的渴望,却在折磨着他,让他充满了"焦虑",令他感到有罪,"在这世上蒙羞受辱"。然后,他绝望地呼求着一死。但死亡却绕过了他:"但结果恰恰相反,死亡夺走了我的一个儿子……这之后,它又起意夺走了我的妻子……"在那一刻,他诅咒自己:"要是我在15岁时就已经死去"——早在他长大成人之前,早在他变成了这个令自己和子女蒙羞受辱的男人之前。

# 第 56 章　第二次判决

再一次审讯（7月19日）之后，梅诺基奥被问及，是否想要聘请一位律师。他回答道："除了请求怜悯之外，我不想再做任何其他辩护了；不过，如果我可以有个律师的话，我会接受的，但我很穷。"在第一次审判的时候，齐安诺托曾为父亲大力周旋，还为他找了一名律师；但齐安诺托已经死了，梅诺基奥的其他子女并不愿施以援手。一名法庭委任的辩护人阿戈斯蒂诺·皮塞西被指派给了梅诺基奥，7月22日那天，他向法官们提交了一份很长的案情摘要，替"穷苦可怜的多梅尼科·斯坎代拉"辩护。在这份案情摘要中，他宣称，证据都是二手的和自相矛盾的，而且因为表现出来的明显敌意而存在瑕疵；这些证据显然表明了被告人的"头脑简单和愚昧无知"，因此他请求将被告无罪释放。

8月2日，宗教法庭的成员们达成了合意：庭上一致裁定梅诺基奥为"累犯"（relapso），一个屡教不改、故态复萌的罪人。

审判结束了。然而,法庭决定对被告进行刑讯逼供,从而获取共犯名单。这发生在8月5日;前一天,梅诺基奥的房子被搜查了。当着目击证人的面,他所有的箱子都被打开,"他的书籍和文字作品"也被没收了。不幸的是,我们不知道,这些"文字作品"都是些什么。

# 第 57 章　刑讯

他们要求他揭发自己的共犯,交代出他们的名字,以免遭受酷刑。他回答说:"大人,我不记得与任何人谈论过。"他被脱掉了衣服,接受检查,根据宗教法庭的规章制度,这是为了确定他是否能经受得起酷刑。与此同时,他们继续盘问他。他回答说:"我同很多人谈论过事情,如今我记不起来他们都是谁了。"这之后,他们下令将他绑起来,再一次要求他交代有关共犯的真相。他再一次重复说"我不记得了"。他们把他押到了行刑室,继续盯着同一个问题不放。"我试过苦思冥想,"他说,"试图记起我和谁说过话,但就是记不起来。"他们在他身上绑好了吊坠刑具\*。"哦,我主耶稣基督,发发慈悲吧,耶稣,怜悯我,我不记得跟任何人说过话,如果我有从犯或同党的话,就让我死了吧,但我都是自个儿读的书,哦,耶稣,发发慈悲

---

\*　一种将犯人用绳绑住吊起并骤然使其坠下的刑罚。

吧。"他们第一次猛拉了一下绳索:"哦,耶稣,哦,耶稣,哦,可怜的我,哦,可怜的我。""你和谁谈论过?"他们问他。他答道:"耶稣,耶稣,我什么都不知道。"他们勒令他交代真相:"我愿意说,放我下来,我会好好想想。"

随后,他们下令把他放了下来。他想了一会儿,随即说:"我不记得跟任何人谈论过,也不知道有任何人同意我的想法,我真的什么都不知道。"他们下令再次用绳子将他吊起。在他们把他吊高的时候,他喊道:"哎呀,哎呀,殉道者呀,哦我主耶稣基督。"这之后,"大人,放了我,我会交代的"。当他再次被放到地上的时候,他说:"我和祖安·弗朗切斯科·蒙特雷阿莱先生说过这事,我告诉他,我们不知道什么才是真正的信仰。"(第二天,他明确地说:"之前提到的那位焦万·弗朗切斯科大人呵斥了我的荒唐想法。")他们从他口中得到的就只有这么多了。随后,他被松绑,领回了牢房。书记员记录道,所施的刑罚"适中有度"。整个过程持续了半个小时。

单调地重复着同一个问题会令法官们产生何种心态,对此我们只能加以想象。他们或许会有种恼怒与厌恶交加的感觉,就像罗马教皇特使(nuncio)阿尔贝托·博洛涅蒂曾在这几年中写到过的那样。关于宗教法庭的问题,他抱怨道:"对于任何缺乏耐心的人来说,不得不听取那许多人的胡说八道,尤其是在刑讯期间,还要把它们逐字逐句记下来,实在是件烦人的事。"这位老磨坊主顽固地保持沉默,想必对他们来说是无法理解的。

就是这样,甚至连肉体的疼痛,都无法令梅诺基奥屈服。他没有供出任何名字,或者更确切地说,他只供出了一个名字——蒙特雷阿莱领主的名字——这似乎是一种故意之举,目的是阻止法官们继续刨根问底。毫无疑问,他想要隐藏某些事实:但或许,当他宣称是"自个儿读的"之时,与真相其实相差不远。

# 第 58 章　斯科利欧

通过自己的沉默，梅诺基奥希望在一切都将结束之时向法官们强调指出，他的那些想法，都是自己一个人构想出来的，完全是接触书本之后的产物。但正如我们已经见到的，他事实上将许多取自口头传统的元素投射到了书面文字之上。

正是这种深深根植于欧洲乡村地区的口头传统，解释了一种农民宗教信仰顽强持久的存在，这种宗教信仰不愿接受那些深奥教义和烦琐仪式，它与自然的周期变换紧密联系在一起，而且从根本上是早于基督教而存在的。在许多情况下，这是一个与基督教在实际上背道而驰的问题，正如 17 世纪中期埃博利周边边远地区的那些牧民，在一些大惊失色的耶稣会士眼中，简直就是"一群除了外貌没有半点堪称为人的人，在能力和知识上与他们牧养的牲畜没什么分别：不仅对祷告或神圣信仰（基督教）的其他圣礼一无所知，而且甚至连上帝存在都不晓得"。但是，即便不是身处穷乡僻壤或文化沙漠，我们也能察觉到包含了许多同化和重塑元素的这种农民宗教信仰的蛛丝马迹,而这些被同化或重塑的元素与基督教元素毫无瓜葛。一个上了年纪的英国农民,或许认为上帝是"一个和善的老头儿",耶稣基督是"一个英俊的年轻人",灵魂是"戳在身体里的一根大骨头",身后的世界是"一片美丽的绿草地",如果他积德行善就能到那里。这个人肯定并非对基督教教义一无所知:他只是将这些教义转化成了与自己的经验、理想和幻想相对应的图景而已。

我们在梅诺基奥的供述中目睹了同样的过程。当然,他的这个例子要复杂得多。其中牵涉到印刷制品的传播,以及传统宗教信仰遭宗教改革之洪流猛烈冲击后分崩离析的历史背景。但其中的模式却是相同的,而这也并非例外。

在梅诺基奥受审之前大约二十多年,卢卡乡村地区的某位不知名的乡下人用"斯科利欧"这个化名撰写了一首长诗,讲述了自己的种种幻梦。这首名为《七年纪》(*Settennario*)的尚未发表的诗作,充满了宗教和道德教化色彩,时不时地与但丁的著作形成唱和。它反复强调的一个中心论点是,各种各样的宗教都能在十诫中找到共同依据。显现于金色祥云之中的上帝对斯科利欧解释道:

> 我曾派出了许多先知
> 他们彼此各异,因为
> 我遣先知去教导的那些人也各异

> 我还赐给他们不同的律法
> 正如我发现存在不同的风俗惯例
> 正如医生开出不同的泻剂
> 开方总要依据个体的体质差异。
> 皇帝派出了三员大将
> 一个去非洲,一个去亚洲,还有一个去了欧洲:
> 一个面对犹太人,一个面对穆斯林,还有一个面对基督徒
> 每一个将领都制定了自己的法律,
> 依据种种奇异的风俗惯例
> 向每一民族颁下不同却适宜的版本:
> 但赐给每一民族的十诫
> 却别无二致,只不过他们各自有各自的意见。
> 但上帝只有一个,祂的信仰也是唯一……

因此,在"皇帝"派出的这些"大将"之中,也有"被罪人斥为善人中之邪恶者,然而他却是上帝的先知和伟大战士"的穆罕默德。他的名字出现在了一份名单的最后,而排名在前的有摩西、以利亚、大卫、所罗门、耶稣基督、约书亚、亚伯拉罕和挪亚。诗中规劝穆斯林和基督徒停止争斗,和解修好:

> 你们这些穆斯林和基督徒,听我的旨意
> 不要继续像从前那样:

> 穆斯林向前一步
> 而基督徒便退后一步。

所有这一切之所以可能实现,是因为十诫不仅是地中海地区的三大宗教的根基(这让我们记起了三只戒指的传说),还是一切已经出现和尚未出现的宗教的基础:这第四种宗教并未被明确指出;而第五种宗教,则是"上帝在我们的时代颁赐给我们"的、斯科利欧所预言的那种宗教;再加上两种未来的宗教,正好凑齐了"七"这个预言中的数字。

我们可以看到,斯科利欧传递的宗教信息十分简单。遵守十诫——"自然的伟大戒律"——便已经足够。所有的教义教理,从三位一体论开始,全都遭到了摒弃:

> 除了唯一的上帝,不要敬拜或相信任何神
> 祂没有同伴,也没有朋友或子孙:
> 每个人都是祂的儿子、仆人和朋友
> 遵守祂的戒律,所有说过的和我正在说的这些话。
> 不要崇拜其他的神,也不要崇拜什么圣灵
> 如果我即是上帝,上帝是处皆存。

洗礼和圣餐礼是唯独被提到的两件圣事。前者仅有成年人才能参与:

> 让所有人都在出生后第八日接受割礼
> 然后在即将而立之年时受洗，
> 正如上帝和众先知所指示的
> 也正如圣约翰对耶稣基督所行。

圣餐礼的价值则被显著贬低。"如果我告诉你，"耶稣基督说，

> 那被祝福过的面饼
> 就是我的身体，而酒是我的血，
> 我如此对你说，因为这让我喜悦
> 也因这是神圣的食物和牺牲，
> 但我并未命其为一条戒律
> 只不过因为饼和酒象征着上帝。
> 如今你们的争辩有何重要
> 只要你把十诫守牢。

这可不仅仅是对与真实临在（real presence）有关的种种神学讨论的不耐烦；借着耶稣基督之口，斯科利欧进而否认了洗礼和圣餐礼的圣事价值：

> 我的洗礼以及献祭，
> 我的死和圣体还有圣餐礼，
> 都不是一条诫命，而是一个仪式

有时而行，只为了把我纪念

为了获得救赎，真正重要的依然是谨守十诫，无须"华丽铺张或众说纷纭"，无须通过"演绎推理或奇怪逻辑"而强行规定的种种诠释。宗教仪式被认为是无用的；崇拜必须非常简单：

让那里不再有立柱和塑像，
也没有管风琴、音乐或乐器，
不要钟楼、钟铃和画像，
也不要浮雕、壁缘和华丽的装饰：
让所有一切都简单质朴
这样便只有十诫能让人听见……

上帝的道是极其简单的，这位上帝要求斯科利欧写书的时候，所用的语言应当不涉"铺陈、晦涩、卖弄或造作，而当开诚布公，平易近人"。

尽管与再洗派的教义有某些相似之处（很可能并无直接联系；没有任何文献证据证明这些直接联系的存在），斯科利欧的说法似乎却是从农民激进主义的地下潜流中冒出头来的，而我们已经确立了梅诺基奥与这股潜流之间的联系。对于斯科利欧来说，教皇并不是敌基督（尽管我们很快就会看到，他的身影注定将在未来消失）；行使权威本身并未受到谴责，这和再洗派教徒的观点是不同的。当然，那些手握大权者在治理时，必须像父亲一般：

> 如果我主令你成为祂的管家
> 将治理之权移交给你，
> 如果祂立你为公爵、教皇或皇帝，
> 赐给你博爱与审慎，
> 如果祂赐你力量、智力、善意和荣誉，
> 你就必须成为我们的父亲和捍卫者，
> 你所拥有的并不是你的，它属于其他人，也属于我，
> 每一样超过你所应得之分的东西，全都属于上帝。

斯科利欧所想象的那个社会，实际上是一个虔信而俭朴的农民乌托邦：其中没有无用的职业（"让那里不再有店铺或商行，除了那些最重要和最基本的地方；将所有的知识视为幻象，无须医师也用不着博士"），农民和战士是社会的基石，只有一个统治者治理社会，而他便是斯科利欧自己。

> 让赌博、娼妓和小酒馆，
> 还有酒鬼和蠢货，全都一扫而空，
> 让那辛勤耕作的农夫
> 深受重用，倍感光荣，更胜百工；
> 那些为信仰而斗争的人
> 值得被重重地嘉奖赏赐；

而骄横、浮华、放荡和卖弄之人，
还有迷信和自夸之辈，让他们也都被扫清……
让大排筵宴遭到禁止
因为席上满是烂醉狂饮，
歌之舞之，衣香鬓影，酒池肉林，嬉戏无度；
衣衫和鞋袜，让它们俭朴无多；
只让一个俗世之人成为唯一君主，
统管属世和属灵的一切事务，
让这一个人成为唯一的君王，唯一的主
让那里只有一个教会，一个神父。

在这个未来社会中，一切不公都将消失："黄金时代"将再度来临。"简明、清晰、面对所有人"的法律将会是：

在每个人的手中
因为这样才能结出善果；
让它以意大利本国语言写成，从而能被所有人看懂，
这样他们才会远离邪恶，追求良善。

严格的平等主义将废除经济状况差异：

不管男人还是女人，只要长着一张嘴就已足够
都有权去享受自己的生命之份。

> 任何人都不可多占
> 除了老老实实的那一份食物和衣服，
> 也不可衣食起居胜过旁人。
> 因为谁想要发号施令，就必须先得服从。
> 占有过多是邪恶残暴的，
> 或者让他人或是我自己因为你而受苦；
> 上帝让我们富有，不再像以前那样为奴做仆：
> 那为什么你还想损人自肥，役人自奉？
> ……不管一个人是生在城市、乡间别墅还是城堡
> 不管他出身是低还是高，
> 让那里不再有彼此之分
> 不要让任何一人胜过旁人。

但是，这个清醒而虔信的社会，只是斯科利欧的农民乌托邦的一方面——此生此世那一方面。存在于另外一个世界的社会，则完全不同："要尽享丰足与喜悦，只有在天上才被允许，而不是这个世界。"事实上，在斯科利欧最初的一个幻梦中，展现在他眼前的死后生活，是一个富足与喜乐的境界：

> 接下来的星期六，上帝带着我
> 来到一座高山之上，整个世界都尽收眼底，
> 那里有一座天堂，那是多么美丽的一个地方
> 周围环绕着冰与火之墙。

> 美丽的宫殿，美丽的花园
> 果园和林木，田野、河流和池塘，
> 天上的美食和名贵的美酒
> 无尽的盛宴罗致珍馐；
> 黄金为室，饰以丝麻，
> 美鬟俊童侍于床榻之侧，
> 树木参天，草长兽肥，
> 果实每天都会结出十回。

这与《古兰经》中的天堂，形成了一种唱和——在这里，那个天堂与农民对物质富裕的梦想结合在了一起，而这个梦想随即表现出来的特征，又与我们之前见到的一个神话中的许多特点不谋而合。显现在斯科利欧面前的上帝，是一个集男女为一身的神祇，一个"双手张开，手指举起"的"双身神"（donnhoma）。祂的每一根手指，都象征着十诫之一，一条河从中涌出，各样生灵都从河中饮水：

> 头一条河注满了甜美的蜜，
> 第二条里是硬糖和糖浆，
> 琼浆玉液流淌于第三和第四条河中，
> 第五条是吗哪，第六条是面包，
> 那都是在这世上从未见过的、极白极松软的面包
> 让死人也能重返欢颜。

生长于圣地的人有道是

面包的样子就是上帝的样子。

第七条河里是美酒珍酿，

第八条河里鲜醇的奶油流淌，

肥美的山鹑在第九条河中，

这不足为奇，因为它们都来自天堂，

牛奶在第十条河里；还有宝石的河床

我总想在上面躺一躺，

更有那百合和玫瑰的河岸，以及黄金与紫罗兰，

连同白银及繁花，加上灿烂的太阳。

**这个天堂与安乐乡极为相似（而斯科利欧深知这一点）。**

## 第59章 佩莱格里诺·巴罗尼

斯科利欧的预言与梅诺基奥的言论,两者之间的种种相似之处显而易见。显然,这不能用存在着共同的信息来源——《神曲》和《古兰经》——来解释。这两本书,斯科利欧显然是熟知的,而梅诺基奥或许也有所了解。但至为关键的要素,却还是通过口头形式代代相传的那些传说、神话和理想所形成的一个共有仓库。在这两个案例中,两人都是通过学校教育与书面文化发生了接触,从而令这种深藏不露的口头文化得以显现出来。梅诺基奥肯定是上过初级学校的;而斯科利欧则这样描写自己的经历:

> 我先是个牧羊人,后来又成了学生,
> 当过手工匠,然后又做回牧羊人
> 我照看过各种各样的牲畜,后来又变成了学生,
> 再之后又是手工匠,又是牧羊人,

> 我学会了七门工艺
> 可到最后还是要当回牧羊人和学生。

"哲学家、占星家和先知",梅诺基奥这样描述自己;斯科利欧则自称"占星家、哲学家和诗人",以及"众先知的先知"。但两者之间存在着一些明显的差别。斯科利欧给人留下的印象,是被困于一个乡村环境之中,没有或是几乎没有与城市发生任何接触;梅诺基奥却是交游广泛;他曾经去过几次威尼斯。斯科利欧认为,除了四部神圣之书,即《圣经·旧约》《圣经·新约》《古兰经》和他自己的《七年纪》以外,其他的书都没有任何价值:

> 顺服上帝,能让你明智
> 而不是靠勤学苦读。
> 让我们向形形色色的博士颁下禁令,
> 把舞文弄墨皓首穷经之辈一扫而清,
> 那些讲师、作家和印书人
> 那些写了书又把它印出来的家伙,
> 那些逻辑学家、辩论高手和传教士
> 那些唇枪舌剑喋喋不休的人
> 在一切事上,只要我提到的那三本圣书已然足够,
> 还有我的这一本,也是上帝之书。

梅诺基奥自己购买了《圣经辅读》，但从别人那里借来了《十日谈》和《曼德维尔骑士游记》；他声称《圣经》的全部要义就包含在三言两语中，但依然感觉有必要获取作为其对手的宗教法庭审判官们继承而来的那些知识。简而言之，在梅诺基奥的例子中，我们能够察觉到一种自由进取的精神，意在与支配阶级的文化一决高下；而在斯科利欧的这个例子中，我们发现的却是一种更保守的立场，其争论的侧重点，是对城市文化的道德谴责，以及对一个奉行平等主义的父权社会的向往。即便我们很难厘清梅诺基奥的"新世界"的大致模样，但我们依然忍不住做出这样的假定，即这个"新世界"与斯科利欧所描述的那个严重开历史倒车的乌托邦是不一样的，哪怕只是局部的不同。

另一位名叫佩莱格里诺·巴罗尼、人称"皮吉诺"（"肥佬"）的磨坊主，似乎与梅诺基奥更为相像。他生活在摩德纳亚平宁山脉地区帕纳罗河畔萨维尼亚诺的一个小镇上。1570年，他受到了费拉拉宗教法庭的审讯；但在九年前，他便已经被勒令弃绝自己在信仰方面的某些错误。镇上的人认为他是个"糟糕的基督徒"、"异端分子"和"路德教派信徒"；一些人将他描述为"一个古怪且思想软弱的人"，实际上"更像个傻子而不是别的什么"。事实上，皮吉诺一点儿都不蠢：在审判期间，他成功地与审判官们机智周旋，这表明他不仅拥有强大的意志力，还十分机敏警觉。但不难想象的是，面对皮吉诺的这些想法，村民必定困惑难解，而教区神父也会义愤填膺。他否认天主教会开出的圣人代祷、忏悔解罪和禁食斋戒的药方——如果我们止步于此，这就还隶属于"路德主义"的基本范畴之内。然而，他还坚持认为，所有的圣事——包括圣餐（但显然不包括洗礼）——都是由教会而不是耶稣基督所设立的制度，因此对于救赎而言并非必要。此外，他还坚持下面的这些说法：在天堂中"我们都将是平等的，尊贵者和卑贱者将同获恩典"；童贞女马利亚"是一个女仆所生"；"既没有地狱也没有炼狱，它们都是由教士和修士为了赚钱牟利而发明出来的"；"如果耶稣基督是个高贵的人，他就不会被钉在十字架上"；"当身体死去，灵魂也与之一同消亡"；"所有的宗教信仰对于谨守其教义的那些人都是好的"。尽管他遭受了不止一次刑讯逼供，皮吉诺却顽固地否认自己有同党，而且坚称他的所有看法都是阅读意大利本国语言福音书（他读过的四本书之一）时蒙受启示而生。另外的三本书分别是《圣经·诗篇》、埃利乌斯·多纳图斯编著的语法书和《圣经辅读》。

皮吉诺的命运与梅诺基奥的有所不同。在被处以终身不得出萨维尼亚诺镇一步的惩罚后，他逃走了，以免面对其他村民的敌意；但他马上又出现在了费拉拉宗教法庭上，面对着曾经严刑拷打他的那些人请求原谅。他已经是一个被彻底击败了的人。出于善意，审判官帮他在摩德纳主教那里谋得了一个仆人的职位。这两个磨坊主的结局截然不同；但他们生活中的那些相似之处，却令人惊讶，而这很可能并非纯粹出于巧合。

在工业化以前的欧洲，交通的原始状态导致了即便是最小的定居点,也至少拥有一座由水力或风力驱动的磨坊。磨坊主这一职业也就因此成为最热门的职业之一,他们在中世纪的各个异端教派中占有重要地位,而在再洗派教徒中尤为举足轻重,这并不令人吃惊。尽管如此,当前面提到过的那位16世纪中期的讽刺诗人安德烈亚·达·贝尔加莫断言"一个真正的磨坊主必是半个路德派信徒"时,他似乎是在暗示着一些更具体的事情。

农民与磨坊主之间年深日久的敌意,业已固化了磨坊主的形象——精明狡诈,爱偷东西,擅长坑蒙拐骗,注定要堕入地狱的烈火之中。这是一种负面的刻板印象,在民间传说、传奇故事、俗谚、寓言和逸闻中得到了广泛的印证。"我堕入了地狱,见到敌基督,"一首托斯卡纳地区的流行歌曲这样唱道,

> 他身旁是一个磨坊主,
> 脚下踩着个德国佬,
> 一个旅店老板和一个屠户随侍在侧:
> 我问他谁才是最邪恶的那个,
> 他对我说,"听着啊,我来告诉你。
> 看看是谁在双手紧抓着东西,
> 那就是这个磨白面的磨坊主。
> 看看是谁在伸手窃取,
> 那就是这个攥着把白面的磨坊主。
> 一蒲式耳的东西,他顺走了四分之一;
> 最大的贼人就是这个磨坊主"。

对异端的指控，与这种刻板印象同出一辙。导致这种猜疑的，是一桩事实：在一个极其封闭而静态的世界中，磨坊是人们相互接触、各种社会关系交叉汇合的场所。和旅馆店铺一样，这是一个思想交流之地。挤在磨坊大门前的那些农民，站在"被村里骡子尿湿的稀软泥地里"（同样出自安德烈亚·达·贝尔加莫之口），等待着自己的谷物被磨成粉。他们必定会聊起许多东西。而这位磨坊主，必定也会插上几句。不难想象，这样的场景曾在某一天发生在皮吉诺的磨坊。皮吉诺转向一群农民，开始抱怨"那些教士和修士"，直到一位名叫多梅尼科·德·马萨菲斯的村民醒过味儿来，说服围观者管好自己的事就得了。他说："喂，小伙子们，你们最好把诵读日课的事儿留给教士和修士，别说他们的坏话，别理佩莱格里诺·迪·格拉西（皮吉诺）。"和旅店老板、酒馆店东以及四处流动的手工艺人一样，磨坊主的工作条件使得这一职业群体尤其易于接受新的思想理念，并倾向于将它们传播开来。此外，磨坊通常坐落于定居点的边缘地带，远离众目睽睽，因此也就特别适合用作秘密集会的地点。1192 年，在摩德纳这里，对清洁派教徒的迫害导致了磨坊帕塔利亚联合会（molendina paterinorum）*的覆灭，这必定不是一个孤例。

最后，磨坊主特殊的社会地位，往往也会令他们与自身生

---

\* 帕塔利亚联合会是 11 世纪中期开始在米兰出现的一种手工艺人、技术工人和农民的联合组织，反对教会腐败和特权，被教会定为异端。

活于其中的社群格格不入。我们已经在前面提到过农民对磨坊主的经年积怨。在这之外，还要再加上磨坊主对当地封建领主的直接依附关系，后者在几个世纪中一直保留着拥有和经营磨坊的特权。我们不知道，在蒙特雷阿莱是否也有这种情况：比如，梅诺基奥和儿子租下的那座可以漂洗布匹的磨坊，事实上是为私人所有的。但不管怎样，他曾经试图根据三只戒指的故事来说服镇上的领主、蒙特雷阿莱伯爵焦万·弗朗切斯科，"我们不知道哪一个才是真正的信仰"，而这件事居然可能发生，或许便足以表明梅诺基奥不同寻常的社会地位。磨坊主这个职业，立时将他与那群寂寂无名的农民区分开来，而焦万·弗朗切斯科·蒙特雷阿莱是做梦都不会同后者讨论宗教信仰问题的。但梅诺基奥也是一名在田地上劳作的农民——"一个身穿白衣的农民"。这一描述出自他的前律师亚历山德罗·波利切托之口，在审判前，他曾与梅诺基奥匆匆见过一面。所有这些，都能帮助我们理解梅诺基奥与蒙特雷阿莱社群之间的复杂关系。即便除了梅尔基奥雷·格尔巴之外，没人赞同他的想法（但要对这些在宗教法庭审判官面前做证时的缄默不语做出估测，是一件很难的事），在梅诺基奥第一次遭到宗教权威的谴责之前，还是过去了相当长的一段时间——很可能长达三十年。而且，最终在另一位神职人员的挑唆下告发他的，也是镇上的教士。对于蒙特雷阿莱的农民们来说，梅诺基奥的那些言论尽管怪诞不经，却与他们的存在、他们的信仰和希望漠不相关。

# 第 60 章　两个磨坊主

在那个帕纳罗河畔萨维尼亚诺的磨坊主的例子中，与那些教养有素且社会地位显要的阶层的联系还要更紧密一些。1565年，杰罗拉莫·达·蒙塔尔奇诺在访问摩德纳主教所辖教区之时，曾与皮吉诺见过一面，后者被引见者称为一个"包养小妾的路德教派信徒"。在回忆这次访问时，这位修道士将他描述为"一个穷困潦倒的农民，又丑又不守规矩，而且身量矮小"。他还补充道："在和他说话时，他说了一些虚妄不实但巧言令色之辞，让我甚为震惊，这让我怀疑，他或许是在某个乡绅的家里学来的这些东西。"五年后，当他被费拉拉的宗教法庭审讯时，皮吉诺承认了，自己的确曾经在几位博洛尼亚的乡绅家中担任仆人，这些人是：纳塔莱·卡瓦佐尼、贾科莫·蒙迪诺、安东尼奥·博纳索尼、温琴佐·博洛涅蒂和乔瓦尼·德·阿沃利奥。当他被问及，在这些人家中是否曾经进行过与宗教问题有关的讨论时，他坚决予以否认，尽管面对受刑的威胁。随后，一位几年前在萨维尼亚诺跟他打过交道的修士出面与他对质。这位杰罗拉莫兄弟宣称，在那个时候，皮吉诺曾经说道，他是在一位博洛尼亚乡绅家中学到的那些"虚妄不实但巧言令色之辞"，当时，某个人曾在那里分发过某些内容不明的"读物"。这位修士已经记不太清楚了：时间已经过去了太久。他忘记了牵涉其中的那位乡绅的名字，也忘记了那个分发"读物"的人到底是谁——他觉得可能是个教士。但皮吉诺否认了所有这一切："神父，我根本不记得这些事。"即便是面临火刑的威胁（因为他患有疝气，所以免受吊坠刑），也无法诱使他坦白招供。

但毫无疑问的是，他在隐瞒着某些信息。然而，我们却可能从他的守口如瓶中发现一些端倪。在他与这位修士对质后（1570年9月11日），审判官再次要求皮吉诺说出他曾经伺候过的博洛尼亚乡绅的名单。他重复了这份名单，只有一处未被察觉的变动：他用温琴佐·博尼尼这个名字取代了原来的温琴佐·博洛涅蒂。这让我们有理由怀疑，博洛涅蒂事实上就是皮吉诺试图以缄默不语来保护的那位乡绅。如果真的是这样（我们没有证据可以证明），那么又是谁分发了那些给皮吉诺留下如此深刻印象的"读物"呢？

一个可能的人选，是著名的异端分子保罗·里奇，他还有一个更加大名鼎鼎的名字：卡米洛·雷纳托。在1538年来到博洛尼亚之后，里奇（当时他以人文主义者利西亚·菲莱诺的身份出现）有两年的时间一直在几个贵族家中担任家庭教师，这些贵族包括达内西家族、兰贝蒂尼家族、曼佐利家族和博洛涅蒂家族。1540年，他在面对宗教法庭的审判时，写下了为自己辩护的《自辩状》(Apologia)，其中便有一段文字间接提到了博洛涅蒂家族。文中，菲莱诺从一开始就表明，自己的宗教观点不同于农民和大众所持有的那种初级蒙昧的人格化宗教信仰。尽管后者认为圣母马利亚的权柄相当于甚至胜过了耶稣基督的权柄，他所提倡的，却是一种以基督为中心的、不带任何迷信色彩的宗教："再一次，我曾亲耳听说，大多数农民和几乎所有的平民百姓，都坚定地相信，蒙福的圣母马利亚在权柄和赐予恩典之上与耶稣基督相当，一些人甚至相信，她的权柄还要更大。这是他们给出的原因：尘世中的母亲不仅可以要求她的儿子做某些事，甚至还能强迫他这样做；因此，母道之则便要求母亲得大过儿子。他们说，我们相信，在天堂里，蒙福的童贞女马利亚与她的儿子耶稣基督之间的关系也是如此。"他还在页边空白处标注道："1540年在博洛尼亚的博洛涅蒂爵士家中听到。"我们会看到，这是一个有针对性的回忆。皮吉诺会不会就是菲莱诺在博洛涅蒂的家中遇到的"农民"之一呢？如果真的是这样，我们或许可以在这位萨维尼亚诺的磨坊主面对费拉拉宗教法庭审判官讯问时的沉默不语中，辨别出三十年前从菲莱诺那里听来的诸多讨论的一缕回声。的确，皮吉诺在追溯自己异端观点的起源时，把时间定在了一个更晚近的时候——他先是说这发生在十一年前，然后又改口为二十或二十二年前——正好与他第一次读到意大利本国语言版福音书时重合。但他对于日期的不确定，却很可能隐藏着一个故意迷惑审判官的方案。保罗·里奇（利西亚·菲莱诺）是一个被褫夺了圣职的修道士，而不像前面提到的杰罗拉莫·达·蒙塔尔奇诺那样身为有职司之教士，但这个事实并不构成问题，因为后者只不过是在加以猜测而已。

事实上，即便是这位学识渊博的人文主义者利西亚·菲莱诺和人称肥佬的磨坊主皮吉诺·巴罗尼确实见过面并有展开过讨论的可能性，也不过是一个猜测而已，尽管这猜测会让人浮想联翩。但至少可以确定的是，在1540年10月，菲莱诺被逮捕于"摩德纳乡下，当时他正在那里挑动农民作乱"，乔瓦尼·多梅尼科·西尼巴尔迪在致信莫罗内红衣主教时这样写道。与菲莱诺一道"搞路德教派那套仪式"的还有另外一个人："他的名字叫土尔切托，是某个叫土尔科或土尔卡的人的儿子。"很可能，这个他就是绰号土尔科的乔治·菲拉莱托，那本塞尔维特所著的《论三位一体的谬误》的神秘意大利文译本的作者，而梅诺基奥很可能在某个时间点上读过这本书。我们一直在以各种各样的方式迎面遇上这些伏脉千里的草蛇灰线，在这一时期，正是这些若隐若现的线索，将人文主义背景的异端思想与农民的世界联系在了一起。

但在林林总总地说了所有这些之后，我们却不应坚持认为，将农民宗教激进主义的外在表现归因于来自外部（以及上层）的影响是绝对不可能的。皮吉诺的思想同样证明了一个事实，那就是他绝非一个被动的接受者，只会盲目照搬异端分子圈子中当时最流行的那些思想主题。他最具有原创性的那些说法——关于圣母马利亚的卑贱出身,关于天堂中"大人物"与"小人物"的身份平等——清晰地反映出了同在这些年里斯科利欧在《七年纪》中大声疾呼的那种农民平等主义。因此,"当身体死去,灵魂也与之一同消亡"的说法,不管怎么看都是受本能的农民唯物主义启发而产生的。然而,在这件事上,皮吉诺的推理过程却要更复杂。首先,他相信灵魂必有一死的观点,似乎与蒙福得入天堂者尽皆平等的观点相冲突。当审判官向他指出这一自相矛盾时,皮吉诺解释道:"我相信,得救的灵魂肯定会在天堂中停留很长一段时间,但最终,在上帝所愿之时,他们将不得不化为虚无,而不会感觉到任何痛苦。"稍早一些时候,他还承认自己相信"灵魂终有尽头,化为乌有:我之所以这么想,是因为我主耶稣说过的话,他曾说'天地要废去,我的话却不能废去'。我因此得出结论,如果连天都不得不在某个时刻走到尽头,那么我们的灵魂就更有理由必有一死了"。所有这些,都让我们回忆起菲莱诺曾在博洛尼亚讲授过的死后灵魂沉睡的教义。我们可以从他写作于1540年的《自辩状》中得知这一点。这可能是将皮吉诺的那位不知名的"老师"认定为菲莱诺的另一个支持证据。但值得注意的是,皮吉诺的立场,就其唯物主义方面而言,远远要比当时异端群体中流传的那些教义激进得多。事实上,他断言蒙福之灵魂终究也必化为乌有,而不像威尼斯的再洗派教徒那样,认为仅有受诅咒的灵魂才会消失,却为正义的灵魂保留了在审判日复活的可能性。很可能,在隔了这么久之后,皮吉诺误解了他在博洛尼亚听到的这些讨论的重要性。毫无疑问的是，这些讨论中充满了大量玄妙深奥的哲学术语。但不管怎样，这都是一种值得注意的曲解，正如他根据《圣经》经文所做的那种争辩一样。菲莱诺在他的《自辩状》中写道，他不仅在早期教父的著作中亲眼看到过与灵魂沉睡教义有关的文字，而且在《圣经》经文里也见到过，却并没指明是在何处。与之相反，圣保罗在安慰帖撒罗尼迦\*教会的弟兄们时所说的、关于那些在基督里睡了的人最终必将复活的话，皮吉诺却并没有加以援引。他引用的是一段更不明显的文字，其中甚至没有提到"灵魂"这个词。为什么居然可以从世界的化为虚无推导出灵魂也将归为无有？很可能，皮吉诺是想到了《圣经辅读》中的一些段落。假如我们还没忘记的话，这本书，是他读过的为数不多的几本书之一（尽管他之前曾说——或许是出于谨慎——虽然自己拥有这本书，却"没有读过"）。

"由上帝自无中创造出来的一切事物，"这本《圣经辅读》宣称，"都是永恒的，而且将永远存在。天使、光、世界、人类和灵魂，所有这些都是永恒的。"然而，就在这段文字前面不远处，却提出了一个不同的论点："有些事物有始有终：它们是世界，以及一切可见的受造之物。还有其他一些事物有始但无终。"后来，在探讨在灵魂的产生问题上"许多哲学家"

---

\* 今天希腊的港口城市塞萨洛尼基。《圣经·新约》中有《帖撒罗尼迦前书》《帖撒罗尼迦后书》。

犯下的"严重错误"之时,还提到了下面的这些:"所有灵魂皆为一,而元素为五,其中四种已经在前面提到过,此外还有一种,名曰奥比斯(orbis)*:他们说,上帝以奥比斯造了亚当和所有其他人的灵魂。因为这个原因,他们说,世界将永无终止,因为当人死去后,他又回归为造他的各种元素。"遭到《圣经辅读》驳斥的那些阿威罗伊派的哲学家们曾经教导说,如果灵魂是不死的,那么世界也就是永恒的;但如果世界终将消亡(如《圣经辅读》在某处断言的),则灵魂也必有一死,皮吉诺遂如此"得出结论"。这一激进的反向解读表明,皮吉诺对《圣经辅读》的解读至少在部分上与梅诺基奥的解读不谋而合:"我认为,整个世界,也就是空气、大地和世上所有美好之物,都是上帝……:因为我们说,人是按照上帝的形象造的,在人中有空气、火、大地和水,从这一点可以引出,空气、大地、火和水都是上帝。"根据四种元素理论,人与世界等同为一体,梅诺基奥据此推导出("从这一点可以引出")世界与上帝的同一性。而皮吉诺则从世界的有时而尽中推导出("我因此得出结论")灵魂的终有一死,这也就意味着人与世界的同一。但皮吉诺比梅诺基奥更谨慎一些,他并没有提到上帝与这个世界之间的关系。

认为皮吉诺与梅诺基奥是以类似的方式完成对《圣经辅读》的阅读,这看起来似乎有些武断。但两人都犯下了同样的自相

---

\* 拉丁文含义为"圆、环,轮回运转"。

矛盾的错误，一个在弗留利和费拉拉都立即被宗教法庭审判官指出的矛盾。这一点至关重要。他们问，如果灵魂永生遭到了否认，那谈论天堂还有什么意义呢？我们已经看到，这一反驳将梅诺基奥带入了一团彼此纠缠的新的矛盾命题之中。皮吉诺则通过描述存在于所有灵魂最终消亡之前的一个暂时性的天堂，化解了这一困境。

当然，这两位磨坊主生前居住在相距数百公里的两个地方，至死也未能见上一面，但他们说着同样的语言，共享着同一种文化。皮吉诺说："除了上面提到的那些书，我没读过任何别的书，我也不是跟任何其他人学来的这些错误；它们来自我自己的想象，要么就是魔鬼把这些东西塞进了我的脑袋，我是这么认为的：因为他缠上我好几次，我在一些幻象和异梦中曾与他交手，不分昼夜，就好像他是一个人一样。最后，我开始意识到，他是一个灵。"而在梅诺基奥的例子中："我从未与任何一个异端分子打过交道，但我心思活泛，而且想要追寻那些我所不知道的更高深的东西……我说出那些话是因为我受到诱惑……是邪灵让我相信了那些事……魔鬼或是别的什么东西诱惑了我……是一直折磨着我的邪灵教给我谬误不真之事……我认为我是一名先知，因为邪灵让我看见幻象和异梦……如果我有从犯或同党的话，就让我死了吧，但我都是自个儿读的书……"再来看看皮吉诺："我想推出的结论是，所有人都有义务保持自己的宗教信仰，希伯来人、土耳其人和拥有其他各种信仰的人都在其中……"轮到梅诺基奥："这就像四个士兵在交战，每边两个人；如果一边的某个人去到了另一边，他难道不是个叛徒吗？因此，我认为，如果一名穆斯林抛弃了自己的律法，皈依成为基督徒，他也许是在做一件错事，此外，我也认为，某个犹太人皈依为穆斯林或基督徒，他也不对，所有那些抛弃自身信仰的人都如此……"根据一位证人的证词，皮吉诺曾坚持认为"既没有地狱也没有炼狱，它们都是由教士和修士为了赚钱牟利而发明出来的……"他向审判官解释道："我从来没有拒绝承认天堂存在，尽管我说过：'哦，上帝，地狱和炼狱到底在哪里？'因为在我看来，地底下满是泥土和水，那里既没有地狱也没有炼狱，但两者都在我们所生活的世间……"而梅诺基奥则说："关于世人应当和平相处的讲道，我听了很喜欢，但关于地狱的说法，保罗说的是一套，彼得说的又是另一套，所以我觉得这是一桩生意，是那些知道得比旁人多的人的发明……我不相信天堂存在，因为我不知道它在哪里。"

# 第 61 章　支配文化与被支配文化

我们已经见到，我们努力再现的这种农民文化的基本潮流，与最进步的 16 世纪文化圈中的那些潮流，存在着许多令人吃惊的相似之处，而这些相似之处穿透了覆于其上的深刻语言差异，不断地冒出头来。单纯基于自上而下式运动的理由来解释这些相似之处，等于是在紧紧抓着一种令人无法接受的主张不放，顽固地认定思想只会从支配阶级中起源。而在另一方面，拒绝这种简单化的解释，则意味着一种更复杂的猜想，一种对于这一阶段支配阶级文化与被支配阶级文化之间存在的各种复杂关系的猜想。

它是更复杂的，同时在某种程度上也是无法证明的。显然，历史文献的状态反映了两个阶级之间权力关系的状态。一种几乎纯系口头的文化，比如工业化以前欧洲被支配阶级的文化，通常不会留下许多痕迹，或者说，留下的那些痕迹，也都是扭曲变形的。因此，在像梅诺基奥这种有限的个例中，存在着某种察知症结的价值。它有力地提出了一个其重要性刚刚才得以认识的问题：无论是在中世纪还是中世纪之后的高雅欧洲文化中，都有相当一部分存在着大众根源。像拉伯雷和布吕格尔（勃鲁盖尔）这样的人物，可能并非异数。同样，他们也结束了一个以隐秘却成果丰富的文化交换为特征的时代，在这个时代中，高雅文化与大众文化之间的交流是双向进行的。然而，在接下来的那段时期，其标志特征却是统治阶级文化与手工艺人和农民文化之间的日益泾渭分明，以及自上而下对大众的灌输规训。我们可以将这两个阶段的分界线划在16世纪的下半叶，基本上与物价革命\*驱动下的社会加剧分化相重合。但那场决定性的危机，却发生在几十年前，与农民战争（Peasants' War）和再洗派教徒占领明斯特†同出一个时代。在那个时候，对于那些威胁着要摆脱来自上层的各种控制的大众群体，在保持甚至强调阶级之间的距离的同时，从意识形态和肉体两方面予以重新征服的必要性，也以戏剧化的形式清楚地展现在了支配阶级的面前。

这种重新获取支配权的努力，在欧洲不同地区采取了不同的形式，但耶稣会士在乡村的传福音事工和新教教会以家庭为

---

\* 15世纪地理大发现后，大量黄金白银流入欧洲，由此导致的商品和农产品产量不足、物价上涨的危机。

† 这里的农民战争指爆发于1524年、广大农民和城市平民参与的德意志农民战争，主要领导人为闵采尔，1525年以失败告终。十年后的1534年，再洗派教徒（大多来自荷兰和比利时）在德国北部主要城市明斯特发动起义，驱逐该城的封建领主，一度建立追求平均主义的政权，多称"明斯特起义"，1535年遭到天主教当局的镇压。

基础建立的分支宗教组织,都可以被追溯到同一潮流。而在镇压的问题上,强化巫术审判力度,加紧对游民和吉普赛人这类边缘群体的控制,也对应着该潮流。梅诺基奥的案子,应当被置于这种对大众文化进行镇压和抹杀的背景之下,去审视打量。

# 第 62 章　罗马来信

尽管审判已经结束，梅诺基奥的案子却并未告终；从某种意义上讲，最不同凡响的一段经历正要开始。在刚开始为第二次审判梅诺基奥收集证据时，阿奎莱亚和康科迪亚宗教法庭的审判官曾给罗马写信，向教廷最高宗教法庭汇报新的进展。1599 年 6 月 5 日，教廷最高宗教法庭的一名资深成员、圣塞韦里纳的红衣主教回了信，催促他们尽早将"那个否认我主耶稣基督神性的康科迪亚教区的人"投入监狱，"他的案子极其严重，尤其是因为他此前还曾被判为异端分子"。此外，他还下令，梅诺基奥的书籍和"文字作品"都要予以查禁没收。没收已经发生过了；而正如我们见到的，"文字作品"——我们不知道是何种文字作品——也被找到了。鉴于罗马当局对此案的重视，弗留利的宗教法庭审判官将三份针对梅诺基奥的告发信副本寄给了教廷最高宗教法庭。8 月 14 日，他们收到了另一封来自圣塞韦里纳红衣主教的信："该名累犯……在审讯中已表明其为不敬神者",因此有必要继续"根据法律明文规定,同时找出他的共犯";这起案子"极其严重",因此"阁下必须将他的审判记录的副本或摘要发送给我"。接下来的那个月,消息传到了罗马,梅诺基奥已经被判处死刑,但判决还未被执行。弗留利的宗教法庭审判官们犹豫不决,或许是出于某种姗姗来迟的慈悲为怀。9月5日,他写了一封信(此信未能保存下来),向教廷最高宗教法庭阐述了自己的疑虑。圣塞韦里纳的红衣主教在10月30日以教廷最高宗教法庭全体成员的名义写下了回信,其中的语气是不容置辩的:"我奉教皇圣座之命敬告于你,须量此案情之严重,恪尽职守,按律究办,不得任由此人犯下骇人听闻之暴行后,竟得以逍遥法外,务必将其明正典刑,以儆彼地闲杂人等。故此,务必量此案情之严重,雷厉风行,杀伐果断。此亦为圣座之意。"

就连天主教的最高元首、教皇克莱门特八世本人,也屈尊垂问了梅诺基奥一案,要求对这个教会败类处以死刑。而便在这几个月里,在罗马,针对前修道士焦尔达诺·布鲁诺的审判也将结束。这个巧合,似乎象征着这一时期内天主教统治集团为了推行特伦特大公会议颁布的教规而在上下两个层面进行的双重斗争。这解释了针对这位老磨坊主的司法程序的拖延,若非如此,那简直是难以理解的。不久之后(11月13日),圣塞韦里纳的红衣主教重申了自己的坚定主张:"阁下须将康科迪亚教区该农民之案予以法办,不得有误。此人涉嫌否认永蒙圣福的童贞女马利亚之童贞,否认我主耶稣基督之神性,否认上帝的天命。就此事我已致信阁下,明申圣座之命。如此重大之案,宗教法庭之裁决无论如何不容置疑。故此,务请亲手执行一应事项,恪守法律条文。"

要抵抗如此强大的压力,是不可能的:没过多久,梅诺基奥便被施以死刑。我们很明确地知道这一点,因为在1601年7月6日,某个叫多纳托·塞罗蒂诺的人对弗留利宗教法庭审判官的特派员供述,在"斯坎代拉……依据宗教法庭的命令被处死"不久之后,在波尔代诺内,他曾遇到过一个旅店老板,后者告诉他:"在那个镇子里……有个叫马尔卡托或马尔科的家伙,他相信当身体死亡时,灵魂也随之一道死亡。"

关于梅诺基奥,我们知道的已经不少了。关于这个马尔卡托或马尔科,以及许许多多和他一样,生前死后都没能留下一丝痕迹的人,我们却一无所知。

# 致 谢

1973年秋天，在举行于普林斯顿大学戴维斯历史研究中心的大众宗教研讨会上，这本书之前的一个版本第一次得到了公开讨论，那之后，在博洛尼亚大学由作者本人主持的研讨会上，又进行了一轮讨论。我对戴维斯中心的劳伦斯·斯通主任深表感谢，同时也要感谢所有那些提出批评意见、帮助我完善这部作品的人，尤其是皮耶罗·坎波雷西、杰伊·多兰、约翰·埃利奥特、费利克斯·吉尔贝、罗贝尔·穆尚布莱、奥塔维娅·尼科利、吉姆·奥贝尔凯维奇、阿德里亚诺·普罗斯佩里、利昂内尔·罗特克鲁格、杰里·西格尔、艾琳·约、斯蒂芬·约和我在博洛尼亚大学的学生们。我还想感谢乌迪内大主教教廷档案馆的图书管理员古列尔莫·比亚苏蒂先生、阿尔多·科隆内洛和蒙特雷阿莱镇的镇长安杰洛·马林，以及书中提到的各档案馆和图书馆中的工作人员。余不一一，散见书中各处。

# 注 释

## 注释中的缩写说明

ACAU：Archivio della Curia Arcivescovile, Udine
乌迪内大主教教廷档案馆

ACVP：Archivio della Curia Vescovile, Pordenone
波尔代诺内主教教廷档案馆

ASM：Archivio di Stato, Modena
意大利国家档案馆摩德纳分馆

ASP：Archivio di Stato, Pordenone
意大利国家档案馆波尔代诺内分馆

ASVat：Archivio Segreto Vaticano
梵蒂冈秘密档案馆［现名"梵蒂冈宗座档案馆"（Archivio Apostolico Vaticano）］

ASVen：Archivio di Stato, Venice
意大利国家档案馆威尼斯分馆

BCU：Biblioteca Comunale, Udine
乌迪内市立图书馆

BGL：Biblioteca Governativa, Lucca
卢卡国家图书馆

## 2013年版前言

i. C. 金茨堡,《夜间的战斗:16、17 世纪的巫术和农业崇拜》(*I benandanti: Ricerche sulla stregoneria e sui culti agraritra Cinquecento e Seicento*, Turin, 1966). *

i. 《弗留利宗教法庭的 1000 次审判 (1551—1647)》,L. 德·比亚西奥主编 [*1000 processi dell'Inquisizione in Friuli (1551–1647)*, ed. L. De Biasio, Villa Manin di Passariano-Udine, 1976 ]。

ii. C. 金茨堡,《巫术与大众信仰:关于1519年摩德纳地区一次审判的评注》["Stregoneria e pietà popolare: Note a proposito di un processo modenese del 1519," *Annali della Scuola Normale Superiore di Pisa*, ser. 2, 30 (1961): 269–287],英文版收录于 J. 泰代斯基和A.C. 泰代斯基翻译的《线索、神话和历史学方法》("Witchcraft and Popular Piety: Notes on a Modenese Trial of 1519", in *Clues, Myths, and the Historical Method*, trans. by J. and A. C. Tedeschi, 1986; reprint ed., Baltimore, 2013)的第1—15页。

iii. C. 金茨堡,《巫师与萨满》("Witches and Shamans", 1993),现已收入 J. 泰代斯基和A.C. 泰代斯基翻译的《线索与痕迹:真与假的塑造》(*Threads and Traces: True False Fictive*, trans. by J. and A. C. Tedeschi, Berkeley, Los Angeles, 2012, pp. 215–27, 310–312)。

iv. C. 金茨堡,《线索与痕迹》,第3页。

iv. 关于对这一譬喻的政治解读,参见 V. 福阿和 C. 金茨堡的《对话》(V. Foa and C. Ginzburg, *Un dialogo*, Milan, 2003, pp. 130–131)。2011年10月,我在苏黎世的弗莱克讲座上,也讨论了这个问题:《方案与偏见:一个历史学家对双盲实验的反思》("Schema and Bias: A Historian's Reflection on Double-Blind Experiments",即将发表)。

v. T. 哈克,《开展文本社会学分析》[T. Hak, "Developing a Text Sociological Analysis," *Semiotica* 75 (1989), nn. 1–2: 25–42 ]。

v. J. 塞尔纳和 A. 庞斯,《如何书写微观历史》(J. Serna and A. Pons, *Cómo se escribe la microhistoria*, Madrid, 2000);C. A. 阿吉雷·罗哈斯,《意大利微观史学的贡献》(C. A. Aguirre Rojas, Contribución a la historia de la microhistoria italiana, Rosario, 2003);C. 金茨堡,《微观历史:我所知道的二三事》(C. Ginzburg, "Microhistory: Two or Three Things That I Know about It," in *Threads and Traces*, pp. 193–214, 302–310)。

v. I. 卡尔维诺等,《"阿里巴巴":M. 巴伦吉和 M. 贝尔波利蒂主编的一本杂志的草创项目 (1968—1972)》(I. Calvino et al., "'Ali Babà.' Progetto di una rivista 1968–1972, a cura di M. Barenghi e M. Belpoliti," *Riga* 14, 1998);A. 科尔泰莱

---

\* 以下注释中作者提到该书之处均指意大利文版。另,注释前序号为本书页码。

v.  萨,《秘密之书:20世纪意大利的作家—评论家》(A. Cortellessa, *Libri segreti: Autori-critici nel Novecento italiano*, Florence, 2008, pp. 431–433, passim)。

v.  M. 福柯,《知识考古学》(M. Foucault, *L'archéologie du savoir*, Paris, 1969;中文版:谢强、马月译,生活·读书·新知三联书店,2003*);E. 梅兰德里,《线与圆:类比的逻辑学和哲学研究》(E. Melandri, *La linea e il circolo: Studio logico-filosofico sull'analogia*, Bologna, 1968;2004年的新版中加入了 G. 阿甘本的导言)。

vi.  "我从宗教法庭审判官那里学到的事",与斯蒂芬·施泰纳的访谈("Ich habe von den Inquisitoren gelernt," interview with Stephan Steiner, *Falter* 22/09, Feuilleton, pp. 30–31)

vi.  《微观历史》,《线索与痕迹》,第204页。

vii.  A. 德尔·科尔,《人称梅诺基奥的多梅尼科·斯坎代拉:宗教法庭审判记录(1583—1599)》[*Domenico Scandella detto Menocchio: I processi dell'Inquisizione (1583–1599)*, a cura di A. Del Col, Pordenone, 1990]。此书已有 J. 泰代斯基和 C. 泰代斯基翻译的英文版[*Domenico Scandella Known as Menocchio: His Trials before the Inquisition (1583–1599)*, ed. by A. Del Col, trans. by J. and A. C. Tedeschi, Binghamton, 1996]。

vii.  A. 德尔·科尔编,《人称梅诺基奥的多梅尼科·斯坎代拉》,第xxiv–xxvi页。

vii.  同上,第xc–xcvii页。

vii.  同上,第cxii页,n.201。

viii.  同上,第c–ci页,243–245。

viii.  A. 普罗斯佩里,《卡洛·金茨堡在蒙特雷阿莱》[A. Prosperi, *Carlo Ginzburg a Montereale*, Montereale Valcellina (PN), 1999, p. 32]。普罗斯佩里在书中第32页引述了本书作者1970年10月1日写给他的一封信里的话。

viii.  《人称梅诺基奥的多梅尼科·斯坎代拉》,第lxxii和lxxv页。

viii.  《现代历史杂志》(*Journal of Modern History*)第54期(1982):139—143页:142。

ix.  《巫师与萨满》,《线索与痕迹》第215—219页,第310—311页。

ix.  A. 莱普席斯,《曾被我全然忽略的〈曼德维尔之书〉:意大利古版书的馈赠》(A. Lepschy, "'Quel libro del Mandavila … che me aveva tuto travaliato': presentazione degli incunaboli italiani", 1986, in eadem, *Varietà linguistiche e*

---

\*  在翻译注释时:对已有中译本的外文书,译者基本列出了中译本的信息,不特别注出;此外,译者对注释中提到的几乎所有文献名都做了翻译,重复出现的文献名大致仅在首次出现时标注外文信息,仅供读者参考。

*pluralità di codici nel Rinascimento*, Florence, 1996, pp. 9–20）；E. 贝尼尼·克莱门蒂，《16 世纪威尼斯的宗教改革和流行诗歌：亚历山德罗·卡拉维亚》（E. Benini Clementi, *Riforma religiosa e poesia popolare a Venezia nel Cinquecento: Alessandro Caravia*, Florence, 2000）；M. 焦拉，《从学院文化到百科全书的传播：中世纪晚期书库编制过程中的民俗化》[M. Giola, "Tra cultura scolastica e divulgazione enciclopedica: un volgarizzamento del Trésor in compilazioni tardomedievali," *Rivista di letteratura italiana* 24 (2006): 21–49]。摘引的这些作品并不能反映全貌。

ix. 截止到 2011 年 12 月，已经有 24 种语言版本。

# 意大利文版前言

## 1

xix. 根据比森斯·比韦斯的说法，平民百姓"已经成为历史中的主角"[摘引自 P. 肖尼的"宗教史系列丛书"（P. Chaunu, "Une histoire religieuse sérielle," *Revue d'histoire moderne et contemporaine* 12 [1965]: 9, n. 2)]。布莱希特的这句引语出自他的诗作"一个工人读历史的疑问"（德文版参见 *Hundert Gedichte, 1918–1950*, Berlin, 1951, pp. 107–108)。我注意到，同一首诗也被 J. 卡普洛引用于《君王之名：18 世纪的波斯贫苦劳动者》(J. Kaplow, *The Names of Kings: The Parisian Laboring Poor in the Eighteenth Century*, New York, 1973) 中。另参见 H.M. 恩岑斯贝格尔的《作为历史文献的文学》[H. M. Enzensberger, "Letteratura come storiografia," *Il Menabó*, no. 9 (1966): 13]。

## 2

xix. 我使用了葛兰西的"被支配阶级"（subordinate classes）这一术语，因为它的内涵足够宽泛，而又不像"低等阶级"（inferior classes）这个词那样，含有或多或少的家长专制意味。关于葛兰西对民间传说和被支配阶级的评论出版后所引发的主题讨论，参见 E. 德·马蒂诺、C. 卢波里尼、F. 福尔蒂尼等人的讨论 [这个参与讨论者的名单引自 L.M. 隆巴尔迪·萨特里亚尼的《下层文化的文化人类学与分析》(L. M. Lombardi Satriani, *Antropologia culturale e analisi della cultura subalterna*, Rimini, 1974, p. 74, n. 34)]。这一问题的现代特征，许多都得到了 E.J. 霍布斯鲍姆的准确预测 [E. J. Hobsbawm, "Per lo studio delle classi subalterne," *Società* 16 (1960): 436–449]，见下文。

xx. 梅诺基奥的两次审判记录保存在乌迪内的大主教廷档案馆中（后文引用时简称为 ACAU)，档案编号分别为宗教法庭 1583 年全年第 107 号到第 128 号审判卷宗（Sant'Uffizio, Anno integro 1583 a n. 107 usque ad 128 incl.）中的第 126 号审判，以及 1596 年全年第 281 号到 306 号审判卷宗（Anno integro 1596 a n. 281 usque ad 306 incl.）中的第 285 号审判。曾经提及这些审判记录的学者，就只有 A. 巴蒂斯特拉一个（尽管他并没有亲眼见过这些审判记录），而他错误地指出，梅诺基奥并没有被处决。参见巴蒂斯特拉的《弗留利地区的宗教法庭和宗教改革：历史文献评注》（A. Battistella, *Il S. Officio e la riforma religiosa in Friuli: Appunti storici documentati*, Udine, 1895, p. 65）。

3

xxi. 关于这些问题的文献显然为数众多。简明易懂的入门著作，参见 A.M. 齐雷塞的《高等社会文化中的另类与内部差异》（A. M. Cirese, "Alterità e dislivelli interni di cultura nelle società superiori," in *Folklore e antropologia tra storicismo e marxismo*, ed. A. M. Cirese, Palermo, 1972, pp. 11–42）；L.M. 隆巴尔迪·萨特里亚尼的《下层文化的文化人类学与分析》；P. 罗西主编的《文化的概念：人类学理论基础》（P. Rossi, ed., *Il concetto di cultura: I fondamenti teorici della scienza antropologica*, Turin, 1970）。民间传说作为"理论的残章断简和鸡零狗碎"的这一概念，甚至得到了 A. 葛兰西本人的赞同，尽管有所变化：参见《文学和国家生活》（*Letteratura e vita nazionale*, Turin, 1950, pp. 215 ff.）。可对照参考隆巴尔迪·萨特里亚尼的《文化人类学》（Lombardi Satriani, *Antropologia culturale*, pp. 16 ff）。

xxi. 大多数都是口头的：关于这一问题，参见 C. 贝尔马尼的《十年来对口头资料的研究工作》[C. Bermani, "Dieci anni di lavoro con le fonti orali," *Primo Maggio* 5 (spring, 1975): 35–50]。

R. 芒德鲁在《17、18 世纪的大众文化：特鲁瓦的蓝皮丛书》（R. Mandrou, *De la culture populaire aux 17e et 18e siècles: La Bibliothèque bleue de Troyes*, Paris, 1964）中强调指出，"大众文化"（culture populaire）和"群众文化"（culture de masse）并不是一回事。（值得注意的是，"culture de masse"这个法文词语与意大利文中的对应表述意思是相当的，却不同于英美学界中使用的"popular culture"——这导致了许多概念混淆）。"大众文化"是一个更古老的术语，侧重于"平民主义"的一面，也即"作为人民群众劳动成果的文化"（la culture qui est l'oeuvre du peuple）。芒德鲁在使用这个术语时，含义更为"宽泛"（甚至是不同的）："在旧制度的法国中，我们所指的那种劳动阶层的文化……其实是一种这些阶层在几个世纪的时间里接受、吸收、同化了的文化"（法文版第 9—10 页）。这样一来，大众文化几乎被盖棺论定为与群众文化一致的一种文化。这事实上混淆了历史的先后次序，因为现代意义上的群众文化以文化产业的存在为先决条件，而这种文化产业显然并不存在于旧制度的法兰西（另参见第 174 页）。即便是"上层建筑"（superstructure, 第 17 页）这一术语，也是有歧义的。根据芒德鲁的观点，它最多只能说是一种虚假意识（false consciousness）。关于将小贩文学视作逃避现实文学的问题，以及将其视为大众阶层所持的世界观之反映的问题，参见该书第 162—163 页。

无论如何，芒德鲁深知自己这项开拓性研究的局限，而这事实上是值得称道的。参见《18 世纪法国的书与社会》（两卷本）中第 1 卷第 61—91 页，G. 博莱姆的《18 世纪的大众文学和小贩文学》[ G. Bollème, "Littérature populaire et littérature de colportage au XVIIIe siècle," in *Livre et société dans la France du XVIIIe siècle*, 2 vols. (Paris and The Hague, 1965) 1:61–92 ]；同一作者的选集《蓝皮丛书：17 世纪到 19 世纪的法国大众文学》( *La Bibliothèque bleue: La littérature populaire en France du XVIIe au XIXe siècle*，Paris, 1971 )；《"蓝皮丛书"中的宗教表现形式和希望主题：17 世纪到 19 世纪的法国大众文学》[ "Représentation religieuse et thèmes d'espérance dans la 'Bibliothèque bleue': Littérature populaire en France du XVIIe au XIXe siècle," in *La società religiosa nell'età moderna. Atti del convegno di studi di storia sociale e religiosa, Capaccio-Paestum, 18–21 maggio 1972* (Naples, 1973), pp. 219–243 ]。与后者一道收录的各项研究质量参差不齐。最优秀的是介绍蓝皮丛书文选的那一篇（第 22—23 页上给出了这些文本不同用途的说明），但其中也包含这样的说法："归根到底，一位读者听到或读到的故事，只不过是他想要被讲述的故事……在这种意义上，我们可以说，写作和阅读一样，都是集体行为，出自所有人的创造，满足所有人的需求，它会被传播、扩散、了解、讲述和交换，但并不留驻，而这在某种方式上是一种自发行为。"（同上）例如，在《"蓝皮丛书"中的宗教表现形式和希望主题》一文中包含的那种让人无法接受的大众基督教倾向的歪曲，便是基于这种诡辩而来的。尽管看似不太可能，但 A. 迪普龙在《18 世纪法国的书与社会》第一卷的第 203—204 页对身为此书主编的博莱姆进行了批判，认为他试图"将历史性的等同于或有其事的，一种几乎'说不出口'的传说集合……"（ A. Dupront, "Livre et culture dans la société Française du 18e siècle," in *Livre et société* 1:203–204 )。

xxiii. 关于"大众文学"，参见 N.Z. 戴维斯的重要论文《印刷术与人民》。这篇文章收录于她的《早期现代法国的社会与文化》中（ N. Z. Davis, "Printing and the People," in her *Society and Culture in Early Modern France*, Stanford, 1975 ), pp. 189–206 )，其书中假设与本书的假设有部分相似。

在关于工业革命后的历史时期的众多著作中，可参考 L. 詹姆斯的《写给劳动者的小说：1830—1850》( L. James, *Fiction for the Working Man, 1830–1850*, 1963; reprint ed., London, 1974 )；R. 申达，《没有书的人民：大众阅读材料的社会历史研究（1770—1910）》[ R. Schenda, *Volk ohne Buch: Studien zur Sozialgeschichte der populären Lesestoffe (1770–1910)*, Frankfurt, 1970 ]（该书为专门研究花边文学的系列丛书之一）；J.J. 达尔蒙，《法兰西第二帝国时期法国的书贩：著名书贩和大众文化》( J. J. Darmon, *Le colportage de librairie en France sous le second Empire: Grands colporteurs et culture populaire*, Paris, 1972 )。

## 4

xxiv. 参见米哈伊尔·巴赫金的《拉伯雷和他的世界》(英文版：*Rabelais and His World*, trans. Hélène Iswolsky, Cambridge, Mass., 1968；中文版：《巴赫金全集》第六卷《拉伯雷的创作与中世纪和文艺复兴时期的民间文化》，河北教育出版社，1998)。类似主题，参见 A. 贝雷洛维奇在专题论文集《文化和社会群体的层次》中第 144—145 页上的评论 ( A. Berelović, *Niveaux de culture et groupes sociaux*, Paris, 1967, pp. 144–145 )。

## 5

xxv. 参见 E. 勒华拉杜里《朗格多克的农民》两卷本第一卷 394 页以后内容 [ E. Le Roy Ladurie, *Les paysans de Languedoc*, 2 vols. (Paris,1966) 1:394 ff. 英文译本：*The Peasants of Languedoc*, trans. John Day ( Urbana, 1974 ), pp. 192 ff. ]。另参见 E. 勒华拉杜里的《罗芒狂欢节：从圣烛节到圣灰星期三（1579—1580）》[ E. Le Roy Ladurie, *Le carnaval de Romans: De la Chandeleur au mercredi des Cendres (1579–1580)*, Paris, 1979; 英文译本：*Carnival in Romans*, trans. Mary Feeney, New York, 1979；中文版：许明龙译，商务印书馆，2013 ]；N. Z. 戴维斯，《作乱有理：16 世纪法国的青年群体与闹洞房音乐》[ N. Z. Davis, "The Reasons of Misrule: Youth Groups and Charivaris in Sixteenth-Century France," *Past and Present*, no. 50 (1971): 41–75 ]；E. P. 汤普森，《"粗俗音乐"：英格兰的闹洞房音乐》[ E. P. Thompson, "'Rough Music' : Le Charivari anglais," *Annales: ESC* 27 (1972): 285–312 ]；关于同一话题的近作，参见 C. 戈瓦尔和 A. 格卡尔普，《中世纪晚期的发声渠道及其重要意义：闹洞房音乐》[ C. Gauvard and A. Gokalp, "Les conduites de bruit et leur signification à la fin du Moyen Age: Le Charivari," *Annales: ESC* 29 (1974): 693–704 ]。引用这些作品仅以说明举例。关于工业无产阶级之中残存的工业化以前的文化模式的问题，参见 E. P. 汤普森的《时间、劳动纪律和工业资本主义》[ E. P. Thompson, "Time, Work-Discipline, and Industrial Capitalism," *Past and Present*, no. 38 (1967): 56–97 ]，以及同一作者的《英国工人阶级的形成》(英文版：*The Making of the English Working Class*, 2nd enlarged ed., London, 1968；中文版：钱乘旦等译，译林出版社，2001)；在 E.J. 霍布斯鲍姆的著作中，特别值得参考的是《原始的叛乱：十九至二十世纪社会运动的古朴形式》(英文版：*Primitive Rebels: Studies in Archaic Forms of Social Movement in the Nineteenth and Twentieth Centuries*, Manchester, 1959；中文版：杨德睿译，社会科学文献出版社，2014) 和《文化层次与社会群体》中的《工业革命开始以来的英国工人阶级和文化》( "Les classes ouvrières anglaises et la culture depuis les débuts de la révolution industrielle," in *Niveaux de culture et groupes sociaux*, Paris, 1967, pp. 189–199 )

xxvi. 一些学者：参见 M. 迪·塞尔托、D. 朱利亚和 J. 雷韦尔的《死者之美：大众文化的概念》[ M. De Certeau, D. Julia, and J. Revel, "La beauté du mort: Le concept de 'culture populaire,' " *Politique aujourd'hui* (December 1970), pp. 3–23, 正文中引用的那段话见第 21 页 ]。

在《古典时代疯狂史》的第一版序言中，福柯写道："作疯狂史的意义是：对一组历史整体进行结构研究——包括概念、体制、司法和治安措施、科学观念——这样的整体使得疯狂保持在被捕捉的状态之中，而它的野蛮状态也不可能完全重构；但即使不能达到这个无法认识的原始纯真，结构研究却必须上溯到同时连结又分离理性和疯狂的决定。"（法文版：*Folie et déraison: Histoire de la folie à l'age classique*, Paris, 1961, p. vii）\* 所有这一切，都解释了那些疯子在他书中的缺席——这种缺席，并不仅仅是难以获得必要的原始资料所导致的，这甚至算不上是主要原因。在巴黎阿瑟纳尔图书馆（Bibliothèque de l'Arsenal）中，保存着一位生活在 17 世纪末的仆人多达数千页的幻梦记录，他是个半文盲和"疯子"（dément furieux）。但用福柯自己的话说，这些幻梦记录在"我们的话语宇宙"之中没有半点地位，"比历史更无足轻重"。很难说，这样的证据是否可以揭示疯狂的"原始纯真"——毕竟，这种"原始纯真"很可能是根本无从达到的。无论如何，在这本经常让人不快但却十分精彩的书中，福柯的逻辑是毋庸置疑的（尽管偶有自相矛盾之处，例如书中的第 475—476 页）。关于福柯从《古典时代疯狂史》（1961）到《词与物》（1966）再到《知识考古学》（1969）之回归过程的看法，参见 P. 维拉尔的《马克思主义史学，建设中的史学》( P. Vilar, "Histoire marxiste, histoire en construction," in *Faire de l'histoire*, 3 vols., ed. J. Le Goff and P. Nora, Paris, 1974, 1:188–189 )。关于德里达的批判，参见 D. 朱利亚的《宗教—宗教史学》( D. Julia, "La religion-histoire religieuse," in ibid., 2:145–146 )。相关近作可参考 M. 福柯等人编纂的《我，皮埃尔·里维耶尔，杀死了我的母亲、姐妹和兄弟》( M. Foucault et al., eds., *Moi, Pierre Rivière, ayant égorgé ma mère, ma soeur, et mon frère*, Paris, 1973 )。关于"震惊"、"沉默"和拒绝解读，参见该书的第 11、14、243、314 和 348 页。关于里维耶尔的读物，参见该书第 40、42 和 125 页。关于游荡于林中的这一段，出现在该书第 260 页，关于吃人肉的假设，见于第 249 页。至于平民主义的歪曲变形，参见第 265—275 页福柯的《说话的谋杀犯》（"Les meurtres qu'on raconte"）。一般性的介绍，参见 G. 胡珀特的《神启与教化：关于福柯的一些思考》[ G. Huppert, "Divinatio et Eruditio: Thoughts on Foucault," *History and Theory* 13 (1974): 191–207 ]。

---

\* 该书中文版（林志明译，生活·读书·新知三联书店，2005）并未全文译出福柯的第一版序言，但在《译者导言：福柯 Double》的第四部分"第一版序言"中进行了摘译和评论，见第 51 页。

6

xxviii. 关于 J. 勒高夫的著作，参见《墨洛温王朝文明中的教士文化和民俗传统》[ "Culture clericale et traditions folkloriques dans la civilisation mérovingienne," *Annales: ESC* 22 (1967): 780–791 ]；以及同一作者的《中世纪的教会文化和民俗文化：巴黎的圣马塞尔和龙》[ "Culture ecclésiastique et culture folklorique au Moyen Age: Saint Marcel de Paris et le dragon," in *Ricerche storiche ed economiche in memoria di Corrado Barbagallo*, 3 vols., ed. L. De Rosa (Naples, 1970) 2:53–94 ]。*

xxix. 同化适应：参见 V. 兰泰尔纳里的《人类学与帝国主义》( V. Lanternari, *Antropologia e imperialismo*, Turin, 1974 ) 第 5 页以后的内容，以及 N. 瓦赫特尔( 瓦絮代勒 )的《文化适应》, 此文收录于 L. 勒高夫和 P. 诺拉主编的三卷本《研究历史》的第一卷第 124—146 页 [ N. Wachtel, "L'acculturation," in *Faire de l'histoire*, 3 vols., ed J. Le Goff and P. Nora (Paris, 1974) 1: 124–146 ]。†

xxix. 研究……巫术审判：参见 C. 金茨堡，《夜间的战斗：16、17 世纪的巫术和农业崇拜》。

7

xxx. 思想史定量研究或系列宗教史研究：关于前者，参见《18 世纪法国社会的书与文化》；关于后者，参见 P. 肖尼的"宗教史系列丛书"，以及 M. 沃韦勒的相关近作《18 世纪普罗旺斯的艳情虔信小说和去基督运动》( M. Vovelle, *Piété baroque et déchristianisation en Provence au XVIIIe siècle*, Paris, 1973 )。一般性的介绍，参见 F. 菲雷的《定量历史研究与史实的构建》[ F. Furet, "L'histoire quantitative et la construction du fait historique," *Annales: ESC* 26 (1971): 63–75 ]。他正确地指出了，一种方法倾向于将发生于一个长时间段里的、系统趋于均衡过程中的那些间断（和革命）进行再度吸收，而这会带来许多意识形态上的后果。关于这一问题，参见肖尼的著作与《18 世纪法国的书与社会》第一卷 185 页之后 A. 迪普龙的论文《18 世纪法国社会的书与文化》( A. Dupront, "Livre et culture dans la société Française du 18e siècle," in *Livre et société dans la France du XVIIIe siècle*, 2 vols., Paris and The Hague, 1965, 1:185 ff )。这篇文章在对"集体精神"漫无边际地评论一番后，以对某种方法之优点的大加吹嘘而结束。文章认为，这种方法让人可以对 18 世纪的法国进行研究，但同时忽略掉其革命成果——而这不啻于将一个人从"历史末世论中"解脱出来（第 231 页）。

---

\* 这两篇文章的中文译本均收于《试谈另一个中世纪：西方的时间、劳动和文化》（周莽译，商务印书馆，2014），见第 277—292 页和第 293—344 页。

† 该篇文章中译见《新史学》（勒高夫等编，姚蒙译，上海译文出版社，1989）第 342 页。

xxx. 包括弗朗索瓦·菲雷在内的那些人……坚持认为：参见 F. 菲雷，《对现代下层阶级的定义》[ F. Furet "Pour une définition des classes inférieures à l'époque moderne," *Annales: ESC* 18 (1963): 459–474, 尤其是第 459 页 ]。

xxxi. 事件性历史（它不仅仅是……政治史）：参见 R. 罗马诺，《关于 F. 布罗代尔著作意大利文版的一些想法》[ R. Romano, "À propos de l'édition italienne du livre de F. Braudel … " *Cahiers Vilfredo Pareto* 15 (1968): 104–106 ]。

xxxi. 某个奥地利贵族，还是……低级神职人员：我指的是 O. 布伦纳的《贵族乡村生活和欧洲精神》( O. Brunner, *Adeliges Landleben und europäischer Geist*, Salzburg, 1949 )；对照参考 C. 邵尔斯克的《史学新动向》[ C. Schorske, "New Trends in History," *Daedalus*, no. 98 (1969): 963 ]；A. 麦克法兰，《一位 17 世纪神职人员拉尔夫·若斯兰的家庭生活：一篇历史人类学论文》( A. Macfarlane, *The Family Life of Ralph Josselin, a Seventeenth-Century Clergyman: An Essay in Historical Anthropology*, Cambridge, 1970 )，但请同时参考 E.P. 汤普森在《人类学与历史背景学科》一文中的评论 [ E. P. Thompson, "Anthropology and the Discipline of Historical Context," *Midland History* 1, no. 3 (1972): 41– 45 ]。

xxxi. 和语言一样，文化：参见 P. 博加特廖夫和 R. 雅各布松的《作为一种自主创作形式的民间传说》[ P. Bogatyrëv and R. Jakobson, "II folclore come forma di creazione autonoma," *Strumenti critici* 1 (1976): 223–240 ]。

xxxi. 总而言之，即便是一个存在局限性的个例：参见 D. 坎蒂莫里，《16 世纪意大利异端历史概览》( D. Cantimori, *Prospettive di storia ereticale italiana del Cinquecento*, Bari, 1960 )，第 14 页。

xxxii. "镇压行为的档案记录"：参见 D. 朱利亚的《宗教—宗教史学》第 147 页。

关于定量研究与定性研究之间的联系，参见 E. 勒华拉杜里所著《历史学家的领域》中的评论文章《定量革命与法国历史学家：回顾一代人（1932—1968）》[ E. Le Roy Ladurie, "La révolution quantitative et les historiens français: Bilan d'une génération (1932–1968)," in his *Le territoire de l'historien* (Paris, 1973), p. 22；该书第二卷有中文版：《历史学家的思想和方法》，杨豫等译，上海人民出版社，2002 ]。在那些"开创性和大有前途"，却依然坚定不移地走着定性研究路线的学科之中，勒华拉杜里特别指出了"历史心理学"。E.P. 汤普森的话引自《人类学与历史背景学科》，第 50 页。

xxxii. 一位意大利学者：参见 F. 迪亚斯的《史诗女神的倦怠》( F. Diaz, "Le stanchezze di Clio," *Rivista storica italiana* 84，1972 )：尤其是第 733—734 页的内容。同一作者的《定量方法与思想史》[ "Metodo quantitativo e storia delle idee," *Rivista storica italiana* 78 (1966): 932–947 ] 也值得一读，该文第 939—941 页讨论了博莱姆的研究。另参见 F. 文图里在《启蒙运动中的乌托邦与改革》( F. Venturi, *Utopia e riforma nell'illuminismo*, Turin, 1970 ) 中第 24—25 页上的评论。关于梅诺基奥所读之书的问题，参见本书第 14 章注释中摘引的文学作品。

xxxv. 关于心态史问题，参见 J. 勒高夫主编的《研究历史》中之《心态：一个模棱两可的故事》》J. Le Goff, "Les mentalités: Une histoire ambiguë," in *Faire de l'histoire*, 3 vols., ed. J. Le Goff and P. Nora (Paris, 1974), 3:76—94〕。此处引用的段落见法文版第 80 页。勒高夫精辟地指出："显然具有集体性的心态，似乎置身于社会斗争的动荡不宁之外。然而，要将它从社会结构与社会动态中剥离出来，却是一个巨大的错误……在普通心态之外，还有阶级心态。这其中的规则策略，仍有待研究。"（第 89—90 页）

xxxv. 在一本引人入胜却误入歧途的书中：参见 L. 费弗尔的《16 世纪的无信仰问题：拉伯雷的宗教》（L. Febvre, *Le problème de l'incroyance au XVIe siècle: La religion de Rabelais*, 1942; reprint ed., Paris, 1968；中文版：阎素伟译，商务印书馆，2012）。众所周知，费弗尔的论证源自一个有特定背景的主题，当时，A. 勒弗朗发表了一篇论文，宣称拉伯雷通过 1532 年出版的《庞大固埃》\*证明了自己是无神论的捍卫者。费弗尔对此展开了驳斥，但文章后来却流传到了更大的范围里。他在这本书的第三部分讨论了 16 世纪宗教怀疑的局限性，其方法论当然是最新的，却也最泛泛而谈、前后不一，费弗尔本人似乎也意识到了这个问题（第 19 页）。对 "16 世纪人"（hommes du XVIe siècle）之集体心态的无据推断，在很大程度上是受了莱维·布吕尔（《我们的大师》，第 17 页）的原始心态理论的影响。令人好奇的是，费弗尔在论及 "中世纪人"（les gens du Moyen Age）这种说法时，应当是语含讽刺的，然而他自己却在没过几页之后，便谈起了 "16 世纪人" 和 "文艺复兴人"（hommes de la Renaissance），尽管他随即补充说，第二种用法是 "一种陈词滥调，却很方便"：对照参考第 153—154 页、142 页、382 页和 344 页。提及农民群体，是在第 253 页上。巴赫金已经注意到（《拉伯雷和他的世界》，英文版第 132 页），费弗尔的分析是完全建立在代表官方文化的那些圈层的基础上的。关于与笛卡尔的比较，参见第 393 页、425 页及书中各处内容。关于最后这一点，另参见 G. 施奈德的《自由思想者：16、17 世纪市民阶级的智力史和社会史》（G. Schneider, *Der Libertin: Zur Geistes-und Sozialgeschichte des Bürgertums im 16. und 17. Jahrhundert*, Stuttgart, 1970；意大利文版：*Il libertino: Per una storia sociale della cultura borghese nel XVI e XVII secolo*, Bologna, 1974），尤其是意大利文版第 7 页之后（并不能完全让人接受的）评论。关于在阅读费弗尔的历史著作时可能落入永远正确的逻辑陷阱的问题，参见 D. 坎蒂莫里的《历史学家和历史》（D. Cantimori, *Storici e storia*, Turin, 1971）第 223—225 页内容。

xxxvii. 边缘群体：参见 B. 盖雷梅克的《工业化以前（14—18 世纪）的贫民》〔B. Geremek, "II pauperismo nell'età preindustriale (secoli XIV–XVIII)," in *Storia*

---

\* 《巨人传》的第二卷。

d'*Italia*, vol. 5, *I documenti*, ed. R. Romano and C. Vivanti (Turin, 1973), pt. 1, pp. 669– 698 ]；P. 坎波雷西主编的《游民之书》( P. Camporesi, ed., *Il libro dei vagabondi*，Turin, 1973 )。

xxxvii. 具体分析：我们热切期待着瓦莱里奥·马尔凯蒂关于 16 世纪锡耶纳地区手工艺人的重要研究尽快出版。

9

xxxvii. 关于这部分内容，参见本书第 28 章的内容。

10

xxxviii. 提醒我们注意到了历史的支离破碎；显然，这不应与对过去的极端保守怀旧混为一谈，也不应与同样极端保守的那种认为"农民文明"静止不变、与历史无关的言论相提并论。

本雅明的这句引语出自《历史哲学论纲》一文 *，见 R. 索尔米主编的《新天使：论文与残篇》( *Angelus novus: Saggi e frammenti*，ed. R. Solmi, Turin, 1962 )，引文见该书第 73 页。

# 第1章

1. 梅诺基奥：这个名字反复出现在庭审文件中。在其他场合，他也会被叫作"梅诺克"( Menoch )和"梅诺基"( Menochi )。如今，按照其名字的意大利拼写方式，读音为"梅诺乔"( Menocio )。
1. 第一次受审时：参见 ACAU，宗教法庭第 126 号审判, fol. 15 v。
1. 蒙特雷阿莱：现名蒙特雷阿莱—切利纳 ( Montereale Cellina )，位于瓦尔切利纳 ( Val Cellina，又名切利纳河谷 ) 谷口，是一座海拔 317 米的小山城。1584 年，该教区有 650 名常住人口。参见 ACVP,《教区巡视记录：1582—1584》( "Sacrarum Visitationum Nores ab anno 1582 usque ad annum 1584," fol. 168 v )。
1. 在一场争斗后：参见 ACAU，宗教法庭第 126 号审判, fol. 20 r。
1. 磨坊主的传统制服：拉丁文原文：indutus vestena quadam et desuper tabaro ac pileo aliisque vestimentis de lana omnibus albo colore。( 同上，fol. 15 v ) 这种着装方式依然被 19 世纪的意大利磨坊主沿用。参见 C. 坎图的《工人群像》( C. Cantú, *Portafoglio d'un operaio*, Milan, 1871, p. 68 )。

\* 中文引自张旭东译本。

1. 一两年后：参见 ACAU,"宗教法庭刑事判决第二卷", fol. 16 v.。
2. 两块永续地约的佃地：关于这一时期的永续地约，参见 G. 焦尔杰蒂的《现代意大利的农民与地主：16 世纪至今的生产关系与土地契约》（G. Giorgetti, *Contadini e proprietari nell'Italia moderna: Rapporti di produzione e contratti agrari dal secolo XVI a oggi*, Turin, 1974, pp. 97 ff）。我们不知道，这些地约到底是真正的"永续"，还是只延续较短的一段时间（比如二十九年或九年，后者的可能性更大）。在这一时期的契约中，措辞往往欠缺精确，从而区分永佃权地（emphyteusis）、永续地约地（perpetual lease）和租佃地（lease）有时变得十分困难，参见 G. 奇托利尼的评论：《一个悬而未决的问题：15 世纪到 16 世纪之间的教会财产危机》。[ G. Chittolini, "Un problema aperto: la crisi della proprietà ecclesiastica fra Quattro e Cinquecento," *Rivista storica italiana* 85 (1973): 370 ] 这两块田地可能的位置所在，出现在了后来的文档中：一份完成于 1596 年的、应威尼斯行省总督要求而进行的土地核查报告（参见 ASP, *Notarile*, b. 488, no. 3785, fols. 17 r–22 r）。在位于蒙特雷阿莱和格里佐（一个邻近的村庄）的 255 个地块的描述中，出现了这样的文字（fol. 18 r）：9. Aliam petiam terrae arativae positam in pertinentis Monteregalis in loco dicto alla via del'homo dictam la Longona, unius iug. in circa, tentam per Bartholomeum Andreae: a mane dicta via, a meridie terrenum ser Dominici Scandellae, a sero via de sotto et a montibus terrenum tentum per heredes q. Stephani de Lombarda"；(fol. 19 v.)："Aliam petiam terrae unius iug. in circa in loco dicto … il campo del legno: a mane dicta laguna, a meridie terrenum M. d. Horatii Montis Regalis tentum per ser Jacomum Margnanum, a sero terrenum tentum per ser Dominicum Scandelle et a montibus suprascriptus ser Daniel Capola。迄今为止，仍不太可能十分精确地确认这些地名。无法断言这两块地就是梅诺基奥十二年前（1584 年）提到过的那"有两块永续地约的佃地"。此外，只有第二块地被确切地描述为 terrenum tentum, 也即假设的有永续地约的佃地。应当注意到的是，在一份 1578 年的土地核查报告中（ASP, *Notarile*, b. 40, no. 332, fols. 115 r. ff），多梅尼科·斯坎代拉这个名字并未出现，取而代之的是被多次提及的某个叫贝尔纳多·斯坎代拉的人（我们并不知道这两人是否沾亲带故，梅诺基奥的父亲名叫乔瓦尼）。顺便说一句，斯坎代拉这个名字至今在蒙特雷阿莱仍十分常见。
2. 租金（或许以农产品的形式）：参见 A. 塔利亚费里的《一个 16 世纪威尼斯社群（乌迪内地区）的结构和社会政策》[ A. Tagliaferri, *Struttura e politica sociale in una comunità veneta del '500 (Udine)*, Milan, 1969, p. 78 ]（例如，在 1571 年的乌迪内，一座带有住宅的磨坊租金大约相当于 61 蒲式耳小麦加上两条火腿）。另参见 1596 年梅诺基奥本人签下的一座新磨坊的契约中关于租金的约定（参见本书第 48 章）。
2. 被放逐到阿尔巴时：参见 ACAU, 宗教法庭第 126 号审判，1584 年 4 月 28 日的审讯记录（未标明页码的散页）。
2. 在他的女儿焦万娜：参见 ASP, 公证文书第 488 卷第 3786 号（*Notarile*, b. 488, no. 3786），fols. 27 r.–27 v.，1600 年 1 月 26 日。新郎的名字是丹尼尔·科卢西。要与其他的嫁妆相比较，参见同上，b. 40, no. 331, fols. 2 v 之后：390 里拉 10 索尔多；同上，fols. 9 r 之后：约 340 里拉；同上，b. 488, no. 3786, fols. 11 r–11 v：300 里拉；同上，

fols. 20 v–21 v:247 里拉 2 索尔多；同上, fols. 23 v–24 r:182 里拉 15 索尔多。最后一笔嫁妆的数目较为寒酸，原因可以确定是因为这是新娘格里佐的马达莱娜·加斯塔尔迪妮（Maddalena Gastaldione of Grizzo）第二次出嫁。不幸的是，我们对于婚约中提到的这些人的社会地位和职业都一无所知。焦万娜·斯坎代拉的嫁妆包含了以下物件：

| | | |
|---|---|---|
| 一张床，配有一个新床垫，附带一对长约半幅的亚麻床单，一对新枕套，一对枕头和靠垫；上覆床罩，前述的斯特凡诺先生承诺会为她买新的 | 69（里拉） | 4（索尔多） |
| 一件新内衣 | 5 | 10 |
| 一条带褶的绣花披巾 | 4 | — |
| 一条灰色长裙 | 11 | — |
| 一条带有红布马甲的新亚麻羊毛混纺裙 | 12 | — |
| 同上一条类似的亚麻羊毛混纺裙 | 12 | — |
| 一条半长的灰色长裙 | 10 | — |
| 一条白色亚麻羊毛混纺裙，以白色棉布和亚麻布镶边，裙脚饰有流苏 | 12 | 10 |
| 一条半羊毛罩衫 | 8 | 10 |
| 一对布袖套，浅橘黄色，饰有丝带 | 4 | 10 |
| 一对银色布料制成的袖套 | 1 | 10 |
| 一对厚布制成的条纹袖套 | 1 | — |
| 三幅新的亚麻布 | 15 | — |
| 半幅薄布单 | 5 | — |
| 三个新枕套 | 6 | — |
| 六条披巾 | 4 | — |
| 四条披巾 | 6 | — |
| 三条新围巾 | 4 | 10 |
| 四条半长围巾 | 3 | — |
| 一条绣花围裙 | 4 | — |
| 三条披巾 | 5 | 10 |
| 一块厚布料 | 1 | 10 |
| 一条旧围裙，一条披巾，一块厚布料 | 3 | — |
| 一条新绣花方头巾 | 3 | 10 |
| 五张手帕 | 6 | — |
| 一幅半长盖头 | 3 | — |
| 两顶新帽子 | 1 | 10 |

| 五件新内衣 | 15 | — |
| 三件半长衬衫 | 6 | — |
| 九卷不同颜色的丝带 | 4 | 10 |
| 四条不同颜色的腰带 | 2 | — |
| 一条厚布新围裙 | — | 15 |
| 一只不带锁的箱子 | 5 | — |
| 总计 | 256 里拉 9 索尔多 | |

2. 我未能就此咨询《古代弗留利习俗——马尼亚戈时期》(*Antichi costumi friulani—Zona di Maniago*, Udine, 1940) 一书的两位作者 L. 迪奥兰迪和 G. 佩鲁西尼。

2. 梅诺基奥的地位：我们应当牢牢记住 M. 贝伦戈在《16 世纪卢卡的贵族与商人》(*Nobili e mercanti nella Lucca del Cinquecento*, Turin, 1965) 一书中对卢卡乡村地区的下列观察：在最小的那些村子里，"每一种实际存在的社会差别被消弭了，因为所有的人都靠着开垦集体共有的田地来维持生计。然而即便是在这里，人们还是和其他地方一样谈论着贫富问题……实际上，那里的每一个人都可以被十分贴切地形容为乡下佬甚至是庄稼汉"。这位磨坊主是一个特例："他们会出现在每一个重要的职位上……经常是所在城镇的债主，也会放贷给个人，他们不事农耕，比大多数人都富……"(同上，第 322 页和 327 页)。关于磨坊主的社会地位，参见本书第 59 章。

2. 1581 年，他曾当过镇长：参见 ASP, 公证文书第 40 卷第 333 号 (*Notarile*, b. 40, no. 333), fol. 89 v：乌迪内贵族安德烈亚·科西奥签发了一份要求偿付被拖欠的他的某些土地佃金的令状 "potestati, iuratis, communi, hominibus Montisregalis" ( Dominico Scandellae vocato Menochio de Monteregali … potestati ipsius villae )。6 月 1 日，这份法院令被送达给 "人称蒙特雷阿莱的梅诺基奥的多梅尼科·斯坎代拉……该镇的镇长"。在一封梅诺基奥之子齐安诺托写的信中 (参见上文，第 6 页)，提及梅诺基奥时称他曾经担任过 "镇长和 5 个村庄的村长 (主事人)" [ 关于这些村庄的名字，参见《弗留利邦与孔塔迪纳扎的法律》(*Leggi per la Patria e Contadinanza del Friuli*, Udine, 1686) 引言部分，fol. d 2 r ]，还当过教区的 "管理人" (camararo)。

2. 古老的轮流坐庄的制度：参见 G. 佩鲁西尼的《16 世纪弗留利边远地区的成文法》[ G. Perusini, "Gli statuti di una vicinia rurale friulana del Cinquecento," *Memorie storiche forogiuliesi* 43 (1958–59): 213–219 ]。其中提到的 viciniá——也即族长会议——是离特里切西莫 (Tricesimo) 不远的一个小村子布埃利斯 (Bueris) 中的组织机构。1578 年，一共有 6 个家族的族长隶属其中。

2. "读"：参见 ACAU, 宗教法庭第 126 号审判，fol. 15 v。

2. 行政长官：参见 G. 马尔凯蒂的《杰莫纳圣米歇尔教堂管理人的簿记》[ G.Marchetti, "I quaderni dei camerari di S. Michele a Gemona," *Ce Fastu?* 38 (1962): 11–38 ]。马尔凯蒂观察到 ( 第 13 页 )，管理人并不属于神职人员的序列，也并非那种知书达礼的书记员；通常他们只是 "那种曾经上过城镇公学的市民阶级或平民百姓"，而他也摘引了或许是唯一的一个例外：1489 年，一个不识字的铁匠曾担任管理人( 第 14 页 )。

2. 这类学校：参见 G. 基乌帕尼的《中世纪到 17 世纪（巴萨诺）的文法学校历史》[ G. Chiuppani, "Storia di una scuola di grammatica dal Medio Evo fino al Seicento (Bassano)," *Nuovo archivio veneto* 29 (1915): 79 ]。有人认为，生于蒙特雷阿莱的人文主义者莱奥纳尔多·福斯科就曾在阿维亚诺执教。参见 F. 法托雷洛的《文艺复兴时期的弗留利文化》[ F. Fattorello, "La cultura del Friuli nel Rinascimento," *Atti dell'Accademia di Udine* 6th series, 1 (1934–1935): 160 ]。但这一信息并未出现在 A. 贝内代蒂撰写的福斯科小传中，该小传刊登于康科迪亚–波尔代诺内教区出版的《人物》(*Il Popolo*) 周刊 1974 年 6 月 8 日那一期上。对该时期城市学校的研究将是极其有用的。即便是在很小的市镇中，也存在这种学校。例如，参见 A. 鲁斯蒂奇的《16 世纪末的一所乡村学校》[ A. Rustici, "Una scuola rurale della fine del secolo XVI," *La Romagna* n.s. 1 (1927): 334–338 ]。关于卢卡乡村地区的教育普及状况，参见 M. 贝伦戈《16 世纪卢卡的贵族与商人》的第 322 页。

3. 告到了：参见 ACAU，宗教法庭第 126 号审判，未标明页码的散页：fama publica deferente et clamorosa insinuatione producente, non quidem a malevolis orta sed a probis et honestis viris catolicaeque fidei zelatoribus, ac fere per modum notorii devenerit quod quidam Dominicus Scandella … （此为常规格式）

3. "厚颜无耻的巧言邪说"："praedicare et dogmatizare non erubescit。"

3. "他总是跟人……争论不休"：参见 ACAU，宗教法庭第 126 号审判，fol. 2 r。

3. "他跟谁都能辩上几句"：同上，fol. 10 r。

3. "他……的了解"：同上，fol. 2 r。

3. 镇上的司铎：同上，fols. 13 v., 12 r。

3. 在广场上：同上，fols. 6 v, 7 v，未标明页码的散页（对多梅尼科·梅尔基奥里的审讯），fol. 11 r 等。

4. "他总是"：同上，fol. 8 r。

## 第2章

5. "梅诺基奥，拜托了"：参见 ACAU，宗教法庭第 126 号审判，fol. 10 r。

5. 朱利亚诺·斯特弗努特：同上，fol. 8 r。

5. 教士安德烈亚·比奥尼玛：同上，fol. 11 v。

5. 乔瓦尼·波沃莱多：同上，fol. 5 r。众所周知，在这一时期，"路德教派"这个词在被使用时所指相当宽泛。

6. 三四十年的交情：同上，fol. 4 v（乔瓦尼·波沃莱多）；fol. 6 v.（乔瓦尼·安东尼奥·梅尔基奥里，不要将其与波尔切尼戈的教区神父乔瓦尼·丹尼尔·梅尔基奥里混淆）；fol. 2 v.（弗朗切斯科·法赛特）

6. 丹尼尔·法赛特：同上，fol. 3 r。

6. "好几年"：同上，fol. 13 r（安东尼奥·法赛特）；fol. 5 v（乔瓦尼·波沃莱多，他开始时说自己认识梅诺基奥四十年了，后来又改成了二十五年或三十年）。唯一一个准确给出了具体日期的回忆是安东尼奥·法赛特下面的这段证词（fol. 13 r）："有一天，我跟梅诺基奥从山上下来，当时皇后正从那里经过，他跟我谈起她说：'这个皇后比童贞女马利亚还大。'"这里提到的皇后是神圣罗马帝国皇后奥地利的玛丽，她曾于1581年到过弗留利地区。参见G. F. 帕拉迪奥·德利·奥利维的《弗留利省的历史》（G. F. Palladio degli Olivi, *Historie della Provincia del Friuli*, vol. 2, Udine, 1660, p. 208）。

6. 人们重复着这些话：参见ACAU, 宗教法庭第126号审判, fol. 6 r。

6. "我见过他和很多人打交道"：同上，第285号审判，1598年12月17日对教士库尔齐奥·切利纳的审讯，未标明页码的散页。

6. 有那么四年时间：同上，第126号审判, fol. 18 v。

7. "我不记得"：同上，fol. 14 r。

7. 正是乌莱本人：他自己在1584年6月1日的审讯过程中向宗教法庭回忆了此事（同上，第136号审判），并表示很遗憾没有早一点这样做。

7. 在另一位教士……奥塔维奥：同上，第284号审判，未标明页码的散页（1598年11月11日的审讯）

7. "教皇是什么东西"：同上，第126号审判, fol. 10 r。

7. 事实上将自己置于了……的对立面：参见G. 米科利在《宗教史》一文中援引过的发生于弗留利的一起类似案例［G. Miccoli, "La storia religiosa," in *Storia d'Italia*, vol. 2, *Dalla caduta dell'Impero romano al secolo XVIII*, ed. R. Romano and C. Vivanti (Turin, 1974), pt. 1, p. 994］。

7. "罔失法度"：参见ACAU, 宗教法庭第126号审判, fol. 10 r。

7. "每个人都有自己的使命"：同上，fol. 7 v。

8. "空气是上帝"：同上，fol. 3 r（丹尼尔·法赛特）；fol. 8 r（朱利亚诺·斯特弗努特）；fol. 2 r（弗朗切斯科·法赛特）；fol. 5 r（乔瓦尼·波沃莱多）；fol. 3 v（丹尼尔·法赛特）。

8. "他总是……争来辩去"：同上，fol. 11 v（教士安德烈亚·比奥尼玛）。

8. 乔瓦尼·丹尼尔·梅尔基奥里：同上，第134号审判，1584年5月7日的审讯。关于早些时候对梅尔基奥里的审讯以及他与梅诺基奥的关系，参见本书第37章。在被指控企图出谋划策改变梅诺基奥一案之结果后，梅尔基奥里和波利切托受到了宗教法庭的审判（分别举行于1584年3月和5月）。参见上文引用文献，第134号和137号审判。两人都声称自己是无辜的。梅尔基奥里被勒令听候法庭发落，而该案就此告终；波利切托则需当庭发誓证明自己无罪（canonical purgation）。波尔代诺内的市长杰罗拉莫·德·格雷戈莫里和包括杰罗拉莫·波帕在内的本地贵族成员为波利切托做了证。看起来，波利切托似乎与蒙特雷阿莱的曼蒂卡家族沾亲带故，蒙特雷阿莱的领主们也出自这一家族。1583 年，在一桩案件中，他被任命为仲裁员（arbiter）（接替了担任此职的他的父亲安东尼奥）。案件的一方当事人为贾科莫·曼蒂卡和焦万·巴蒂斯塔·曼蒂卡，另一方为安东尼奥·曼蒂卡（参见 BCU，1042 号手稿）。

9. "用手铐铐起"：参见 ACAU, 宗教法庭第 126 号审判, fol. 15 v。

## 第3章

10. "我的确"：参见 ACAU, 宗教法庭第 126 号审判, fols. 16 r–v。

11. "我说过"：同上，fols. 17 r–v。

11. "他确有可能说过"：同上，fol. 6 r（乔瓦尼·波沃莱多）。

## 第4章

12. "严肃正经的"：参见 ACAU, 宗教法庭第 126 号审判, fols. 2 v–3 r。没有受过教育的人表现出来的异端言行，经常会被解释为疯癫所致。例证参见 G. 米科利的《宗教生活》[ G. Miccoli, "La vita religiosa," in *Storia d'Italia*, vol. 2, *Dalla caduta dell Impero romano al secolo XVIII*, ed. R. Romano and C. Vivanti (Turin, 1974), pt. 1, pp. 994–995 ]。

12. "很清醒"：参见 ACAU, 宗教法庭第 126 号审判, fol. 6 v。

12. 齐安诺托：同上，第 136 号审判，1584 年 5 月 14 日的审讯，未标明页码的散页。

12. 一个世纪多之后：参见 M. 福柯的《古典时代疯狂史》(*Folie et déraison: Histoire de la folie à l'age classique*, Paris, 1961)。波拿万度·弗克阿的案例，第 121—122 页；1733 年，一名男性被当成疯子关在圣拉撒尔院，因为具有"异常感情"，第 469 页。\*

## 第5章

14. 齐安诺托写给律师特拉波拉的信，以及这位教士应齐安诺托所请写的那封信，都被收入了梅诺基奥第一次审判的案卷中（ACAU, 宗教法庭第 126 号审判）。对于这封写给梅诺基奥、由齐安诺托和该教士炮制而成的信是在何种情形下写成的，存在着（可以预见的相互不同却并不抵触的）多种解释，而这些解释收录于针对这名教士本人的审判记录中（第 136 号审判）。对乌莱的指控，除了曾写信给梅诺基奥提出串供建议这一点，还包括以下罪名：尽管早就认为梅诺基奥是异端分子，却等了十年之久才向宗教法庭告发他；在与蒙特雷阿莱的两位伯爵尼科洛和塞巴

---

\* 上述案例分别参见中译本（林志明译，2005）第 151—152 页、550 页。

斯蒂亚诺谈话时说，教会中的那些好战分子即便是在圣灵指引之下，也可能犯错。这场审判为期甚短，最后以被告发誓证明自己无罪（canonical purgation of the defendant）结案。在1584年5月19日的审讯期间，这位教士曾宣称："我被迫写了这封信，因为害怕不然就会因此送命。斯坎代拉家的几个儿子总是从我附近经过，露出一副怒气冲冲的样子。他们不像往常那样跟我打招呼。事实上，朋友们警告我提高警惕，因为有传言说，我告发了这个涉案的人称多梅内哥的家伙，他们很可能会伤害我……"在那些指控乌莱即为告密者的人中，就有曾经劝告齐安诺托散布梅诺基奥疯了或被邪灵附体的那个塞巴斯蒂亚诺·塞贝尼科（参见本书第4章）。

15. 他以为这些话是……多梅内哥·费梅努莎说的：这种误解似乎是齐安诺托所促成的。参见ACAU, 宗教法庭第126号审判, fol. 38 v。

15. "先生"：同上, fol. 19 r。

15. "从审判记录来看"：同上。

16. 根据朱利亚诺·斯特弗努特的证词：同上，fol. 8 r。

16. "我当时的意思是"：同上, fol. 19 r。

16. "尽量别说太多话"：同上，第134号审判，1584年5月7日的庭审记录。

16. 费利切·达·蒙特法尔科：参见C.金茨堡，《夜间的战斗：16、17世纪的巫术和农业崇拜》索引部分。

16. 两套司法管辖权之间的冲突：参见P. 帕斯基尼的《从儒略三世到庇护四世时期的威尼斯和罗马宗教法庭》（P. Paschini, *Venezia e I'Inquisizione Romana da Giulio III a Pio IV*, Padua, 1959），第51页以后内容；A. 斯泰拉，《威尼斯教皇特使报告中的教会与国家》（A. Stella, *Chiesa e stato nelle relazioni dei nunzi pontifici a Venezia*, Vatican City, 1964），尤其是第290—291页。

17. "他跟我说"：参见ACAU, 宗教法庭第126号审判, fol. 3 r。

17. "多梅内哥说"：同上, fol. 4 r。

17. "真的，我是说过"：同上, fol. 27 v。

## 第6章

18. "我认为"：参见ACAU宗教法庭第126号审判, fols. 27 v–28 v。

19. "你们想成为地上的神"：参见《圣经·诗篇》第81篇第6节。\*

20. 关于婚礼：梅诺基奥在这里表露出了他对特伦特大公会议提出的有关婚姻之各

---

\* 此为拉丁文《圣经》中之篇目，对应和合本《圣经》中《诗篇》第82篇第6节"我曾说：你们是神……"

项规定的不耐烦。参见 A.C. 耶莫洛的《特伦特大公会议在婚姻领域的改革》[ A. C. Jemolo, "Riforma tridentina nell'ambito matrimoniale," in *Contributi alla storia del Concilio di Trento e della Controriforma* (Florence, 1948), pp. 45 ff. (*Quaderni di Belfagor*, 1) ]。

20. 关于忏悔：参见 ACAU, 宗教法庭第 126 号审判 , fol. 11 v。
20. "如果那棵树"：同上, fol. 38 r。
21. "童贞女马利亚呀"：同上, fol. 6 v。
21. "我看……啥都没有"：同上, fol. 11 v。
21. "我确实说过"：同上, fol. 18 r。
22. "关于这桩圣事, 我喜欢这样"：同上, fols. 28 r–v。
22. "我认为《圣经》"：同上, fols. 28 v–29 r。
23. "(梅诺基奥)还告诉我"：同上, fol. 2 v。
23. "我认为圣人"：同上, fol. 29 r。
23. "他有益于"：同上, fol. 33 r。(本书作者改正了一个错漏：应当是"耶稣基督"而不是"上帝"。)
23. "同属一质"：同上, fol. 17 v。
23. "如果一个人犯了罪"：同上, fol. 33 r。
24. "我说的话将足以"：同上, fol. 4 r。
24. "我从未与……打过交道"：同上, fols. 26 v–27 r。
24. "大声指斥"：同上, fol. 3 r。
24. "我的大人们呐, 我求你们"：同上, fols. 29 v–30 r。
24. "在之前的审讯中"：同上, fol. 30 r。

# 第7章

26. 关于这一时期的弗留利, 除了专注于政治事件的 P. 帕斯基尼所著的《弗留利史》(*Storia del Friuli*, 2 vols., Udine, 1953–1954, vol. 2, 2nd rev. ed.), 特别值得一读的还有 P. S. 莱希特的多项研究：《16 世纪弗留利的一份民主党派施政纲领》( "Un programma di parte democratica in Friuli nel Cinquecento," in *Studi e frammenti*, Udine, 1903, pp. 107–121);《威尼斯管辖下弗留利邦的农民代表权》("La rappresentanza dei contadini presso il veneto Luogotenente della Patria del Friuli," in *Studi e frammenti*, pp. 125–144 );《16 世纪的一场农民运动》("Un movimento agrario nel Cinquecento," in *Scritti vari di storia del diritto italiano*, 2 vols., Milan, 1943, 1:73–91);《威尼斯统治下头一百年的弗留利议会》[ "Il parlamento friulano nel primo secolo della dominazione veneziana," *Rivista di storia del diritto italiano*

21 (1948): 5–50 ];《中世纪的农民和议会》("I contadini ed i Parlamenti dell'età intermedia," *IXe Congrès International des Sciences Historiques … Etudes présentées à la Commission Internationale pour l'histoire des assemblées d'états*, Louvain, 1952, pp. 125–128）。在更晚近一点的作品中，尤其值得关注的是 A. 文图拉的《15、16 世纪威尼斯社会中的贵族与平民》( A. Ventura, *Nobiltà e popolo neila società veneta del '400 e '500*，Bari, 1964 )，特别是其中第 187 页到 214 页的内容。另参见 A. 塔利亚费里的《一个 16 世纪威尼斯社群（乌迪内地区）的结构和社会政策》。

26. 像"马斯纳达"这种形式的农奴制：参见 A. 巴蒂斯特拉的《弗留利地区的马斯纳达农奴》[ A. Battistella, "La servirtú di masnada in Friuli," *Nuovo archivio veneto* 11 (1906), pt. 2, pp. 5–62; 12 (1906), pt. 1, pp. 169–191, pt. 2, pp. 320–331; 13 (1907), pt. 1, pp. 171–184, pt. 2, pp. 142–157; 14 (1907), pt. 1, pp. 193–208; 15 (1908), pp. 225–237 ]。这种社会机构的最后一丝遗迹于 1460 年前后消失。但在一个世纪后的弗留利成文法中，仍残留着譬如 De nato ex libero ventre pro libero reputando（并同时宣称 Quicumque vero natus ex muliere serva censeatur et sit servus cuius est mulier ex qua natus est, etiam si pater eius sit liber）或 De servo communi manumissio 这样的条文。另参见 G. 萨索利·德·比安基的《弗留利地区马斯纳达农奴的消失》[ G. Sassoli De Bianchi, "La scomparsa della servitú di masnada in Friuli," *Ce Fastu?* 32 (1956): 145–150 ]。

26. 掌握在威尼斯的官员手中：参见《威尼斯驻当地总管的报告：卷一，弗留利邦（乌迪内辖区）》[ *Relazioni dei rettori veneti in Terraferma, vol. 1 La patria del Friuli (luogotenenza di Udine)*, Milan, 1973 ]。关于这部著作，参见《意大利历史杂志》第 86 期上 M. 贝伦戈的书评 [ *Rivista storica italiana* 86 ( 1974 ) : 586–590 ]。

27. 早在 1508 年：参见 G. 佩鲁西尼的《弗留利人的生活：农事契约和传统习俗》[ G. Perusini, *Vita di popolo in Friuli: Patti agrari e consuetudini tradizionali*, Florence, 1961, pp. xxi–xxii (*Biblioteca di "Lares"*，8) ]。

27. 关于 1511 年的各种事件，参见莱希特的《16 世纪的一场农民运动》和文图拉的《15、16 世纪威尼斯社会中的贵族与平民》。

28. 孔塔迪纳扎：参见莱希特的《威尼斯管辖下弗留利邦的农民代表权》。关于这一问题的现代研究仍有不足。

28. 这个"邦"的成文法：参见 1524 年出版于威尼斯的《弗留利邦法令最新增补本》( *Constitutiones Patrie Foriulii cum additionibus noviter impresse*, Venice, 1524), fols. lx v., lxviii v。同样的条文也出现于 1565 年的版本中。

28. 法律推定：参见莱希特的《中世纪的农民和议会》，他在其中强调了弗留利的特殊情况。事实上，在欧洲任何其他地区都不存在一个与议会或国会并立的全体农民代表机构。

28. 采取的措施：参见《弗留利邦与孔塔迪纳扎的法律》，第 638 页以后内容、第 642 页以后内容和第 207 页以后内容。

29. 试图将长期佃约转化为：参见 G. 佩鲁西尼的《弗留利人的生活：农事契约和传统

习俗》，第 xxvi 页，以及 G. 焦尔杰蒂的《现代意大利的农民与地主：16 世纪至今的生产关系与土地契约》，第 97 页以后内容。

29. 总人口显著下降：参见塔利亚费里的《一个 16 世纪威尼斯社群（乌迪内地区）的结构和社会政策》，第 25 页以后内容（以及参考书目）。

29. 威尼斯官员们的报告：《威尼斯驻当地总管的报告：卷一，弗留利邦（乌迪内辖区）》，第 84 页、108 页和 115 页。

30. 威尼斯的衰落：参见《17 世纪威尼斯经济衰退的各方面状况与原因》(*Aspetti e cause della decadenza economica veneziana nel secolo XVII*, Venice and Rome, 1961)；B. 普兰主编的《16、17 世纪威尼斯经济的危机与变化》( B. Pullan, ed., *Crisis and Change in the Venetian Economy in the Sixteenth and Seventeenth Centuries*, London, 1968)。

# 第8章

31. 完全二元对立的阶级结构观：参见由希拉·帕特森翻译为英文版的、S. 奥索夫斯基的重要著作《社会意识中的阶级结构》( S. Ossowski, *Class Structure in the Social Consciousness*, trans. Sheila Patterson , New York, 1963 )。

31. "每一样东西都归教会"：同上，fol. 27 v。

32. "我还认为"：参见 ACAC, 宗教法庭第 126 号审判, fols. 27v–28 r。

32. 根据 1596 年进行的一次土地核查：参见 ASP, 公证文书第 488 卷 3785 号（*Notarile*, b. 488, no. 3785 ) fols. 17 r 之后内容，尤其是 fol. 19 v。很不幸，我们缺少一份这一时期弗留利地区教会财产的完整清单，而在 1530 年，遵照总督乔瓦尼·巴萨多纳的命令，曾编制过了一份极其详尽的教产清单（参见 BCU 第 995 号抄本）。在这份抄本的 fols. 62 v–64 v 这几页中，有一份蒙特雷阿莱圣马里亚教堂的完整租户名单，其中并未出现斯坎代拉的名字。

33. 在 16 世纪末：参见 A. 斯泰拉的《15 世纪至 17 世纪威尼斯共和国中的教会财产》[ A. Stella, "La proprietà ecclesiastica nella Repubblica di Venezia dal secolo XV al XVII," *Nuova rivista storica* 42 (1958): 50–77 ]；A. 文图拉的《关于 16、17 世纪威尼斯农业和原始资本积累的一些思考》[ A. Ventura, "Considerazioni sull'agricoltura veneta e sull'accumulazione originaria del capitale nei secoli XVI e XVII," *Studi storici* 9 (1968): 674–722 ]；以及近期由 G. 奇托利尼发表的重要论文《一个悬而未决的问题：15 世纪到 16 世纪之间的教会财产危机》[ G. Chittolini, "Un problema aperto: la crisi della proprietà ecclesiastica fra Quattro e Cinquecento," *Rivista storica italiana* 85 (1973): 353–393 ]。

# 第9章

35. "我觉得,路德派信徒":参见 ACAU,宗教法庭第 126 号审判,fol. 27 r。

35. "一些路德教派信徒会知道的":同上,第 285 号审判,未标明页码的散页。

36. 在 16 世纪欧洲复杂的宗教信仰图景中:显然,关于这一问题的著作不计其数。关于总体上的激进主义倾向,参见 G. H. 威廉姆斯的《激进的宗教改革》( G. H. Williams, *The Radical Reformation*, Philadelphia, 1962 )。关于再洗派运动,参见 C.-P. 克拉森的《再洗派运动,一部社会史》( 1525—1618 ):瑞士、奥地利、摩拉维亚以及德国南部和中部》[ C.-P. Clasen, *Anabaptism, a Social History (1525–1618): Switzerland, Austria, Moravia, South and Central Germany*, Ithaca and London,1972 ]。关于意大利的情况,参见 A. 斯泰拉汇编的《16 世纪威尼斯的再洗派运动到索齐尼派运动》( *Dall'Anabattismo al socinianesimo nel Cinquecento veneto*, Padua, 1967 )和《16 世纪意大利的再洗派运动和反三位一体派运动》( *Anabattismo e antitrinitarismo in Italia nel XVI secolo*, Padua, 1969 )。

36. "我相信,我们一出生":参见 ACAU,宗教法庭第 126 号审判,fol. 28 v。

36. 在 16 世纪中期被镇压了:参见斯泰拉的《16 世纪威尼斯的再洗派运动到索齐尼派运动》,第 87 页以后内容;另见同一作者的《16 世纪意大利的再洗派运动和反三位一体派运动》,第 64 页以后内容。还可参考"意大利宗教改革文献大全"( Corpus Reformatorum Italicorum: Biblioteca )系列丛书中 C. 金茨堡的《构建堂·彼得·马内尔菲》( *I costituti di don Pietro Manelfi*, De Kalb and Chicago, 1972 )。*

36. 但少数分散各地的教徒集会:关于 16 世纪弗留利的宗教局势,参见 P. 帕斯基尼的《意大利东部边境的异端思想和天主教改革》( P. Paschini, *Eresia e Riforma cattolica al confine orientale d'Italia*, Lateranum, n.s. 17, nos. 1–14, Rome, 1951 );L. 德·比亚西奥的《16 世纪下半叶弗留利地区的新教异端》[ L. De Biasio, "L'eresia protestante in Friuli nella seconda metà del secolo XVI," *Memorie storiche Forogiuliesi* 52 (1972): 71–154 ]。关于波尔恰的手工艺人,参见斯泰拉的《16 世纪意大利的再洗派运动和反三位一体派运动》,第 153—154 页。

37. 一位……再洗派教徒,是绝对不可能像梅诺基奥那样说出:例如,一位表示悔罪自新的再洗派教徒、染匠马尔科就在 1552 年写道:"他们[再洗派教徒]对我说,我们不应对教皇的赦免抱有信心,因为他们说那些都是谎言……"( ASVen,宗教法庭,卷 10 )。

37. "我相信它们是好的":参见 ACAU,宗教法庭第 126 号审判。

37. "在此之外":参见斯泰拉的《16 世纪意大利的再洗派运动和反三位一体派运动》,

---

* 生于 1519 年的彼得·马尔内菲曾为路德派信徒和再洗派教徒,他于 1551 年向博洛尼亚的宗教法庭审判官披露了自己认识的所有异端分子的名单,从而导致意大利再洗派运动遭到全面镇压。

第 154 页。另参见布贩文图拉·博尼切洛的证词,他曾作为再洗派教徒受审:"《圣经》以外的任何书籍,在我看来都甚为可憎。"( ASVen,宗教法庭,卷 158,"第二册",fol. 81 r )

38. 一次典型的对话:参见 ACAU,宗教法庭第 126 号审判,fols. 37 v–38 r。

39. "脚夫":参见安德烈亚·达·贝尔加莫(彼得罗·内利)的《搞笑讽刺诗卷一》( Il primo libro delle satire alla carlona, Venice, 1566, fol. 31 r )。

39. 那不勒斯的鞋皮匠:参见 P. 塔基·文图里的《意大利耶稣会史》( P. Tacchi Venturi, Storia della Compagnia di Gesù in Italia, 2 vols., Rome, 1910–1951 ),第一卷第 455—456 页。

39. 一位妓女……的请愿书中:参见 F. 沙博的《米兰公国的宗教史》,该文收录于沙博本人撰写的《查理五世时代的米兰公国及其宗教生活》( F. Chabod, "Per la storia religiosa dello stato di Milano," in Lo stato e la vita religiosa a Milano nellepoca di Carlo V, Turin, 1971 ),第 335—336 页。

39. 几乎所有这一切都发生于城市背景中:下面的这则并不多见的证据,包含于威尼斯驻罗马大使马泰奥·丹多洛 1550 年 6 月 14 日的一封信中:"这边的一些身为修士的宗教法庭审判官……提到了发生在布雷西亚的一些奇异事件,在贝尔加莫发生的事可能还要更离奇,其中就包括了某些在圣日里走村串户、爬到树上向众人和农民宣讲路德教派教义的手工艺人……"( P. 帕斯基尼,《从儒略三世到庇护四世时期的威尼斯和罗马宗教法庭》,第 42 页)。

39. 宗教征服:我在之前的一篇论文《民俗、巫术与宗教》("Folklore, magia, religione," in Storia d'Italia, vol. 1, I caratteri originali, ed. R. Romano and C. Vivanti, Turin, 1972, pp. 645 ff., 656 ff ) 中曾触及这个主题,并有意在日后进一步加以阐释。

40. 这并不意味着:在接下来的这部分,我将对《民俗、巫术与宗教》一文中写到的内容进行更严密的定义,并对原文第 645 页的错误予以纠正。

40. 一场自发的……运动:尽管我个人对长篇大论地讨论术语问题持怀疑态度,但我认为有必要解释一下,为什么我更倾向于使用"农民激进主义"( peasant radicalism )这种说法,而不是"大众理性主义"( popular rationalism )、"大众宗教改革"( popular Reformation )或"再洗派运动"。其一,"大众理性主义"曾被 M. 贝伦戈在《16 世纪卢卡的贵族与商人》一书中(第 435 页以后内容)用来描述与此处研究内容基本类似的现象。然而,用它来形容那些只有其中一部分能和我们的"理性"概念扯上关系的态度,比如"评注者"斯科利欧的那些异梦(参见本书第 58 章),似乎却并不确切。其二,我试图在这里再现的农民激进主义,肯定是马切克所描述的"大众群体的宗教改革"的基本元素之一〔"伴随着 15 世纪和 16 世纪欧洲历史的自发运动,可以被理解为一种大众的或是激进的宗教改革": J. 马切克,《大众宗教改革》( J. Macek, La Riforma popolare, Florence, 1973, p. 2 );斜体字为本书作者标出〕。然而,应当记住,这一运动发生时还不到 15 世纪(参见下一条注释),而且也不能被简化为官方宗教改革的大众版。其三,把"再洗派运动"这个术语当成概括所有 16 世纪宗教激进主义行动之总标签的建议,是 D. 坎蒂莫里最早提出来的［《16 世纪的意大利异端分子》(D. Cantimori, *Eretici italiani del Cinquecento*, Florence, 1939, 第 31 页以后内容］, 但在遭到 G. 里特尔的批评后, 随即又被他放弃。最近, A. 罗通多在《16 世纪欧洲的异端运动》[" I movimenti ereticali nell'Europa del Cinquecento," *Rivista storica italiana* 78 ( 1966 ) : 138–139 ] 中提出, 可以用这个术语指代 "混合在一起的先知主义（prophetism）、反教权激进主义（anticlerical radicalism）、反三位一体主义和社会平等主义, 这些主义在 16 世纪意大利的书记员、医师、文法教师、修士、商人、城市手工艺人和乡村农民中流传甚广"。但对这一术语的概念扩展, 似乎并不合适, 因为它倾向于贬低一些根深蒂固的差异, 这些差异存在于大众宗教信仰和受教育阶级的宗教信仰之间, 也存在于乡村激进主义运动和城市激进主义运动之间。当然了, 诸如 "象征" ( typologies ) 和 "感性" ( sensibilities ) 这种由 A. 奥利维耶里在《16 世纪威尼托地区的城市宗教感性和农民宗教感性：建议与问题》[" Sensibilità religiosa urbana e sensibilità religiosa contadina nel Cinquecento veneto: suggestioni e problemi," *Critica storica*, n.s. 9 ( 1972 ) : 631–650 ] 中提出的模糊名词, 也不是很有帮助, 它们将一大堆与再洗派运动完全无关的现象——比如为纪念圣母马利亚而举行的游行——都拉扯到了再洗派运动的大旗之下。与这些恰好相反, 研究的目标, 应当是重新构建存在于 "大众宗教改革" 的不同组成部分之间, 但依然模糊难辨的那些联系, 而且尤其要充分考虑到 16 世纪意大利和整个欧洲乡村的宗教与文化暗层——在梅诺基奥的证供中, 这一暗层已然崭露头角。因此, 为了对其加以定义, 我用到了 "农民激进主义" 这种说法, 但当时脑海中并没有想到威廉姆斯的《激进的宗教改革》（就此可参见马切克的批评意见), 也没有想到马克思的那句激进主义 "从根本上抓住事物本质" 的名言。而后面这一形象的描述, 对于这一语境而言其实是相当贴切的。

40. 却要古老得多了：参见 W. L. 韦克菲尔德的重要论文《13 世纪的某些非正统大众理念》[ W. L. Wakefield, "Some Unorthodox Popular Ideas of the Thirteenth Century," *Medievalia et humanistica*, n.s. 4 (1973): 25–35 ]。他是基于图卢兹地区的宗教法庭文献进行的该项研究。这些文献中包含了 "许多带有理性主义和怀疑主义色彩的陈述, 甚至还流露出几分唯物主义的态度。那里有关于死后灵魂进入地上天堂、未受洗的儿童也能得救的断言, 有对上帝授予人类神圣特权（faculties）的否认, 有关于进食圣饼（host）的俏皮话, 有将灵魂等同于血液的联想, 还有将万物自然生长单纯归因于种子和土壤品质的推理"（第 29—30 页)。这些陈述的源头, 可以被相当可靠地追溯到一股自发的思想和信仰潮流, 却并非受清洁派运动宣传的直接影响。(清洁派运动最多不过是以引发宗教法庭审判官调查的方式, 直接或间接地促成了这些思想的曝光而已。) 例如, 在 14 世纪末, 据说出自一名清洁派书记员之口的一个论点——"在天的上帝并不栽种果实、庄稼和蔬菜, 以及其他各物, 所有这些皆为地上出产, 但土地需要湿润"（quod Deus de celo non facit crescere fructus, fruges et herbas et alia, quae de terra nascuntur, sed solummodo humor terre ）——竟然与三个世纪后一位弗留利农民的信谣相呼应："教士们干于主显节那天在地里念的祝祷、撒的圣水对藤蔓、枝干结果子没有一点儿帮助, 只有粪肥和人们的勤勉才管用。" [ 分别参见 A. 塞雷娜的《特雷维索的异端分子》( A. Serena, "Fra gli eretici

trevigiani," Archivio veneto-tridentino 3〔1923〕: 173）和 C. 金茨堡的《夜间的战斗：16、17 世纪的巫术和农业崇拜》，第 38—39 页，要在上述意义上加以纠正〕显然，清洁派运动在这里并不是问题。相反，我们面对的这些说法，"很可能是从那些寻求解释的男男女女头脑中自发生成的，这些解释与他们深陷其中的真实生活相符合一致"（韦克菲尔德，《13 世纪的某些非正统大众理念》，第 33 页）。与此处摘引的那些事例相似的其他例子，也可以被找到。我们所使用的"农民（或大众）激进主义"这一表达方式，所指向的正是这种在几个世纪后又重新出现的文化传统。在韦克菲尔德列出的那些元素——理性主义、怀疑主义和唯物主义——之外，我们还应当加上人人平等的乌托邦主义和宗教自然主义。所有或近乎所有这些元素结合在一起，才产生了反复出现的农民"调和主义"（syncretism）的现象——而这可以被更精确地定义为潜伏现象（latent phenomena）。具体事例参见 J. 博德纳韦和 M. 维亚莱尔在《清洁派运动的根源：中世纪阿尔比茹瓦地区农民的宗教心态》（J. Bordenave and M. Vialelle, *Aux racines du mouvement cathare: La mentalité religieuse des paysans de l'Albigeois medieval*, Toulouse,1973）中收集的考古材料。

## 第10章

41. "真心实意地这样说"：ACAU, 宗教法庭第 126 号审判, fols. 2 v–3r。

41. "大人"：同上, fol. 21 v。

41. 奥塔维奥·蒙特雷阿莱：同上, 第 285 号审判, 未标页码散页（1598 年 11 月 11 日）。

41. 在第一次审判期间就曾被提到过：同上, 第 126 号审判, fol. 23 v。在我们已知的与 16 世纪弗留利绘画艺术相关的研究中，波尔恰的尼古拉这个名字没有被提到过。安东尼奥·福尔尼兹当下正在研究出生于波尔恰的画家们，他在一封 1972 年 6 月 5 日写给我的信中说，他从未发现任何与"波尔恰的尼古拉"或"尼古拉·德·梅尔基奥里"（见下文）有关的线索。应当指出的是，这位画家和这个磨坊主的会面很可能不只与宗教信仰有关，还和他们的职业有关。事实上，在威尼斯的特许状登记文档中，不乏画家、雕塑家和建筑师申请建造磨坊的执照的记录。偶尔，一些鼎鼎大名的人物也会出现其中，比如雕塑家安东尼奥·里乔和建筑师乔治·阿马德奥，还有一位雅各布·巴萨诺，曾获得过几座磨坊的执照，时间分别是 1492 年（头两座）和 1544 年（第三座）；参见 G. 曼迪克的《威尼斯的劳工权益（1450—1550）》〔G. Mandich, "Le privative industriali veneziane (1450–1550)," *Rivista del diritto commerciale* 34 (1936): 1, 538, 545〕。另可参考第 541 页。我在卡洛·波尼提供给我的国家档案馆威尼斯分馆的复印文档中也找到了后来的类似案例。

42. "可能有"：参见 ACAU, 宗教法庭第 285 号审判, 未标页码散页（1599 年 7 月 19 日的审讯）。

42. 一两个星期后：同上, 未标页码散页（1599 年 8 月 5 日的审讯）。

43. 我们不知道：在针对波尔恰手工艺人组织的审判中没有出现尼古拉的名字（参见 ASVen, 宗教法庭, 卷 13 和卷 14, 安东尼奥·迪劳尤名下的卷宗）。

43. "一个大异端分子":参见 ASVen,宗教法庭,卷 34,亚历山德罗·曼蒂卡名下的卷宗,1571 年 10 月 17 日的审讯。尼古拉曾去罗拉里奥家中"取绘画用的挡板"。

43. "我知道":参见 ACAU,宗教法庭第 126 号审判,fol. 23 v。

45. 《卡拉维亚之梦》:该书的版本说明:"(印刷于)威尼斯,萨比奥的尼科利尼家族之乔瓦尼·安东尼奥之印刷行,我主降生后 1541 年之 5 月。"(In Vinegia, nelle case di Giovanni Antonio di Nicolini da Sabbio, ne gli anni del Signore, MDXLI, dil mese di maggio)目前尚无关于这部著作的专门研究,但可参考 V. 罗西的《威尼斯宗教改革历史中的一则逸闻》(V. Rossi, "Un aneddoto della storia della Riforma a Venezia," in *Scritti di critica letteraria*, vol. 3, *Dal Rinascimento al Risorgimento*, Florence, 1930, pp. 191–222),以及《来自另一个世界的逸闻:1513 年一位小丑的诗作》一书的导言(*Novelle dell'altro mondo: Poemetto buffonesco del 1513*, Nuova scelta di curiosità letterarie inedite o rare, vol. 2, Bologna, 1929)。后者出神入化地描述了卡拉维亚这个人物形象和《卡拉维亚之梦》这本书所部分从属的文学潮流。关于小丑和其他流行滑稽人物游览地狱的经历,参见巴赫金的《拉伯雷和他的世界》英文版第 6 章。

45. "你在我看来甚为忧郁":参见《卡拉维亚之梦》,fol. A iii r。这本书扉页上的画像是专为这个"忧郁之人"设计绘制的:但它对丢勒那幅当时在威尼斯各个圈子中十分著名的版画的借鉴,却是一目了然的。参见 R. 克里班斯基、F. 萨克斯尔和 E. 帕诺夫斯基的《土星与忧郁:自然哲学、宗教和艺术史的研究》(R. Klibansky, F. Saxl, and E. Panofsky, *Saturn and Melancholy: Studies in the History of Natural Philosophy, Religion, and Art*, London, 1964)。

45. "哦,我多想":参见《卡拉维亚之梦》,fol. B ii v。

47. "我知道法尔法赖罗":同上,fols. G v–G ii r。

49. "插科打诨":同上,fol. G iii r。

49. "向他露出":同上,fol. G ii v。

49. "某个叫马丁·路德的家伙":同上,fols. F iv r–v。

51. "令基督徒得救的头一条":同上,fol. B v。

51. "许多愚人":同上,fol. B iii v。

53. "当成了一桩生意":同上,fol. B iv r。

54. 在这里……遭到了含蓄的否认:赞博罗并没有描述炼狱。在某一处含混地提到了"那下面地狱的惩罚,或是炼狱"(同上,fol. iv r)。

54. "他们装模作样地":同上,fol. C ii v。

54. "奢侈华丽的教堂":同上,fol. E r。卡拉维亚在此处特别突出地批评了圣罗科大会堂(School of San Rocco)的辉煌华丽。

54. "圣人是应当被尊崇的":同上,fol. D iii v。

54. "每个虔信的基督徒":同上,fol. E r。

55. "教皇派"：同上，fol. B iv v。

55. 对于像卡拉维亚这样的人来说：关于他完成《卡拉维亚之梦》后的其他创作，参见罗西的《威尼斯宗教改革历史中的一则逸闻》。1557 年，卡拉维亚受到了宗教法庭的审判，在审判过程中，《卡拉维亚之梦》被当成反对他的不利证据，因为这本书的写作"对宗教进行了嘲笑"。同上，第 220 页；卡拉维亚在 1563 年 5 月 1 日做出的充满个人特色的供述，部分转载于第 216—217 页。

55. 早在第一次审判之前：正如我们已经看到的，不可能确定梅诺基奥异端思想的起源时间。不管怎样，值得注意的一点是，他一度宣称自己已有二十年未守大斋节的斋戒了（ACAU，宗教法庭第 126 号审判，fol. 27 r）——这一时间大致与他被放逐出蒙特雷阿莱的这件事重合。梅诺基奥很可能在寄居卡尔尼亚期间与路德派团体有过接触。在这个边境地区，宗教改革的渗透尤为成功。

## 第11章

56. "你想让我来教你"：参见 ACAU，宗教法庭第 126 号审判，fols. 16 r–v。

56. "我说出那些话"：同上，fol. 19 r。

57. "魔鬼"：同上，fol. 21 v。

57. 同那些先知：参见 F. 沙博，《米兰公国的宗教史》，第 299 页以后内容；D. 坎蒂莫里，《16 世纪的意大利异端分子》，第 10 页以后内容；M. 里夫斯，《中世纪晚期预言的影响：对约阿希姆主义的研究》( M. Reeves, *The Influence of Prophecy in the Later Middle Ages: A Study in Joachimism*, Oxford, 1969 )；G. 托涅蒂，《小议文艺复兴时期的先知主义及相关文学作品》(G. Tognetti, "Note sul profetismo nel Rinascimento e la letteratura relativa," *Bullettino dell'Istituto storico italiano per il Medio Evo*, no. 82 (1970), pp. 129–157 )。关于乔治·西库洛，参见坎蒂莫里《16 世纪的意大利异端分子》第 57 页以后内容；C. 金茨堡，《关于 16 世纪先知预言的两点评论》[ C. Ginzburg, "Due note sul profetismo cinquecentesco," *Rivista storica italiana* 78 (1966) ]，第 184 页以后内容。

57. "在有几次向……忏悔时"：参见 ACAU，宗教法庭第 126 号审判，fol. 16 r。

## 第12章

59. 在他被逮捕时：参见 ACAU，宗教法庭，fol. 14 v，1584 年 2 月 2 日："我发现 [ 此处为书记员自称 ] 了一些书，但并无可疑之处，也未遭禁，因此审判官下令将其归还。"

59. 《圣经》：根据 G. 斯皮尼的文献学研究，这似乎不太可能是安东尼奥·布鲁乔利翻译的版本 [ 参见《安东尼奥·布鲁乔利作品的文献学研究》("Bibliografia delle opere di Antonio Brucioli," *La Bibliofilia* 42 [ 1940 ] : 138 ff ) ]。

59. 《圣经辅读》：参见 H. 苏绪尔主编的《普罗旺斯文学和语言的里程碑》（H. Suchier, ed., *Denkmäler Provenzalischer Literatur und Sprache*，Halle, 1883）第一卷第 495 页以后内容；P. 罗德，《〈罗曼语世界编年史〉的材料来源》（P. Rohde, "Die Quellen der Romanische Weltchronik"），此文收录于苏绪尔主编的《普罗旺斯文学和语言的里程碑》之第 589—638 页；F. 赞布里尼，《13 世纪和 14 世纪的白话印刷书籍》（F. Zambrini, *Le opere volgari a stampa dei secoli XIII e XIV*，Bologna, 1884, col. 408）。正如前面已经提到过的，不同版本收录的内容相差很大：有些止于耶稣的诞生，另一些仅包括耶稣的童年或殉难。我所知道的那几个版本（我并没有进行系统搜集），出版时间跨度在 1473 年到 1552 年之间，而且几乎全都是在威尼斯印刷的。我们不知道梅诺基奥到底于何时购买了这本《圣经辅读》。这本书又继续流传了很长时间：1569 年的禁书目录中出现了一个名为 "Flores Bibliorum et doctorum" 的版本［参见 F. H. 罗伊施，《16 世纪的禁书目录》（F. H. Reusch, *Die Indices librorum prohibitorum des sechszehnten Jahrhunderts*，Tübingen, 1886, p. 333］。1576 年，担任圣殿太师（Commissioner of the Sacred Palace）*的达米亚诺·鲁贝奥修士在回复博洛尼亚宗教法庭审判官提出的某些问题时，要求他禁止《圣经辅读》的流通发行［参见 A. 罗通多，《〈禁书目录〉(1572—1638) 的最新历史文献》"Nuovi documenti per la storia dell''Indice dei libri proibiti'(1572–1638),"*Rinascimento* 14［1963］: 157）］。

61. 《圣母马利亚荣光经》：梅诺基奥一开始提到了一本《圣母马利亚荣光经》；后来，他又改口说："我记不清楚这本书到底叫《圣母马利亚玫瑰经》还是《圣母马利亚荣光经》了，但它是一本印刷品"（参见 ACAU，宗教法庭第 126 号审判，fols. 18 r, 20 r）。我发现了至少 15 个版本的《玫瑰经》，它们都是由阿尔贝托·达·卡斯泰洛编著的，印刷于 1521 年到 1573 年间。在这个问题上，我和前面那个例子一样，也没有进行系统搜集。如果梅诺基奥读的这本书真的是《圣母马利亚玫瑰经》（我们接下来会说明，为什么这并不确定），则这本 "荣光经" 就还需要再行解释。这会不会是一个无心之失，把奥坦的洪诺留所著的《释义》（*Elucidarium*）误记成了字形字音相近的 "荣光"（Lucidario）？关于这一问题，参见 Y. 勒菲弗的《〈释义〉与〈荣光经〉》（Y. Lefèvre, *L'Elucidarium et les lucidaires*，Paris, 1954）。

61. 《圣人传奇》：即便是在这个拼写错误中，我们应当也能回想起对那本 "荣光经"（Lucidarius）的可能解读（见上一条注释）。以意大利本国语言写成的《黄金传奇》的各种版本不计其数。比如，梅诺基奥很可能就见过 1565 年出版于威尼斯的一个版本。

61. 《审判之史》：参见 A. 乔尼主编的《宗教诗歌：圣徒传记长诗和圣物短句》（A. Cioni, ed., *La poesia religiosa: I cantari agiografici e le rime di argomento sacro*,

---

* 又名 Master of the Sacred Apostolic Palace，自 1218 年起一直由多明我会修士担任的教皇教理顾问，1968 年后改名为 Theologian of the Pontifical Household，拉丁文是 Pontificalis Domus Doctor Theologus。

Biblioteca bibliografica italica, vol. 30，Florence, 1963, pp. 253 ff）。梅诺基奥阅读的这个文本是一组长诗中的部分内容，吟唱者（cantare）在审判日的故事之前简要地讲述了敌基督的到来（开头为："我向永恒的造世主请求"）。我所知道的版本有四个，其中三个版本保存在米兰的特里武尔齐奥图书馆（Biblioteca Trivulziana）[参见 M. 桑德，《1467 年到 1530 年的意大利图书》（M. Sander, *Le livre à figures italien depuis 1467 jusqu'à 1530*, vol. 2, Milan, 1942, nos. 3178, 3180, 3181）]；第四个版本保存在博洛尼亚的大学图书馆（Biblioteca Universitaria）（书名为：*Opera nuova del giudicio generale, qual tratta della fine del mondo*，首次印刷于帕尔马，重印于博洛尼亚，作者为亚历山德罗·贝纳奇，获宗教法庭许可出版，1575 年；关于这一版本，参见下面第 14 章的注释）。这四个版本均包含梅诺基奥记下的那一转述自《马太福音》的段落（参见本书第 19 章）；但在保存于威尼斯圣马可图书馆（Biblioteca Marciana）篇幅较短的那些版本中，却没有这段文字[参见 A. 塞加里奇，《威尼斯圣马可国立图书馆意大利大众印刷品书目》（A. Segarizzi, *Bibliografia delle stampe popolari italiane della R. Biblioteca nazionale di S. Marco di Venezia*, 1, Bergamo, 1913, nos. 134, 330）]。

61. 《约翰·曼德维尔骑士》：这部著作拥有大量的印刷版本。可参考的资料包括 M. C. 西摩主编的《曼德维尔游记》（M. C. Seymour, ed., *Mandeville's Travels*, Oxford, 1967），这是据我所知的最近的一个版本；M. H. I. 莱茨的评注本《约翰·曼德维尔爵士：其人与其书》（M. H. I. Letts, *Sir John Mandeville: The Man and His Book*, London, 1949）；J. W. 贝内特的《重新发现约翰·曼德维尔骑士》（J. W. Bennett, *The Rediscovery of Sir John Mandeville*, New York, 1954），这位作者试图证明曼德维尔在历史上确有其人，但其论证并不具有说服力。这本《曼德维尔游记》被翻译成了拉丁文和几乎所有的欧洲各地方言，并以抄本和印刷品两种形式广为流传。光是在大英图书馆中，就有问世于 1480 年到 1567 年间的 20 个意大利文版本。

61. 《查博罗》：关于《卡拉维亚之梦》，参见前面第 10 章注释中摘引的 V. 罗西的研究。

62. 《编年史增补》：据我所知，在 1488 年到 1581 年之间，至少印刷出版了 15 个福雷斯蒂编年史的意大利本国语言版本。关于这本书的作者，参见 E. 皮亚内蒂的《贝尔加莫文化背景下的修士菲利波·福雷斯蒂及其著作》[E. Pianetti, "Fra Iacopo Filippo Foresti e la sua opera nel quadro della cultura bergamasca," *Bergomum* 33 (1939): 100–109, 147–174]；A. 阿佐尼的《福雷斯蒂的著作与奥古斯丁会图书馆》[A. Azzoni, "I libri del Foresti e la biblioteca conventuale di S. Agostino," *Bergomum* 53 (1959): 37–44]；P. 拉沙的《1310 年赴阿维尼翁觐见克莱门特五世的埃塞俄比亚使团》[P. Lachat, "Une ambassade éthiopienne auprès de Clement V, à Avignon, en 1310," *Annali del pontificio museo missionario etnologico già lateranensi* 31 (1967): 9, n. 2]。

62. 《意大利年历》：桑德在《1467 年到 1530 年的意大利图书》中列出了发行于 1509 年到 1533 年之间的 8 个版本（*Le livre à figures*, vol. 2, nos. 3936–3943）。

62. 《十日谈》：关于梅诺基奥读到的这一版本并未受到反宗教改革派的内容审查的这一事实，参见本书第 23 章。就这一问题，可参考 F. H. 罗伊施的《16 世纪的禁书目录》[ F. H. Reusch, *Der Index der verbotenen Bücher* (Bonn, 1883), 1: 389–391 ]；A. 罗通多的《〈禁书目录〉(1572—1638)的最新历史文献》，第 152—153 页；C. 德·弗雷德的《牵涉到异端审判中的 16 世纪意大利印刷商、出版商和书商》[ C. De Frede, "Tipografi, editori, librai italiani del Cinquecento coinvolti in processi d'eresia," *Rivista di storia della Chiesa in Italia* 23 (1969): 41 ]；P. 布朗的《〈十日谈〉第二洁本的目的与方法》[ P. Brown, "Aims and Methods of the Second Rassettatura of the Decameron," *Studi secenteschi* 8 (1967): 3–40。综合性介绍，参见 A. 罗通多的《教会内容审查与文化》[ A. Rotondò, "La censura ecclesiastica e la cultura," in *Storia d'Italia*, vol. 5, *I documenti*, ed. R. Romano and C. Vivanti (Turin, 1973), pt. 2, pp. 1399–1492 ]。

62. 《古兰经》：参见 C. 德·弗雷德，《〈古兰经〉的第一个意大利文译本以及作为其背景的 16 世纪基督教与伊斯兰教之间的关系》(*La prima traduzione italiana del Corano sullo sfondo dei rapporti tra Cristianità e Islam nel Cinquecento*, Naples, 1967 )。

# 第13章

63. "是我在威尼斯花两个索尔多买的"：参见 ACAU，宗教法庭第 126 号审判，fol. 20 r。
63. 《编年史增补》：同上，第 285 号审判，未标明页码的散页（1599 年 7 月 12 日的审讯）。
63. 《圣母马利亚荣光经》：同上，第 126 号审判，fols. 18 r, 20 r。
63. 她的儿子乔治·卡佩尔：同上，未标明页码的散页（1584 年 4 月 28 日的审讯）。
64. 《圣经》：同上，fol. 21 v。
64. 《约翰·曼德维尔骑士》：同上，fols. 22 r, 25 v。
64. 《卡拉维亚之梦》：同上，fol. 23 v。
64. 尼古拉·德·梅尔基奥里：同上，第 285 号审判，未标明页码的散页（1599 年 8 月 5 日的审判）
64. 梅诺基奥又把……借给了：同上，第 126 号审判，未标明页码的散页（1584 年 4 月 28 日的审讯）。
64. 我们知道，在乌迪内：参见 A. 塔利亚费里《一个 16 世纪威尼斯社群（乌迪内地区）的结构和社会政策》第 89 页关于 A. 巴蒂斯特拉的介绍。
65. 初级学校：参见 G. 基乌帕尼的《中世纪到 17 世纪（巴萨诺）的文法学校历史》。关于这些问题，在缺乏现代研究的情况下，G. 马纳科尔达的旧作《意大利学校史·第一卷：中世纪》(*Storia della scuola in Italia, vol. 1, Il Medioevo*, Milan, Palermo, Naples, 1914) 依然十分有益。
65. 是令人震惊的：不过，我们应当记住，对文化水平的历史研究仍处于婴儿期。C. 奇波拉在《西方的文化水平与发展》(C. Cipolla, *Literacy and Development in the West*, London, 1969) 中进行的仓促而泛泛的调查，已经是过时的了。在近期的一些研究中，可参考 L. 斯通的《1560—1640 年的英格兰教育革命》[L. Stone, "The Educational Revolution in England, 1560–1640," *Past and Present*, no. 28 (1964), pp. 41–80]；同一作者的《1640—1900 年的英格兰文化水平与教育》["Literacy and Education in England, 1640–1900," ibid., no. 42 (1969), pp. 69–139]；A. 维钱斯基的《16 世纪波兰的文化水平与社会结构》(A. Wyczanski, "Alphabétisation et structure sociale en Pologne au XVI e siècle," *Annales: ESC* 29 (1974):705–713)；F. 菲雷和 W. 萨克斯的《18—19 世纪法国文化水平的提高》(F. Furet and W. Sachs, "La croissance de l'alphabétisation en France—XVIII e–XIXe siècle," ibid., pp. 714–737)。维钱斯基的研究尤其适宜与我们在此处考察的这个例子进行比较。在对 1564 年到 1565 年这两年间克拉科夫（Cracow）地区的财政档案进行分析后，结果显示，在这些档案中被提及的农民，22% 的人知道如何签署自己的名字。该作者警告说，对于这个数字，应当谨慎对待，因为其样本只是很少的一部分人（18 个），此外，构成该样本群的农民都是颇为富足且经常在村镇中担任公职的人（梅诺基奥也是如此）。不过，他依然得出了"在农民之中存在初级教育"的结论（《16 世纪波兰的文化水平与社会结构》，第 710 页）。对于 B. 博南在《17 世纪多菲内地区的书籍与农民》(B. Bonnin, "Le livre et les paysans en Dauphiné au XVII e siècle") 和 J. 梅耶尔在《文化水平、阅读与写作：论 16 世纪到 19 世纪布列塔尼地区的大众教育》(J. Meyer, "Alphabétisation, lecture et écriture: Essai sur l'instruction populaire en Bretagne du XVI e siècle au XIXe siècle") 中的研究结果，我们翘首以待。

## 第14章

67. 梅诺基奥的拉丁文水平仅限于：参见 ACAU，宗教法庭第 126 号审判，fol. 16 r："他回答说：'我知道怎么说信经，我还听过在弥撒上背诵出的信经，我在蒙特雷阿莱的教会里参与过唱诗。'审讯者：'既然你知道信经，那你怎么看这段经文：（我信）我主耶稣基督，上帝的独生子，因着圣灵感孕，从童贞女玛利亚所生（拉丁文原文：et in Iesum Christum filium eius unicum dominum nostrum qui conceptus est de Spiritu santo, natus ex Maria virgine）'？你过去对这段经文有何评论及感想，如今又是怎么认为的？'而当有人对他说：'你真的明白"因着圣灵感孕，从童贞女玛利亚所生"是什么意思吗？'他回道：'是的，大人，我明白。'"这段由某位宗教法庭书记员记录下来的对话，似乎表明梅诺基奥只能理解信经中的字句，而这个文本是曾经反复向他宣读过的，而且语速可能相当缓慢。他还知道主祷文（同上，第 285 号审判，未标明页码的散页，1599 年 7 月 12 日的审讯），但这一事实与我们的上述猜测并不矛盾。一个不那么明显的证据，反倒是梅诺基奥引用过的耶稣基督对与他同钉十字架的窃贼说的那些话["今日你要同我在乐园里了"（hodie mecum eris in paradiso）：参见第 126 号审判，fol. 33 r]。但要仅凭这些就做出他精通拉丁文的结论，却是相当危险的。

67. 不同社会等级：不幸的是，关于 16 世纪意大利下层阶级（或者更准确地说，这些阶级中少数有阅读能力的人）所传阅的书籍，尚不存在系统研究。如能对遗嘱、遗物清单和宗教法庭审判记录开展一项调查研究（比如 C. 贝克对商人圈进行的那种研究），则将是极其有益的。另参见 H.-J. 马丁在《17 世纪巴黎的书籍、权力与社会（1598—1701）》中收集的相关证据［H.-J. Martin, *Livre, pouvoirs et société à Paris au XVII e siècle (1598–1701)*, 2 vols., Geneva, 1969, 1: 516–518］，以及 J. 索莱在《18 世纪格勒诺布尔的阅读与大众阶级：遗物清单为证》中对晚些时期的类似研究（J. Solé, "Lecture et classes populaires à Grenoble au dixhuitième siècle: Le témoignage des inventaires après décès," *Images du peuple au XVIII e siècle—Colloque d'Aix-en-Provence, 25 et 26 Octobre 1969*, Paris, 1973, pp. 95–102）。

67. 福雷斯蒂的《编年史增补》和那本《约翰·曼德维尔骑士》：关于福雷斯蒂的《编年史增补》，参见 A. 马里诺尼编辑的新版大字本《莱昂纳多·达·芬奇的文学作品》（*Leonardo da Vinci, Scritti letterari*, ed. A. Marinoni, new enlarged ed., Milan, 1974, p. 254）（这是一个猜测，但有据可查）。关于《约翰·曼德维尔骑士》，参见 E. 索尔米的《莱昂纳多·达·芬奇手稿的资料来源》之附录部分（E. Solmi, *Le fonti dei manoscritti di Leonardo da Vinci*, Turin, 1908, p. 205, supplement, nos. 10–11 of the *Giornale storico della letteratura italiana*）。关于莱昂纳多·达·芬奇对《约翰·曼德维尔骑士》一书的反应，参见第 54 页。总的来说，除了前面引述的马里诺尼那本书第 239 页之后的内容，还可参考 E. 加林的《莱昂纳多思想的来源问题》（E. Garin, "Il problema delle fonti del pensiero di Leonardo," in *La cultura filosofica del Rinascimento italiano*, Florence, 1961, pp. 388 ff），以及 C. 迪奥尼索蒂的《作为作家的莱昂纳多》［C. Dionisotti, "Leonardo uomo di lettere," *Italia medioevale e umanistica* 5 (1962): 183 ff］（我们已经试着将其牢记心中，尤其是从方法论的意义上）。

67. 《审判之史》：这个版本名为《审判史新编》（*Opera nuova del giudicio generale*），保存于博洛尼亚大学图书馆中（Aula V, Tab. I, JI, vol. 51.2）。在封面上写着："乌利塞·阿尔德罗万迪及友人"（Ulyssis Aldrovandi et amicorum），封面和最后一页上的其他评注似乎并非出自阿尔德罗万迪之手。关于后者与宗教法庭之间的过节，参见 A. 罗通多的《16 世纪博洛尼亚异端史研究》［A. Rotondò, "Per la storia dell'eresia a Bologna nel secolo XVI," *Rinascimento* 13 (1962): 150 f］及其参考书目。

68. "奇思异想"：参见 ACAU，宗教法庭第 126 号审判，fol. 12 v.

# 第15章

70. 他是怎样阅读这些书的呢：试图回答某些问题的研究者，经常会令人吃惊地忽略掉如何解读的这个问题。就此，请参见翁贝托·埃科在《接受的问题》（"Il problema della ricezione"）中逻辑严密的观察。收录于 A. 切卡罗尼和 G. 帕里亚诺·温加里主编的《马克思与弗洛伊德批判》（A. Ceccaroni and G. Pagliano Ungari, eds., *La critica tra Marx e Freud*, Rimini, 1973, pp. 19–27）中的这篇文章，在很大程度上与此处的讨论不谋而合。在 A. 罗西和 S. 皮科内·斯泰拉《尝试解读》（*La fatica di leggere*, Rome, 1963）一书所做的调查中，也浮现出了一些非常有趣的材料。关于将"谬误"视作一种方法学意义上的重要体验（这在梅诺基奥的阅读中也有所体现），参见 C. 金茨堡的《论马克·布洛赫的历史学论文》[C. Ginzburg, "A proposito della raccolta dei saggi storici di Marc Bloch," *Studi medievali*, ser. 3, 6 (1965), pp. 340 ff]。

70. "看法"：ACAU，宗教法庭第 126 号审判，fol. 21 v。

## 第16章

71. "被叫作童贞女"：参见 ACAC，宗教法庭第 126 号审判，fols. 17 v–18 r。

71. "想一想这些吧"：我从 1575 年的威尼斯版本（原书名为 "appresso Dominico de'Franceschi, in Frezzaria al segno della Regina"）中（fol. 42 r）引用了这句话。

72. 卡尔代拉里：参见 J. 富兰的《纪念卡尔代拉里逝世四百年》[J. Furlan, "Il Calderari nel quarto centenario della morte," *Il Noncello*, no. 21 (1963), pp. 3–30]。这位画家的真名叫乔瓦尼·马利亚·扎法尼（Giovanni Maria Zaffoni）。我不知道是否有人曾注意到，在约瑟与一群乔装打扮者站在一起的那个场景中，右边的一群女性与洛伦佐·洛托（Lotto at Trescore）描绘圣克莱尔摘下面纱的那幅湿壁画中的女性群体十分相像。

## 第17章

73. "我认为"：参见 ACAU，宗教法庭第 126 号审判，fol. 29 v。

73. "是的，大人"：同上。

75. "于是众天使"：我从 1566 年威尼斯版 [标题为 "appresso Girolamo Scotto"（杰罗拉莫·斯科托所作）] 的第 262 页摘引了这一句。应当注意的一个巧合是，在卡尔代拉里绘制的圣罗科教堂的组画中，也有关于圣母马利亚之死的一幕。

## 第18章

77. "因为许多人"：ACAU，宗教法庭第 126 号审判，fol. 16 r。

77. 《圣经辅读》的第 166 章：我从 1517 年威尼斯版（"per Zorzi di Rusconi milanese ad instantia de Nicolo dicto Zoppino et Vincentio compagni"）中摘引了这一段（fol. Ov v）。

78. "耶稣基督生而为人"：ACAU，宗教法庭第 126 号审判，fol. 9 r。

78. "如果他是永生的神"：同上，fol. 16 v。

# 第19章

79. "他总是跟人来辩去"：ACAU，宗教法庭第126号审判，fol. 11 v。

79. "照我说"：同上，fols. 22 v–23 r。

80. "哦，你这已经"：我摘引的这段，出自保存于特里武尔齐奥图书馆中的一个年代未定（但应在1570年到1580年间）的版本，印刷地点为"佛罗伦萨城巴迪亚（Badia）阶梯附近某处"，标题为"真正的末日大审判"（ludizio universal overo finale）。我在摘引中改正了部分错误。1575年的博洛尼亚版（见第12章注释）字句有细微差异。

82. 即便是再洗派的贝内代托·德阿索洛主教：参见A. 斯泰拉的《16世纪意大利的再洗派运动和反三位一体派运动》，第75页。

83. "因为它只会伤害"：ACAU，宗教法庭第126号审判，fol. 21 v。

85. "我教你们"：同上，fol. 9 r。

85. 但在……审讯期间：同上，fols. 33 v.–34 r。

86. 《宽恕的理由》："于威尼斯为斯特凡诺·达·萨比奥而作，1537年。"关于克里斯波尔迪，参见A. 普рос斯佩里的《在福音主义与反宗教改革之间：吉安·马泰奥·吉贝蒂（1495—1543）》（A. Prosperi, *Tra evangelismo e Controriforma: G. M. Giberti (1495–1543)*, Rome, 1969）之索引部分。关于这本小册子，参见C. 金茨堡和A. 普罗斯佩里的《耐心的游戏：论"基督八福"》（C. Ginzburg and A. Prosperi, *Giochi di pazienza: Un seminario sul "Beneficio di Cristo"*, Turin, 1975）。

86. "这一剂宽恕的药方"：克里斯波尔迪，《宽恕的理由》（*Alcune ragioni del perdonare*），fols. 34 r–v。

87. 他是很熟悉的：同上，fols. 29以后内容，尤其是fols. 30 v–31 r："他们（士兵和军官）以及各种出身、各种处境、来自各个共和国与王国的人们，理应永远处于无休无止的战争之中，永远无法享受和平，因为有那么多的人憎恶原谅，对那些给予赦免的人恶言相向，不屑一顾。他们合该每个人都以法律为武器，各自为政，因为既没有法官也没有公务员，而当每个人都将法律操控于自己手中时，带着诸多恶意的他们，所见皆是罪大恶极。啊，为了共同的利益，即便是根据异教徒的律法，家族之间的争执积怨也会被交给公务员来处理，而在他们当中，宽恕是一件正确的事，尤其是在为了共同利益——甚至是为了某些个人的利益——而宽恕时，因为在这种情况下，当一位父亲被宽恕时，他的幼子便不会失怙无依。再想一想，因为这是上帝的意愿而去宽恕，又是何等的加倍重要。这个共同利益的问题，已经被许多人长篇累牍地讨论过了。"参见《论李维》第一卷第11章至15章（首次出版于1531年）。

87. 不是那个被狭隘片面地贬低为……的马基雅维利：参见G. 普罗卡奇为N. 马基雅维利《君主论·论李维》一书撰写的序言（G. Procacci to N. Machiavelli, *Il Principe e Discorsi sopra la prima deca di Tito Livio*, Milan, 1960, pp. Lix–lx）。

## 第20章

89. 所有共犯：参见 ACAU，宗教法庭第 126 号审判，fol. 27 r。

89. 写给法官的一封信里：参见本书第 44 章。

90. 这本《约翰·曼德维尔骑士游记》或许一开始是用法文写成的：参见第 12 章注释中列出的基本参考书目。

90. 众所周知：参见 G. 阿特金森的《法国文艺复兴的新视野》（G. Atkinson, *Les nouveaux horizons de la Renaissance française*, Paris, 1935, pp. 10–12）。

91. "基督徒的不同行事方式"：我从 1534 年威尼斯版（Joanne de Mandavilla, *Qual tratta delle piú maravigliose cose*）中摘引了这一句，参见 fol. 45 v。

91. "他们说，人应当"：同上，fol. 46 r–v。

91. "如果那棵树"：参见 ACAU，宗教法庭第 126 号审判，fol. 38 r。

93. "在所有的先知中"：1534 年威尼斯版《约翰·曼德维尔骑士游记》，fol. 51 v。

93. "我怀疑"：参见 ACAU，宗教法庭第 126 号审判，fol. 16 v。

93. "但他从未像他们说的那样被钉死在十字架上"：1534 年威尼斯版《约翰·曼德维尔骑士游记》，fol. 52 r。

93. "耶稣基督被钉十字架不是真的"：参见 ACAU，宗教法庭第 126 号审判，fol.13 r。

94. "在我看来，这是一件奇怪的事"：同上，fol. 16 v。

94. "他们［这些基督徒］"：1534 年威尼斯版《约翰·曼德维尔骑士游记》，fols. 53 r–v。

## 第21章

95. "这些国土上的众多民族"：1534 年威尼斯版《约翰·曼德维尔骑士游记》，fol. 63 r。"查纳"就是今天的塔纳（Thana），位于孟买东北部的撒尔塞特（Salsette）岛上［为了确认《曼德维尔骑士游记》中的地理名称，我使用了 M. C. 西摩的评注本（M. C. Seymour, ed., *Mandeville's Travels*, Oxford, 1967）］。

96. "他们是一群矮个子"：1534 年威尼斯版《约翰·曼德维尔骑士游记》，fol. 79 v。关于这一段落可能是斯威夫特提供了灵感来源，参见 J. W. 贝内特的《重新发现约翰·曼德维尔骑士》（J. W. Bennett, *The Rediscovery of Sir John Mandeville*, New York, 1954, pp.255–256）。

96. "如此众多的人种"：参见 ACAU，宗教法庭第 126 号审判，未标明页码的散页；1534 年威尼斯版《约翰·曼德维尔骑士游记》，fol.22 r。

96. 米歇尔·德·蒙田：关于蒙田相对主义的局限性，参见 S. 兰杜奇的《哲学家与野蛮人：1580—1780》（S.Landucci, *I filosofi e i selvaggi, 1580–1780*, Bari, 1972, pp. 363–364 and passim）。

97. "在这岛上":1534 年威尼斯版《约翰·曼德维尔骑士游记》,fols. 76 v–77 r。都顿岛或许是安达曼群岛中的一座。意大利文版《曼德维尔骑士游记》的第 148 章,对应的是其英文译本的第 22 章(英译者注)。
98. 同样深受影响的还有莱昂纳多·达·芬奇:参见 E. 索尔米《莱昂纳多·达·芬奇手稿的资料来源》的附录部分。
98. "告诉我":参见 ACAU,宗教法庭第 126 号审判,fols. 21 v–22 r。

## 第22章

101. "你应当知道":1534 年威尼斯版《约翰·曼德维尔骑士游记》,fol. 63 v。
102. "最神圣的动物":同上,fols. 63 v–64 r。
102. "狗头":同上,fol. 75 v。对犬诺西法鲁斯(Cynocephales,"狗头人")的描述来自博韦的文森特编著的《历史宝鉴》(Speculum historiale,《大宝鉴》中的一部分)。
102. "你要知道,在所有的那些国度":1534 年威尼斯版《约翰·曼德维尔骑士游记》,fols. 118 v–119 r。"地的四极都要敬畏祂":拉丁文《圣经》的《诗篇》第 66 篇第 8 节;"万国都要侍奉祂":拉丁文《圣经》的《诗篇》第 71 篇第 11 节。*
103. "尽管":1534 年威尼斯版《约翰·曼德维尔骑士游记》,fols. 110 r–v。摘引的《圣经》经文参见拉丁文《圣经》的《何西阿书》第 8 章第 12 节;《雅歌》第 8 章第 14 节;《约翰福音》第 10 章第 16 节。†
103. 梅塞德拉塔岛和吉诺扎法岛:这是两个在关于裸身穴居人的古代传说(Oxydraces and Gymnosophistae)中提到过的地名。可以将《曼德维尔游记》中的这些段落与韦兹莱的抹大拉的马利亚教堂(church of the Madeleine in Vezelay)正门雕像中那些得救的巨人和大脚人作一比较〔参见 E. 马莱的《12 世纪法国的宗教艺术》(E. Mâle, L'art religieux du XII e siècle en France, Paris, 1947, p. 330),以及 L. 雷奥的《基督教艺术的传统性形象》(L. Réau, L'iconographie de l'art chrétien, Paris, 1958, vol. 3, pt. 1, 307–308)中圣克里斯托弗的狗脸形象;这些参考资料都是基娅拉·塞蒂·弗鲁戈尼(Chiara Settis Frugoni)慷慨地与我分享的〕。不过,在抹大拉的马利亚教堂,强调的重点在于基督之道(Christ's Word)的无

---

\* 中译采用和合本《圣经》对应的《诗篇》第 67 篇第 8 节和第 72 篇第 11 节。

† 本书作者第一处引用原文为 ponam eis multiplices leges meas,但拉丁文《圣经》的《何西阿书》此处原句为 scribam ei multiplices leges meas;第二处引用原文为 qui totum subdit orbem legibus,应为 qui totum subdit suis orbem legibus 的误写,但此句不出自《圣经》,是中世纪格里高利圣咏中一首应答圣歌《至高三一颂》(Summae Trinitati)的应答句。《雅歌》第 8 章 14 节的对应拉丁文为:Fuge, dilecte mi, et assimilare capreæ, hinnuloque cervorum super montes aromatum。

远弗届，在奇形怪状的人种中也能得到传播。

103. 一股主张宽容的大众潮流：具体事例可参见 C. 维万蒂的《16、17 世纪之间法国的政治斗争与宗教和平》( C. Vivanti, *Lotta politica e pace religiosa in Francia fra Cinque e Seicento*, Turin, 1963, p. 42 )。

104. 关于三只戒指的中世纪传说：在不甚令人满意的 M. 彭纳的《三只戒指的寓言和中世纪的宽容》( M. Penna, *La parabola dei tre anelli e la tolleranza nel Medio Evo*, Turin, 1953 ) 之外，还可参考 U. 菲舍尔的《三只戒指的故事：从传说到乌托邦》[ U. Fischer, "La storia dei tre anelli: Dal mito all'utopia," *Annali della Scuola Normale Superiore di Pisa-Classe di Lettere e Filosofia*, ser. 3, 3(1973): 955–998 ]。

## 第23章

105. 杰罗拉莫·阿斯泰奥：参见 C. 金茨堡，《夜间的战斗：16、17 世纪的巫术和农业崇拜》的索引部分。

105. "大人，我求您"：参见 ACAU，宗教法庭第 285 号审判，1599 年 7 月 12 日、7 月 19 日和 8 月 5 日的审讯。

107. 没能逃过反宗教改革派内容审查官的剪刀：参见第 12 章注释。在莱奥纳尔多·萨尔维亚蒂校正的琼蒂版（Giunti edition）中，这个故事（"犹太人麦启士德凭着一个三只戒指的故事，逃出了萨拉丁设下的危险圈套"，第一天的第三个故事）根本就没有提及三只戒指这回事（1573 年佛罗伦萨版第 28—30 页，1582 年威尼斯版）。而在"阿德里亚的盲叟"路易吉·格罗托校订的 1590 年威尼斯版（"riformata da Luigi Groto cieco d'Adria"，Venice, 1590, pp. 30–32）中，不仅最具有争议性的那一段消失了（"所以，陛下，关于你问到的天父赐给三个民族的三种律法，我要这样对你说：每一个都相信自己直接承袭于祂，要将祂的遗产、祂定下的律法和祂的诫命传承下去；但谁才是真正的继承者，就如同谁才是戒指的继承者一样，仍无从定论"：G. 薄伽丘，《十日谈》( G. Boccaccio, *Il Decamerone*, ed. V. Branca, Florence, 1951, 1: 78 )，整个故事都被改写了，而题目也变成了"年轻的波利菲洛（Polifilo）用三只戒指的故事逃出了三个女人为他设下的陷阱"。

108. 卡斯泰利奥：参见 D. 坎蒂莫里，《卡斯泰利奥（与塞尔维特）之思想》[ D. Cantimori, "Castellioniana (et Servetiana)," *Rivista storica italiana* 67 (1955): 82 ]。

## 第24章

109. 与某个异端群体可能存在的联系：关于这个问题的概述，参见 L. 费弗尔在《一个乏人问津的问题：法国宗教改革的起源与改革的原因》（L. Febvre, "Une question mal posée: les origines de la Réforme française et le problème des causes de

la Réforme," in *Au coeur religieux du XVIe siècle*, Paris, 1957）中关于"接触"*与"影响"的方法论讨论。

## 第25章

110. "我说过"：参见 ACAU, 宗教法庭第 126 号审判, fol. 17 r。
110. "这本书是不是"：同上, fol. 22 r。
111. "经上说，上帝起初造了一个无形无式的巨然之质"：《圣经辅读》, fol. A iiii r。
111. "经上说，起初上帝造了天和地"：参见（1553 年威尼斯版）福雷斯蒂《编年史增补补遗》, fol. I v。
113. "我听他说过"：ACAU, 宗教法庭第 126 号审判, fol. 6 r。
114. "我说过"：同上, fol. 17 r。
114. "这个至圣至上者为何？"：同上, fol. 20 r。
114. "那个至圣至上者"：同上, fol. 23 r。
115. "我认为，永生的上帝"：同上, fols. 30 r–v。
115. "这个上帝"：同上, fol. 31 v。

## 第26章

116. "你似乎"：ACAU, 宗教法庭第 126 号审判, fols. 36 v–37 v。此处全文收录了这次对话的文字记录。我只是用对话双方的名字替换了"讯问方（interrogatus）……答问方（respondit）"的原文格式。

## 第27章

120. "天使一般的，换言之即为神圣的"：在由克里斯托福罗·兰迪诺和亚历山德罗·维卢泰罗评注的 1578 年威尼斯版但丁《神曲·天堂》第 30 篇中（*Dante con l'espositioni di Christoforo Landino et d'Alessandro Vellutello*, Venice, 1578, fol. 201r. *Paradiso 30*, 134 ff），也隐约提到了人类之所以被造出来，是为了填补堕落天使所留下来的位置。关于这个问题，参见 B. 纳尔迪的《但丁与中世纪文化：关于但丁哲学思想的新论文》（B. Nardi, *Dante e la cultura medievale: Nuovi saggi di filosofia dantesca*, Bari, 1949, pp. 316–319）。
121. "而这位上帝"：参见 ACAU, 宗教法庭第 126 号审判, fol. 17 v。

---

\* 此处英文版 contracts 为拼写错误，意大利文版为 contatti，即"接触"。

121. 真的读过但丁的话：关于在大众语境之下（但仍是城市大众，而且是佛罗伦萨的大众群体）阅读但丁的例子，参见 V. 罗西的"愚人来信"（V. Rossi, "Le lettere di un matto," in *Scritti di critica letteraria*, vol. 2, *Studi sul Petrarca e sul Rinascimento*, Florence, 1930）第 401 页以后内容，尤其是第 406 页之后的段落。与梅诺基奥更为相似的一个例子，是卢卡乡下一个自称为"斯科利欧"的平民。关于他的诗作中与但丁的呼应，参见后面第 58 章的注释。

121. 事实上，梅诺基奥：没有证据表明，梅诺基奥曾经读过与他同时代的任何一个迪奥多罗·西库洛（Diodoro Siculo，译注：又称"西西里的迪奥多罗"，古希腊历史学家）所著《历史丛书》（*Biblioteca storica*）的意大利本国语言译本。但不管怎样，在这部著作的开篇，并没有提到奶酪，尽管确有一处提及一切生物皆由腐坏之中生。我将在其他文章中再度讨论这段文字的历史问题。但另一方面，我们十分确切地知道，梅诺基奥手头有福雷斯蒂的《编年史增补补遗》。他可能在这里浮皮潦草地读到了某些历史可以追溯到古典时代或中世纪的宇宙起源学说："所有这些东西都摘要节选自《创世记》，这样任何一个信徒都能借助它们理解为何异教徒的宗教信仰理论是全然无用的；事实上，通过将这种信仰理论［与《创世记》］相比较，他将能理解，它是一种不虔敬的理论而非神学。在这些异教徒中，有些人说上帝不存在；还有人相信并宣称，天上的恒星是火，或者实际上是回旋着、四下移动的火，而他们用它取代了上帝，加以崇拜；还有人说，统御世界的并非神圣的天命（divine providence），而是理性的自然；一些人说，世界从未有始，而自永恒而生，它绝不可能自上帝而始，而是机缘注定；最后，还有一些人说，它由原子、火花和微小的活体组成……"（《编年史增补补遗》fol. II r）这种"世界由机缘注定而生"的说法，在波尔切尼戈教区神父乔瓦尼·丹尼尔·梅尔基奥里在康科迪亚宗教法庭上做证时（3 月 16 日）提到的一次对话中再度出现（除非那是在复述《神曲·炼狱·第四篇》中的文字\*，但可能性微乎其微）。十五年前，一位朋友——很可能就是这位神父本人——行走在乡间时发出感叹："上帝之善是何等伟大，祂创造了这些山峰与平原，还有这个美丽的运作体系——那就是这个世界。"而他在一起的梅诺基奥曾问道："你认为是谁创造了这个世界？""上帝。""你在骗你自己，因为这个世界是偶然而生的，如果我能这么说的话，我是会这么说的，但我不想说。"（ACAU，宗教法庭第 126 号审判，fols. 24 v–25 r）

121. "取自世上至善之实质"：同上，fol. 37 r。

121. 弗朗切斯科·雷迪的实验：雷迪在 1688 年以实验证明，在不与空气发生接触的有机质中，腐坏不会发生，因此也就无所谓什么"自发生成"。

122. 沃尔特·雷利：引文摘自 H. 海登的《反文艺复兴》（H. Haydn, *The Counter-Renaissance*, New York, 1960, p. 209）。

122. 古老而遥远的神话故事：U. 哈尔瓦，《阿尔泰山人的宗教象征》（U. Harva, *Les représentations religieuses des peuples altaïques*, Paris, 1959, pp. 63 ff）。

---

\* 指关于德谟克利特的叙述。

122. "起初时"：参见 ACAU，宗教法庭第 126 号审判，fol. 6 r（另参见本书第 25 章）。
123. 无法被排除的一种可能是：参见 G. 德·桑蒂利亚纳和 H. 冯·德兴德的《哈姆雷特的石磨》（G. De Santillana and H. von Dechend, *Hamlet's Mill*, London, 1970, pp. 382–383）。他们宣称，对这一宇宙起源传说的全面研究，本身就需要有一本专著。在完成了一部将磨坊磨轮视作天穹之形象的精彩大作之后，谁知道他们会不会在一位磨坊主对这一古老宇宙起源论的复述之中，察觉到某些超出偶然之外的东西呢？不幸的是，我没有能力对《哈姆雷特的石磨》这一作品评头论足。它的预先设定某些条件，以及在某些段落中表现出来的大胆假设，显然都招来了怀疑。但对于那些被懒洋洋地被动接受的确定事实，只有敢于大胆提问，这种关于文化连续性的研究才成其为可能。

保拉·赞贝利最近曾在《一个，两个，三个，一千个梅诺基奥？》（Paola Zambelli, "Uno, due, tre, mille Menocchio?" *Archivio storico italiano* 137, 1979: 59, 51–90 passim）一文中反对过"农民文化的绝对自主性的概念"，这个概念，据说是我在《奶酪与蛆虫》中所主张的。但在我看来，这本书却是围绕着这样一个日益得到频繁且明确证实的假设——支配文化与被支配文化之间存在着一种"循环运动"（circularity）——构建起来的。而这个假设所表明的，恰好是一个截然相反的概念。但是，据赞贝利说，循环运动的说法与本书的论点无法对应（赞贝利文章的第 61 页，n.19）。在她看来，反倒是我在其他地方曾经用到过的一句话——"在作用于单一方向的压迫之外，（还存在着）由相互交换而形成的复杂关系"——拥有"显然不同的微妙层次"，而且也更易接受（即便这些在事实上与我的研究并不相关）。但她却没有注意到，在被她本人摘引过（第 63 页）的本书序言的一段文字里，我已经说过"存在于被支配阶级文化与统治阶级文化之间循环往复的彼此影响"。对于 15、16 世纪意大利哲学圈子（新柏拉图主义圈子和亚里士多德经验主义圈子）系自发生成的这一说法，赞贝利就其传播过程进行了评论，而这些评论毫无疑问是更精心也更有益之作。但是，在我看来，赞贝利摘引的那些内容并没有提供有说服力的先例，可以据此解释梅诺基奥理念的起源。首先应当被注意的是，这两个圈子都曾谈及奶酪的腐坏（蓬波纳齐，赞贝利文章的第 74 页，n.24），却没有将其与宇宙的起源联系起来；他们也曾谈及众天使和人类均自混沌中起源，但并没有提到奶酪的腐坏和总体上的腐坏过程（蒂贝里奥·鲁西利亚诺·塞斯托和《人类的牧人》（*Pimander*）的意大利本国语言版，赞贝利文章第 78—79 页）。在一个与日常经验紧密联系在一起的文化中，比如梅诺基奥所处的那种文化，发酵的"形象"［image，或者更贴切地说，是"体验"（experience）］与发酵的"理念"（第 74 页）之间的分别，既不能被视作理所当然，也并不明显。在梅诺基奥关于宇宙起源论的侃侃而谈中，反复被提及的腐坏奶酪，是一个类比—解释手段，在说服我们排除赞贝利所设想（且并未证明）的那种文人学究的介入影响这一点上，它起到了决定性作用。事实上，要支持她的论点，必须假定一种极度渗透性的存在，而且必须证明这种极度渗透性存在于上层阶级文化和农民文化之间。（为了避免误解，我想在这里强调一下，我并不打算提出"农民文化的绝对自主性的概念"。）她预先假定，一名磨坊主与"间接或直接熟悉"菲奇诺著作的异端圈子有过接触，要比这位磨坊主读过塞尔维特的文本"容易得太多"，"因为它们［菲奇诺的著作］流传极广"（第69页）",而这种假定是十分荒谬的。正如我们前面已经提到过的,一位曼图亚的金匠曾经试着读过塞尔维特（却一点儿都没看懂）;但设想菲奇诺基奥所读之书中包括菲奇诺的著作,却让我们不禁联想起C.迪奥尼索蒂的一句俏皮话来。加林曾将莱昂纳多·达·芬奇藏书书目中一本名为《论灵魂之永生》(*De immortalità d'anima*)的书认定为菲奇诺的《柏拉图神学》(*Theologia platonica*),而迪奥尼索蒂讽刺地称其为"实在令人不可思议的张冠李戴":"一想到这事,就让我联想起鸡窝里站着一头长颈鹿。"（C.迪奥尼索蒂《作为作家的莱昂纳多》第185页）。令人惊讶的还有赞贝利关于terrigenae（地球起源）这一术语的评论（第79—80页）,这个术语菲奇诺用过,蓬波纳齐的弟子蒂贝里奥·鲁西利亚诺·塞斯托后来也用过。赞贝利说:"诚然,当一个主题变得如此熟悉,以至就此生出了一个专门的拉丁词汇时,就没有必要非得预先设定存在一种源自印度的、直接且纯属口头的传承关系了。"就算是那些文本曾经传到梅诺基奥手上——而这是极不可能的——那个拉丁文词汇,很可能也是梅诺基奥完全无法理解的。简而言之,我们面对的是并存的两种文化,它们彼此相连,然而却是通过循环（往复）的关系联系起来的,而这些关系必须针对每一具体事例加以分析证明——这才是真正的关键。然而,如果我们接受了这种循环运动的假设,我们就必须承认,它加诸历史学家身上的举证标准是异于往常的。这是因为,支配文化和被支配文化之间的斗争,彼此并非势均力敌,掷下的骰子是灌了铅的。历史文献所反映的,是某个特定社会中阶级之间的权力关系,考虑到这一事实,在一个文盲仍十分普遍的时期,被支配阶级文化留下痕迹（哪怕只是扭曲变形的蛛丝马迹）的可能性,事实上微乎其微。在这一点上,接受了往常的举证标准,就等于夸大了支配文化的重要性。例如,在眼前这个例子中,在重现梅诺基奥的各种理念时,假定每一点零星的书面证据——即便只是蓬波纳齐的一篇尚未发表的讲稿,或是蒂贝里奥·鲁西利亚诺·塞斯托秘密出版的、一个注定基本上不为人所知的文本——都要比"纯属"（借用一下赞贝利的原话）口头的传统更可靠,就意味着在做出评判之前,已经预先偏袒了竞技场上的某一方（拥有更多特权的那一方）。这样一来,我们最终将不可避免地"证明"那种传统的论点,即所谓的理念（ideas）总是产生于受过良好教育的圈子中,而且也只能从这些圈子里产生（或许这个立场有些激进;但在这里并无关大局）——它们产生于修士和大学教授的头脑之中,但肯定不会产生于磨坊主或农民的脑袋里。在G.斯皮尼的《自由思想者笔记》["Noterelle libertine," *Rivista storica italiana* 88 (1976): 792—802]中,就提供了一个这种扭曲变形的荒谬例证,它甚至没能注意最基本的年代次序问题:参见赞贝利在她的文章第66—67页的评论。当然,将梅诺基奥关于宇宙的思想追溯至某个遥远的口头传统,这一假说并没有得到证实——而且很可能将注定无法被证实［参见G. C.莱普席斯的《口头文学》("Oral Literature," *The Cambridge Quarterly* 8 [1979] :186—187)]。对此表示反对是合情合理的,尽管正如我在上文中提到的,我打算在未来运用额外证据证明其可能性。但不管怎样,针对一系列完全基于鱼龙混杂、参差不齐的文献资料而产生的研究,发展出一套新的举证标准是有必要的。在某个特定学科中,一个新的调查研究领域不仅改变了研究方法,更改变了举证标准本身,这在物理学历史上是有先例的:对原子理论的接受,令改变发展自经典物理学领域中的证据标准成为必然。

123. 英国神学家托马斯·伯尼特：Tellurem genitam esse atque ortum olim traxisse ex Chao, ut testatur antiquitas tam sacra quam profana, supponamus: per Chaos autem nihil aliud intelligo quam massam materiae exolutam indiscretam et fluidam … Et cum notissimum sit liquores pingues et macros commixtos, data occasione vel libero aëri expositos, secedere ab invicem et separari, pinguesque innatare tenuibus; uti videmus in mistione aquae et olei, et in separatione floris lactis a lacte tenui, aliisque plurimis exemplis: aequum erit credere, hanc massam liquidorum se partitam esse in duas massas, parte ipsius pinguiore supernatante reliquae …<sup>*</sup> 引自托马斯·伯尼特著《关于地球起源及已经发生和即将发生之一般变化的神圣理论》（*Telluris theoria sacra, originem et mutationes generales orbis nostri, quas aut jam subiit, aut olim subiturus est, complectens*, Amsterdam,1699）第 17、22 页（卷一第 4 章和第 5 章）。我要感谢 N. 巴达洛尼提醒我注意到这段文字。关于印度宇宙起源论的问题，同上，第 344—347 页和 541—544 页。

123. 一种带有萨满教潜流的崇拜：参见 C. 金茨堡《夜间的战斗：16、17 世纪的巫术和农业崇拜》序言部分（p. xiii）。我将在接下来的一部作品中更全面地讨论这一主题。

# 第28章

124. 宗教改革和印刷术的传播：关于这两个现象之间的关系，参见 E. L. 艾森斯坦的《印刷术的进步与宗教改革》[ E. L. Eisenstein, "L'avènement de l'imprimerie et la Réforme," *Annales: ESC* 26 (1971): 1355–1382 ] 以及同一作者的近作《作为一种变革力量的印刷术》（*The Printing Press as an Agent of Change*, 2 vols., Cambridge, 1979, esp. pp. 367 ff）。

124. 历史性一跃：关于这些内容，参见 J. 古迪和 J. 瓦特的开创性论文《文化水平的后果》[ J. Goody and J. Watt, "The Consequences of Literacy," *Comparative Studies in Society and History* 5 (1962–63): 304–345 ]。不过，令人好奇的是，这篇文章居然忽略了印刷术的发明所带来的突破。E. L. 艾森斯坦在《印刷术的进步与文艺复兴的问题》[ "The Advent of Printing and the Problem of the Renaissance," *Past and Present*, no. 45 [ 1969 ]: 66–68 ] 中恰如其分地指出了这一发明所提供的自我教育

---

\* 这段话大意为："地球有其源头，生于无形无质的混沌，混沌中各元素彼此不分，而地上有两种液体，一种是油性的较轻，另一种则像普通的水一样，这两种液体混合在一起，如果听凭自然作用，便会分开，像奶油和乳清、油和水一样，而油性和轻的液体会浮在上层。"（中文译文参考了 1697 年伦敦英文版的网上影印本，https://archive.org/details/b30335139/page/n13/mode/2up）。

125. "对穷人的背叛":参见 ACAU,宗教法庭第 126 号审判,fol. 27 v. 值得注意的是,在 1610 年,威尼斯行省总督 A. 格里马尼下令,在弗留利进行的所有涉及农民当事人的审判,文字记录都应当以意大利本国语言呈现:《弗留利邦与孔塔迪纳扎的法律》,第 166 页。

125. "你难道不明白吗":参见 ACAU,宗教法庭第 285 号审判,未标明页码的散页(1599 年 7 月 6 日)。

126. "寻求高高在上的东西":同上,第 126 号审判,fol. 26 v.

## 第29章

127. "为何上帝不欲有恶":参见《圣经辅读》,fols. A iii v–A iv r。

128. "如今,许多哲学家":同上,fols. C r–v。

129. 但他试图获取的这些语言和概念的工具:我在这里借用了 L. 费弗尔的"心智工具"(outillage mental)的概念(尽管是从一个不同的角度切入,我在序言中指出了这一点):《16 世纪的无信仰问题:拉伯雷的宗教》,第 328 页以后内容。

## 第30章

130. 点缀于《圣经辅读》中的这些形象化表达:范例见本书第 34 章。

## 第31章

131. "我们都是上帝的儿女":参见 ACAU,宗教法庭第 126 号审判,fol. 17 v。

131. "祂珍视所有人":同上,fol. 28 r。

131. "祂认所有人为己有":同上,fol.37 v。

131. "只会伤害自身":同上,fol. 21 v。

132. 但是,在作为一名父亲之外:这两个形象是传统形象。参见 K. 托马斯的《巫术的兴衰》(K.Thomas, *Religion and the Decline of Magic*, London, 1971, p. 152;中文版:芮传明译,上海人民出版社,1992)。

132. "至圣至上者":参见 ACAU,宗教法庭第 126 号审判,fol. 20 r。

132. "大统领":同上,fol. 6 r。

132. "将坐在那些位子上的祂":同上,fol. 35 v。

132. "我说过,如果耶稣基督":同上,fol. 16 v。

132. "至于赎罪券":同上,fol. 29 r。

133. "像是上帝的管家": 同上, fol. 30 v。

133. 是由"圣灵": 同上, fol. 34 r。

133. "借助了……众天使之力": 同上。

133. "正如某个人": 同上, fol.37 r。

133. "凡有意志之处": 同上。

133. "木匠": 同上, fol. 15 v。

134. "我认为": 同上, fol.37 r。

134. "这位上帝自身可曾": 同上, fol. 31 v。

134. "上帝独自": 同上, fol. 29 r。

134. 至于众天使:应当注意到的一点是,如果像我们之前猜测的那样(见本书第 27 章),梅诺基奥曾经拥有过克里斯托福罗·兰迪诺和亚历山德罗·维卢泰罗评注版的但丁《神曲》,他或许曾读过兰迪诺对"地狱·第九篇"的评注:"米南德派信徒(Menandrians)*的名字取自术士米南德(Menander magus),他是西门的门徒。他们说,世界不是为上帝所造,而是由众天使所造。"(1578 年威尼斯评注版《神曲》,fol. 58 v)对这一段的误读和歪曲理解,似乎反复出现在梅诺基奥的这些话中:"在这本曼德维尔写的书里,我似乎读到过,有个术士西门(Simon magus)曾取了天使之形。"事实上,曼德维尔根本就没有提到术士西门。这个记忆错误很可能源自梅诺基奥一瞬间的糊涂。在梅诺基奥说自己的念头是在"五六年前"阅读《曼德维尔骑士游记》时生出来的之后,审判官曾经反驳他:"众所周知,你持有这些想法已经有大约三十年时间了。"(ACAU,宗教法庭第 126 号审判, fol. 26 v)被问住的梅诺基奥试图将他可能很久以前在其他地方读到的一句话归在曼德维尔名下,从而转移话题,以此摆脱困境。不过,这些都只不过是猜测而已。

134. "他们由自然生成": ACAU, 宗教法庭第 126 号审判, fol. 37 r。

134. "众天使是这世上最早被造出来的生灵": 参见《圣经辅读》, fol. B viii r。

134. "所以,你能看到": 同上, fol. A iii v。

135. "我认为,整个世界": 参见 ACAU, 宗教法庭第 126 号审判, fol. 17 r。

## 第32章

136. "这个全能的上帝到底是什么": 参见 ACAU, 宗教法庭第 126 号审判, fol. 11 v。

136. "你想象中的上帝是什么样的": 同上, fol. 8 r。

136. "这个圣灵是什么": 同上, fol. 12 r。

---

\* 《神曲》的王维克中译本中翻译为"邪教的首领和他们的门徒"。

136. "你根本找不到"：同上，fol. 24 r。
137. "如果我能够畅所欲言的话"：同上，fol. 25 r。
137. "我说过"：同上，fol. 27 v。
137. 这个如今已经散失了的译本：参见 A. 斯泰拉，《16 世纪意大利的再洗派运动和反三位一体派运动》，第 7 页和第 135—136 页。
139. 塞尔维特这部处女作的核心：关于塞尔维特，参见 D. 坎蒂莫里，《16 世纪的意大利异端分子》第 36—49 页；B. 贝克尔主编的《关于米格尔·塞尔维特和塞巴斯蒂安·卡斯泰利奥》（B. Becker, ed., *Autour de Michel Servet et de Sébastien Castellion*, Haarlem, 1953）；R.H. 班顿，《追捕异端：米格尔·塞尔维特的生与死，1511—1553》（R. H. Bainton, *Hunted Heretic: The Life and Death of Michael Servetus, 1511–1553*, Boston, 1953）。
139. "我怀疑"：参见 ACAU，宗教法庭第 126 号审判，fol. 16 v。
139. "我觉得他是一个和我们一样的人"：同上，fol. 32 r。
139. "圣灵的含义"：M. 塞尔维特，《论三位一体的谬误》（M. Servetus, *De Trinitatis erroribus*, 1531; reprint ed., Frankfort, 1965, fol. 22 r）。英译本此段摘引自厄尔·莫尔斯·威尔伯翻译的《塞尔维特关于三位一体的两篇论文》[*The Two Treatises of Servetus on the Trinity*, Translated into English by Earl Morse Wilbur, Harvard Theological Studies, 16 (Cambridge, Mass.,1932), p. 35 ]。拉丁文原文：Nam per Spiritum sanctum nunc ipsum Deum, nunc angelum, nunc spiritum hominis, instinctum quendam, seu divinum mentis statum, mentis impetum, sive halitum intelligit, licet aliquando differentia notetur inter flatum et spiritum. Et aliqui per Spiritum sanctum nihil aliud intelligi volunt, quam rectum hominis intellectum et rationem。
139. "我认为……他是上帝"：ACAU，宗教法庭第 126 号审判，fols. 16 v, 29 v, 21 v。关于引用的最后一句话中对"圣灵"的诠释，参见本书第 36 章。
140. "借圣灵以表征的"：塞尔维特，《论三位一体的谬误》，fol. 28 v；《塞尔维特关于三位一体的两篇论文》，第 44 页。拉丁文原文：Quasi Spiritus sanctus non rem aliquam separatam, sed Dei agitationem, energiam quandam seu inspirationem virtutis Dei designet。
140. "在谈论上帝之灵时"：塞尔维特，《论三位一体的谬误》，fols. 60 r–v；《塞尔维特关于三位一体的两篇论文》，第 94 页。拉丁文原文：Sufficiebat mihi si tertiam illam rem in quodam angulo esse intelligerem. Sed nunc scio quod ipse dixit: 'Deus de propinquo ego sum, et non Deus de longinquo.' Nunc scio quod amplissimus Dei spiritus replet orbem terrarum, continet omnia, et in singulis operatur virtutes; cum propheta exclamare libet 'Quo ibo Domine a spiritu tuo?' quia nec sursum nec deorsum est locus spiritu Dei vacuus。
140. "你觉得上帝是什么"：ACAU，宗教法庭第 126 号审判，fols. 2 r, 5 r。
141. "重申一下，所有由上帝的权能所造之物"：塞尔维特，《论三位一体的谬误》，

fols. 66 v–67 r, 85 v；《塞尔维特关于三位一体的两篇论文》，第 103 页（另参见坎蒂莫里的《16 世纪的意大利异端分子》，第 43 页，n.3）。拉丁文原文：Omne quod in virtute a Deo fit, dicitur eius flatu et inspiratione fieri, non enim potest esse prolatio verbi sine flatu spiritus. Sicut nos non possumus proferre sermonem sine respiratione, et propterea dicitur spiritus oris et spiritus labiorum. ⋯ Dico igitur quod ipsemet Deus est spiritus noster inhabitans in nobis, et hoc esse Spiritum sanctum in nobis.⋯ Extra hominem nihil est Spiritus sanctus⋯

141. "你想象中的"：ACAU，宗教法庭第 126 号审判，fols. 8 r, 3 r（以及 10 r 和 12 v 等），2 r, 16 v, 12 r。

141. 塞尔维特的著作：参见 K. 本拉特对那封伪托梅兰希通（Melanchthon）*之名、于 1539 年写给威尼斯元老院的信的讨论，《对托名梅兰希通致威尼斯元老院之信（1539）的评注》[K. Benrath, "Notiz über Melanchtons angeblichen Brief en den venetianischen Senat (1539)," *Zeitschrift f. Kirchengeschichte* 1 (1877): 469–471]；A. 斯泰拉在《16 世纪意大利的再洗派运动和反三位一体派运动》第 135 页提到的曼图亚金匠埃416雷·多纳托的例子，在拿到一本拉丁文版的《论三位一体的谬误》后，他宣称："这本书的行文风格，目的就是让我看不懂。"关于塞尔维特著作在摩德纳地区的传播，参见 J. A. 泰代斯基和 J. 冯. 亨内贝格的《对在博洛尼亚被处火刑之累犯切尔维亚的彼得·安东尼的审判》(J. A. Tedeschi and J. von Henneberg, "Contra Petrum Antonium a Cervia relapsum et Bononiae concrematum," in *Italian Reformation Studies in Honor of Laelius Socinus*, ed. J. Tedeschi, Florence, 1965, p. 252, n. 2)。

# 第33章

143. "这是……背叛"：参见 ACAU，宗教法庭第 126 号审判，fol. 11 v。

144. "我认为"：同上，fol. 34 r。

144. "魔鬼"：同上，fols. 38 r–v。

144. 一种农民宗教信仰："在农民的世界里，没有理性、宗教和历史的位置。之所以说没有宗教的位置，是因为对他们而言，一切都于神圣有分，每一样东西都是实实在在具有神性的——而不仅仅是符号意义上神圣：从耶稣基督到山羊；从上界的天堂，到下界的满地牲畜；万事万物都受自然魔法的约束。即便是教会的仪式，也变成了异教徒的仪典，欢庆着那些农民为其赋予灵魂的无生命之存在，以及村镇中不计其数的地上神祇……"[卡洛·莱维,《止步艾博利的基督：一年里的故事》(Carlo Levi, *Christ Stopped at Eboli: The Story of a Year*, trans. Frances Frenaye, New York, 1947, p. 117)]。

---

\* 也译作"墨兰顿"，马丁·路德的同工，宗教改革中的重要人物。

## 第34章

145. "我们说": ACAU, 宗教法庭第 126 号审判, fol. 17 r。

145. "因此, 男人和女人": 参见《圣经辅读》, fols. B viii r–v。

146. "当人死了": ACAU, 宗教法庭第 126 号审判, fol. 10 v。

146. 《传道书》中的句子: 参见《传道书》第 3 章第 18 节: "我心里说: 这乃为世人的缘故, 是上帝要试验他们, 使他们觉得自己不过像兽一样。因为世人所遭遇的, 兽也遭遇, 所遭遇的都是一样: 这个怎样死, 那个也怎样死, 气息都是一样……"(Dixi in corde meo de filiis hominum, ut probaret eos Deus et ostenderet similes esse bestiis. Idcirco unus interitus est hominum et iumentorum, et aequa utriusque conditio. Sicut moritur homo, sic et illa moriuntur…) 在这一联系的问题上, 我们或许有必要回忆一下十年前针对波尔代诺内的贵族亚历山德罗·曼蒂卡的那些指控(他后来被宗教法庭认定为"极其可疑"的异端而遭到惩罚, 尽管并没有任何针对他的确凿证据), 他的罪名之一, 便是公开表示灵魂必有一死, 而依据正是这几句经文: 在 1573 年 5 月 29 日的判决中, 我们可以读到"需得留意, 前述之亚历山德罗, 因其知书达礼, 不止一次对无知愚民言称'人与兽皆是一般'(quod iumentorum et hominum par esse interitus), 并云理性之灵魂亦可能终有一死……"(ASVen, 宗教法庭审判记录第 34 卷, 亚历山德罗·曼蒂卡分卷, fols. 21 v–22 r, 以及此案判决) 梅诺基奥会不会就是那些"无知愚民"之一? 这是个令人着迷却无法证明的猜测——而且不管真相如何, 这件事都无关紧要。此时, 曼蒂卡已经与蒙特雷阿莱家族通婚; A. 贝内蒂,《斯皮林贝戈领主与波尔代诺内的曼蒂卡家族之间两桩婚事的未发表文献》(A. Benedetti, *Documenti inediti riguardanti due matrimoni fra membri dei signori castellani di Spilimbergo e la famiglia Mantica di Pordenone*, n.p. n.d.; reprint ed., Pordenone, 1973)。

146. "你有什么看法": 参见 ACAU, 宗教法庭第 126 号审判, fol. 18 v。

## 第35章

147. "你说": 参见 ACAU, 宗教法庭第 126 号审判, fols. 20 r–v。我是完全依照原文翻译的; 只有在下面的这几个地方改为了直接引语: "(审判官)对他说, 如果上帝之灵……如果这个上帝之灵……""他被诘问, 是否意思是那个上帝之灵……""(审判官)对他说, 他应当交代真相, 解答问题……"

## 第36章

149. 泛神论的: "泛神论"(pantheism)这一术语是由约翰·托兰德于 1705 年首次提出的 [参见 P. O. 克里斯特尔《古典著作与文艺复兴思想》(P. O. Kristeller, *The Classics and Renaissance Thought*, Cambridge, Mass., 1955, p. 100)]。

149. 大众信仰:参见 C. 金茨堡,《夜间的战斗:16、17 世纪的巫术和农业崇拜》,第 92 页。

150. "那就说真话吧":ACAU,宗教法庭第 126 号审判,fol. 21 r。

150. "我们的灵":同上,fol. 20 v。

150. "他是否认为":同上,fols. 21 r–v。

150. "我可以告诉你":同上,fols. 32 r–v。

150. "与世人有别":同上,fol. 34 v。

151. 两种灵:关于这一问题的概要介绍,参见 L. 费弗尔在《16 世纪的无信仰问题:拉伯雷的宗教》中的重要论述,第 163—194 页。

## 第37章

152. "的确":参见《圣经辅读》fols. B ii v–B iii r。

152. 这种概念区分:另参见 L. 费弗尔的《16 世纪的无信仰问题:拉伯雷的宗教》,第 178 页上关于纪尧姆·波斯特尔对不死之灵智(法文:anime)和血气(法文:âme)之概念区分的内容。然而,应当注意的是,对于波斯特尔来说,后者是与灵(Spirit)联系在一起的,而灵智(anime)则受心智(mind)启发而生。

153. 我们必须回到:关于这部分内容,参见 G. H. 威廉姆斯的《激进的宗教改革》索引部分的"灵魂沉睡主义"(psychopannychism);同前,参见 J. 泰代斯基编辑的《意大利宗教改革研究文集:纪念拉埃柳斯·苏西尼》(*Italian Reformation Studies in Honor of Laelius Socinus*, ed. J. Tedeschi, Florence, 1965)中第 106 页之后和 169—170 页各处关于"卡米洛·雷纳托"(约 1500?—1575)的介绍;A. 斯泰拉,《16 世纪威尼斯的再洗派运动到索齐尼派运动》,第 37—44 页。

153. 借着他的直接影响:参见雷纳托在瓦尔泰利纳的追随者之一(他宣称自己持有与雷纳托"同样的信念")的审判记录。这个名叫焦万巴蒂斯塔·塔巴基诺的人是维琴察的再洗派教徒、"花边织工"雅科梅托的朋友;参见 A. 斯泰拉的《16 世纪意大利的再洗派运动和反三位一体派运动》中与"塔巴基诺"(Tabacchino)这一词条相关的内容。这推翻了罗通多就这一问题所表述的审慎保留意见〔A. 罗通多编著的《卡米洛·雷纳托:著作、档案与证词》(C. Renato, *Opere, documenti, e testimonianze*, ed. A. Rotondò, Corpus Reformatorum Italicorum, De Kalb and Chicago, 1972, p. 324)〕。不过,应当注意的是,这个以抄本形式保存于威尼斯宗教法庭文件之中、之前被认定出自"花边织工"雅科梅托之手的小册子"启示录"(La revelatione),实际上是塔巴基诺的作品(参见斯泰拉《16 世纪意大利的再洗派运动和反三位一体派运动》第 67—71 页,他在书中对此进行了大段摘抄;C. 金茨堡,《构建堂·彼得·马内尔菲》,第 43 页,注释 22。参见 ASVen,宗教法庭第 158 卷审判记录,"第四册"(liber quartus),fol. 53 v。这部作品的目标读者是流亡到土耳其的一些再洗派成员,值得就其作者与雷纳托的密切关系之问题进行进一步研究。之前并没有人在反三位一体的思想理念与该教派之间建立联系(参见《卡米洛·雷纳托：著作、档案与证词》，第 328 页），但塔巴基诺的"启示录"明确表现出了反三位一体的倾向。

153. "相信（属血气的）灵魂"：参见斯泰拉《16 世纪意大利的再洗派运动和反三位一体派运动》，第 61 页。
153. "别无地狱"：参见金茨堡《构建堂·彼得·马尔内菲》，第 35 页。
154. 波尔切尼戈的教区神父：参见 ASVen，宗教法庭第 44 卷审判记录（堂·丹尼尔·梅尔基奥里）。
154. "我们只有在最后审判那一天才会升入天堂"：同上，fols. 39 v, 23 v 等。
154. "我记得"：同上，fols. 66 r-v。
155. 《传道文集》：我引用的是 1589 年的威尼斯版，fols. 46 r-v。该书首版问世于 1562 年。关于曾任奥古斯丁会文书（secretary）并参加过特伦特大公会议的阿米亚尼（Ammiani，一作 Amiani），参见 G. 阿尔贝里戈在《意大利人物传记辞典》（G. Alberigo, *Dizionario biografico degli italiani*, Rome, 1960, 2: 776–777）中的简要描述。这篇文章强调指出了阿米亚尼对反新教教论战（antiprotestant polemic）的不满，以及他对恢复传统——尤其是早期基督教教父传统——的热衷。即便在《传道文集》中，这些态度也有所体现（在《传道文集》初版问世几年后，又推出了两部续编）。阿米亚尼在这本书中对路德教派信徒的明确攻击仅限于第 40 篇（"邪恶的路德和他的门徒们都做了些什么"，fols. 51 r–v）。
157. "那些……危险、错误言论"：参见 ASVen，宗教法庭第 44 卷审判记录，fol. 80 r。在该时期的宗教法庭判决中提及威克里夫似乎是一件不同寻常的事。

## 第38章

158. "我认为"：见本书第 35 章。
158. "圣子是什么"：参见 ACAU，宗教法庭第 126 号审判，fols. 31 v–32 r。
160. "是的，各位大人"：同上，fol. 32 v。
160. "这些位子"：同上，fol. 33 v。

## 第39章

161. "之前你信誓旦旦地说"：参见本书第 34 章。
161. "不，大人"：ACAU，宗教法庭第 126 号审判，fol. 29 v。
162. "关于世人应当和平相处的讲道"：同上，fol. 28 v。
162. "我认为它们是好的"：同上，fol. 29 r。
162. "因为上帝"：同上，fol. 35 r。

162. "我认为，它是一个环绕整个世界的地方"：同上。

162. "智识"：同上，fols. 32 r–v。

162. "以我们的肉身之眼"：同上，fol. 35 v。

162. "天堂乃是一温柔乡"：参见1534年威尼斯版《约翰·曼德维尔骑士游记》，fol. 51 r。

163. "你认为"：ACAU，宗教法庭第126号审判，fol. 38 v。

## 第40章

164. "我的心思"：参见ACAU，宗教法庭第126号审判，fol. 30 r。

164. 在建立于口头传说之上的那些社会中：参见J. 古迪和J. 瓦特的《文化水平的后果》；F. 格劳斯的《中世纪的社会乌托邦》[ F. Graus, "Social Utopias in the Middle Ages," *Past and Present*, no. 38 (1967): 3–19 ]；E. J. 霍布斯鲍姆的《过去的社会功能：一些问题》[ "The Social Function of the Past: Some Questions," *Past and Present*, no. 55 (1972): 3–17 ]。M. 哈布瓦赫的《记忆的社会框架》（M. Halbwachs, *Les cadres sociaux de la mémoire*, 1925; reprint ed., Paris, 1952)）直至今日仍大有裨益。

164. "在亚当耕田"：这则著名的俗谚在1381年英国农民起义时已经广为流传［参见R. 希尔顿的《挣脱枷锁得自由：中世纪的农民运动与1381年的英国农民起义》（R. Hilton, *Bond Men Made Free: Medieval Peasant Movements and the English Rising of 1381*, London, 1973, pp. 222–223）］。

165. 初期教会：关于这个问题的概要介绍，参见G. 米科利的"初始形态的教会"（G. Miccoli, "Ecclesiae primitivae forma," in *Chiesa Gregoriana*, Florence, 1966, pp. 225 ff）。

165. "我希望"：参见ACAU，宗教法庭第126号审判，fol. 35 r。

165. 种族优越感危机：参见S. 兰杜奇的《哲学家与野蛮人：1580—1780》；W. 克吉的《伏尔泰与基督教历史概念的解体》（W. Kaegi, "Voltaire e la disgregazione della concezione cristiana della storia," in *Meditazioni storiche*, Italian tr., Bari, 1960, pp. 216–238）。

166. "一位名为路德的马丁修士"：参见《编年史增补补遗》，fols. Ccclv r–v（原书中的序号有误）。

## 第41章

169. "被认为"：参见ACAU，宗教法庭第132号审判，教士奥多里科·乌莱的陈述，1584年2月15日。

169. "小酒馆里"：同上，第126号审判，fol. 9 r。

169. "诋毁"：同上；另参见 fols. 7 v.、11 r 等。

169. "他提供给我"：同上，第 132 号审判，未标明页码的散页（1584 年 2 月 18 日的审讯）。

170. "行神奇之事"：同上，第 126 号审判，fol. 13 v。

170. "这个家伙"：同上，fol. 10 v。

170. "他说的那些东西"：同上，fol. 12 v。

170. "当你说"：同上，第 132 号审判，未标明页码的散页（1584 年 4 月 25 日的审讯）。

170. "但愿上帝阻止"：同上，第 126 号审判，fol. 27 v。

170. "那天晚上"：同上，fols. 23 v–24 r。

171. 成为一个亡命之徒：参见 E. J. 霍布斯鲍姆的《匪徒》（E. J. Hobsbawm, *Bandits*, London, 1969；中文版：《匪徒：秩序化生活的异类》，李立玮、谷晓静译，中国友谊出版公司，2001）。

171. 就在一代人以前：见本书第 7 章。

## 第42章

172. "开始犯罪"：参见 ACAU，宗教法庭第 126 号审判，fol. 34 v。

173. "几天前"：《新世界》（*Mundus novus*，出版地点日期不详，约于 1500 年前后），未标明页码的散页。拉丁文原文为：Superioribus diebus satis ample tibi scripsi de reditu meo ab novis illis regionibus … quasque novum mundum appellare licet, quando apud maiores nostros nulla de ipsis fuerit habita cognitio et audientibus omnibus sit novissima res。

173. 伊拉斯谟在一封：参见 P.S. 艾伦编辑的《伊拉斯谟书简》（*Opus epistolarum Des. Erasmi*, ed. P. S. Allen, 12 vols., Oxford, 1928, 7: 232–233.）

174. 章回小说：这部作品被作为附录收入了《贝贡拉大战贝塔里亚》（*Begola contra la Bizaria*，出版于摩德纳，时间不明）一书。我所使用的是博洛尼亚市立图书馆中的藏本（Biblioteca Comunale dell'Archiginnasio, Bologna, call no. 8. Lett. it., Poesie varie, Caps. XVII, no. 43.）。我无法确定该印刷商的身份。关于这一问题，请参考 R. 龙凯蒂·巴锡的《15、16 和 17 世纪的摩德纳印刷业风云人物》（R. Ronchetti Bassi, *Carattere popolare della stampa in Modena nei secoli XV–XVI–XVII*, Modena, 1950）。

174. "安乐乡"：参见 F. 格劳斯的《中世纪的社会乌托邦》，尤其是第 7 页以后之内容。不过，这篇文章的作者严重低估了这一主题的传播力度及其大众影响。相关内容参见巴赫金的《拉伯雷和他的世界》中各处叙述。顺便需要指出一点，在这位作者发现的庞大固埃口中的那个"新世界"里，有着受"安乐乡"影响的痕迹，而这一点被 E. 奥尔巴赫敏锐地注意到了，见《摹仿论：西方文学中现实的再现》（E. Auerbach, *Mimesis, the Representation of Reality in Western Literature*, trans. W.

R. Trask, Princeton, 1953, pp. 262 ff；中文版：吴麟绶等译，商务印书馆，2018）。关于意大利的安乐乡，V. 罗西的《意大利文学中之安乐乡》（V. Rossi, "Il paese di Cuccagna nella letteratura italiana," in appendix to *Le lettere di messer Andrea Calmo*, ed. V. Rossi, Turin, 1888, pp. 398–410）仍是一部重要的必读之作。在 G. 科基亚拉收录于《安乐乡和其他民间传说研究》一书（G. Cocchiara, *Il paese di Cuccagna e altri studi di folklore*, Turin, 1956, pp. 159 ff）的文章中，提供了一些有用的参考信息。关于法国的相关信息，参见收录于 A. 于翁的《16 世纪大众想象中之"圣巴尼贡王国"》（A. Huon, " 'Le Roy Sainct Panigon' dans l'imagerie populaire du XVIe siècle"），该文收录于 M. 弗朗索瓦编辑的《弗朗索瓦·拉伯雷：逝世四百年纪念文集》中 [*François Rabelais: Ouvrage publié pour le quatrième centenaire de sa mort (1553–1953)*, ed. M. François, Geneva, Lille, 1953, pp. 210–225]。关于该话题的一般性介绍，还可参考 E. M. 阿克曼的《德国文学和民间歌曲中的"流奶与蜜之地"：在欧洲文学中追寻其历史》（E. M. Ackermann, *'Das Schlaraffenland' in German Literature and Folksong… with an Inquiry into Its History in European Literature*, Chicago, 1944）。

176. 这些元素：科基亚拉的文章讨论了这些元素，却没有将它们与美洲土著人的叙述建立起联系 [关于不存在私有财产的问题，参见 R. 罗密欧的《16 世纪意大利人观念中的美洲大发现》（R. Romeo, *Le scoperte americane nella coscienza italiana del Cinquecento*, Milan, Naples, 1971, pp. 12 ff）]。阿克曼在《德国文学和民间歌曲中的"流奶与蜜之地"：在欧洲文学中追寻其历史》的第 82 页和 102 页简要提及了这种联系。

177. 不仅仅是严肃主题：不妨回忆一下弗洛伊德对于俏皮话（witticisms）的分类，这些俏皮话所针对的"那些制度习俗……与道德或宗教相关的主张以及人生观，都是如此神圣，以至任何与之抗衡的反对意见都只能在幽默的伪装下进行，事实上不过是打着俏皮话的幌子"[参见 F. 奥兰多的评论《借拉辛〈费德尔〉之分析探讨弗洛伊德的文学理论》（F. Orlando, *Toward a Freudian Theory of Literature with an Analysis of Racine's 'Phèdre,'* trans. Charmaine Lee, Baltimore and London, 1978, pp. 153 ff.）]。因此，在整个 17 世纪，莫尔的乌托邦实际上属于一系列轻松搞笑的奇谈怪论之一。

177. 安东·弗朗切斯科·多尼：参见 P. F. 格伦德勒的《意大利世界中的评论家（1530—1560）：安东尼·弗朗切斯科·多尼、尼科洛·佛朗哥和奥尔滕西奥·兰多》[P. F. Grendler, *Critics of the Italian World (1530–1560): Anton Francesco Doni, Nicolò Franco, and Ortensio Lando*, Madison, 1969]。我使用的是 1562 年版的《大千世界》（*Mondi celesti, terrestri et infernali de gli academici pellegrini*）：关于新世界的对话出现在原书第 172—184 页。

177. 并不是一个……农民乌托邦：参见 F. 格劳斯的《中世纪的社会乌托邦》，第 7 页。他指出，安乐乡的环境设定从来都不是在城市之中。一个例外似乎是 15 世纪末期出版于锡耶纳的《安乐城新史》（*Historia nuova della città di Cuccagna*），罗西的《意大利文学中之安乐乡》（第 399 页）引用了这个例子。不幸的是，我未能找到这一文本。

177. "我享受着"：参见多尼《大千世界》原书第 179 页。

179. 关于黄金时代的古老神话：参见 A. O. 洛夫乔伊和 G. 博阿斯的《古典时代的原始主义和相关理念》(A. O. Lovejoy and G. Boas, *Primitivism and Related Ideas in Antiquity*, Baltimore, 1935); H. 莱文的《文艺复兴时期的黄金时代神话》(H. Levin, *The Myth of the Golden Age in the Renaissance,* London, 1969); H. 卡门的《黄金时代，黑铁时代：文艺复兴时期的概念冲突》[H. Kamen, "Golden Age, Iron Age: A Conflict of Concepts in the Renaissance," *The Journal of Medieval and Renaissance Studies*, no. 4 (1974): 135–155]。

179. "一个不同……的新世界"：参见多尼《大千世界》原书第 173 页。

179. 将一个完美社会的模型投射到：关于这一区别，参见 N. 弗莱的《文学乌托邦的各种变体》(N. Frye, "Varieties of Literary Utopias," in *Utopias and Utopian Thought*, ed. F. E. Manuel, Cambridge, Mass., 1966, p. 28)。

179. 财产的共有：参见多尼《大千世界》原书第 176 页："每样东西均为共有，农民和城市居民穿着打扮一模一样，因为每个人都要搬运自己的劳动果实，拿取自己所需之物。任何人都无须买进卖出或再次转手。"

179. 在福雷斯蒂的《编年史增补补遗》中被零星提到：参见福雷斯蒂《编年史增补补遗》(Foresti, *Supplementum*, fols, cccxxxix v–cccxl r)。

179. "因为我曾读到过"：参见 ACAU, 宗教法庭第 126 号审判, fol. 34 r。

179. 城市化的、清醒节制的新世界：关于多尼笔下那个城市乌托邦的重要性，参见 G. 西蒙奇尼的《文艺复兴时期的城市与社会》两卷本中第一卷的第 271—273 页及书中其他各处内容 (G. Simoncini, *Città e società nel Rinascimento*, 2 vols., Turin, 1974, 1: 271–273 and passim), 但其中介绍颇为粗略浅表。

179. 宗教信仰无须烦琐仪式：参见格伦德勒的《意大利世界中的评论家（1530—1560）：安东尼·弗朗切斯科·多尼、尼科洛·佛朗哥和奥尔滕西奥·兰多》第 175—176 页（更笼统的介绍参见 127 页之后的内容）。格伦德勒的叙述并不是总那么令人信服。例如，关于多尼在某种程度上表现出明确的"唯物主义"的说法，就似乎是一种断章取义（此外，也可参考第 135 页和 176 页中明显的牵强附会）。不管怎样，多尼的宗教信仰焦虑是毋庸置疑的。A. 泰嫩蒂在《文艺复兴时期(1450—1550)的乌托邦》[A. Tenenti, "L'utopia nel Rinascimento (1450–1550)," *Studi storici* 7 (1966): 689–707] 中提到了与新世界相关的一个"理想神权政治"（第 697 页），但他似乎并没有将这一点考虑在内。

179. "认识上帝"：参见多尼《大千世界》第 184 页。格伦德勒（第 176 页）认为这是一种"正教的尾声余韵"。事实上，这些话反而证明了对于多尼来说至为宝贵的简单宗教。另参见 ACAU, 宗教法庭第 126 号审判, fol.28 r。

180. "禁食"：参见 ACAU, 宗教法庭第 126 号审判, fol. 35 r。

180. 《某个穷人在饥荒时的哀歌》：意大利文原标题为：Lamento de uno poveretto

huomo sopra la carestia, con l'universale allegrezza dell'abondantia, dolcissimo intertenimento de spiriti galanti（出版时间地点不详）。我使用的是博洛尼亚市立图书馆中的藏本（Biblioteca Comunale dell'Archiginnasio, Bologna, call no. 8. Lett. it., *Poesie varie*, Caps. XVII, no. 40）。

182. 大斋节与狂欢节：巴赫金（《拉伯雷和他的世界》，英文版第 210 页）言之有理地强调了大众乌托邦中隐含的那种周而复始的未来观。与此同时，他却也自相矛盾地将狂欢节式的文艺复兴世界观视为与"古旧"的封建世界分道扬镳的标志（英文版第 215、256、273—274、392 页）。这种将非线性、渐进的时间叠加于周而复始、静态的时间之上的做法，是对大众文化中那些颠覆性元素的过度强调——这种过度强调是这样一本至关重要的开山之作最可争议的地方。另参见 P. 坎波雷西的《狂欢节、安乐乡与乡村赛会（分析与文献）》[ P. Camporesi, "Carnevale, cuccagna e giuochi di villa (Analisi e documenti)," *Studi e problemi di critica testuale*, no. 10 (1975): 57 ff ]。

182. 各种乌托邦的大众起源：参见坎波雷西的《狂欢节、安乐乡与乡村赛会（分析与文献）》第 17、20—21、98—103 页及其他各处内容（但请参考前一条注释）。L. 菲尔波在讨论康帕内拉的乌托邦时提出了这个问题，参见《康帕内拉的理想城市与太阳崇拜》（L. Firpo, "La cité idéale de Campanella et le culte du Soleil," in *Le soleil à la Renaissance: Sciences et mythes*, Brussels, 1965, p. 331）。

182. 一个甚为古老……的内核：参见巴赫金，《拉伯雷和他的世界》英文版第 80—82 页。

182. 文艺复兴：同上，第 218 页和 462 页，尤其值得参考的还有 G. B. 拉德纳的《植物象征体系和文艺复兴的概念》（G. B. Ladner, "Vegetation Symbolism and the Concept of Renaissance," in *De artibus opusculo XL: Essays in Honor of Erwin Panofsky*, ed. M. Meiss, New York, 1961, 1: 303–322）。另参见拉德纳的《教父时代的改革思想及其对基督教思想和行动的影响》（G. B. Ladner, *The Idea of Reform, Its Impact on Christian Thought and Action in the Age of the Fathers*, Cambridge, Mass., 1959）。另一本重要著作是 K. 布尔达赫的《宗教改革、文艺复兴和人文主义》第二版（K. Burdach, *Reformation, Renaissance, Humanismus*, 2nd ed. Berlin, 1926）。

182. 这不是一个人子：参见《圣经·但以理书》第 7 章第 13 节以后的文字。这是千禧年文学的基本文本之一。

# 第43章

183. 一封长信：参见 ACAU，宗教法庭第 126 号审判，未标明页码的散页。
183. 请求……然而却是徒劳无功：见本书第 5 章。

## 第45章

188. "山野村夫":参见 M. 斯卡尔齐尼《书记》(M. Scalzini, *II secretario*, Venice, 1587, fol. 39)。

188. 库尔齐奥·切利纳先生:有一卷由他执笔的公证文书保存于意大利国家档案馆波尔代诺内分馆(ASP, *Notarile*, b. 488, no. 3785)。

189. 押头韵:参见 P. 瓦来西奥的《头韵的结构:语法、修辞及口头传说》(P. Valesio, *Strutture dell'alliterazione: Grammatica, retorica e folklore verbale*, Bologna, 1967),尤其是第 186 页关于宗教语言中的头韵。

191. 他在审判时已经说过:参见 ACAU,宗教法庭第 126 号审判, fol. 34 v。

## 第46章

192. 宣读了判决:参见 ACAU,"宗教法庭针对罪犯的判决第二编"(Sant'Uffizio, "Sententiarum contra reos S. Officii liber II"), fols. 1 r–11 v。梅诺基奥的弃绝宣誓在 fols. 23 r–34 r。

192. "不仅是个地地道道的异端分子":拉丁文原文:non modo formalem hereticum … sed etiam heresiarcam。

192. "我们认定,你犯下了":拉丁文原文:invenimus te … in multiplici et fere inexquisita heretica pravitate deprehensum。

193. "不仅同神职人员":拉丁文原文:Non tantum cum religiosis viris, sed etiam cum simplicibus et idiotis。

193. 这名犯人的厚颜无耻和冥顽不灵:拉丁文原文:ita pertinacem in istis heresibus, indurato animo permansisti, audacter negabas, profanis et nefandis verbis … lacerasti, diabolico animo affirmasti, intacta non reliquisti sancta ieiunia, nonne reperimus te etiam contra sanctas conciones latrasse? profano tuo iudicio … damnasti, eo te duxit malignus spiritus quod ausus es affirmare, tandem polluto tuo ore …conatus es, hoc nefandissimum excogitasti, et ne remaneret aliquod impollutum et quod non esset a te contaminatum … negabas, tua lingua maledica convertendo … dicebas, tandem latrabas, venenum apposuisti, et quod non dictu sed omnibus auditu horribile est, non contentus fuit malignus et perversus animus tuus de his omnibus … sed errexit cornua et veluti gigantes contra sanctissimam ineffabilem Trinitatem pugnare cepisti, expavescit celum, turbantur omnia et contremescunt audientes tam inhumana et horribilia quae de Iesu Christo filio Dei profano ore tuo locutus es。

194. "昔有一哲人云……而汝又令沉渣复起":拉丁文原文:In lucem redduxisti et firmiter affirmasti vera [m] fuisse alias reprobatam opinionem illam antiqui philosophi, asserentis eternitatem caos a quo omnia prodiere quae huius sunt mundi。

194. "而汝竟令此邪见重行于世":拉丁文原文:tandem opinionem Manicheorum iterum in luce revocasti, de duplici principio boni scilicet et mali⋯

194. "汝再度宣扬奥利金之邪说":拉丁文原文:heresim Origenis ad lucem revocasti, quod omnes forent salvandi, Iudei, Turci, pagani, christiani et infideles omnes, cum istis omnibus aequaliter detur Spiritus sanctus⋯

195. "言及灵魂之造生":拉丁文原文:Circa infusionem animae contrariaris non solum Ecclesiae sanctae, sed etiam omnibus philosophantibus.⋯Id quod omnes consentiunt, nec quis negare audet, tu ausus es cum insipiente dicere "non est Deus"⋯

195. 在福雷斯蒂的《编年史增补补遗》:参见 fols. cliii v–cliv r, clvii r。

195. "我等庄严宣令":te sententialiter condemnamus ut inter duos parietes immureris, ut ibi semper et toto tempore vitae tuae maneas。

## 第47章

196. "我这身为囚徒的":ACAU,宗教法庭,"宗教法庭针对罪犯的判决第二编", fol. 12 r。

197. 监狱看守:同上, fols. 15 r–v。

198. 传召了梅诺基奥:同上, fols. 16 r–v。

199. "的确":拉丁文原文:Et vere cum haec dicebat, aspectu et re ipsa videbatur insipiens, et corpore invalidus, et male affectus。

199. 康科迪亚主教:同上, fols. 16 v–17 r。

## 第48章

200. 1590年时:ACVP,"1593年至1597年亲身巡视"(Visitationum Personalium anni 1593 usque ad annum 1597),第156—157页。

202. 还有一条⋯⋯证据:ASP,公证文书第488卷第3785号(*Notarile*, b. 488, no. 3785), fols. 1 r–2 v。

202. 同一年:同上, fols. 3 r–v。

203. 1595年:同上, fols. 6 v, 17v。

203. 儿子去世之后:ACAU,宗教法庭第285号审判,未标明页码的散页。

## 第49章

204. 在前一年的狂欢节期间:参见 ACAU,宗教法庭第285号审判。此次审判的审判记录均为散页未标明页码。

205. "那没有看见就信的有福了"：《约翰福音》第 20 章第 29 节。
206. 调查结果表明，那位……奥多里科·乌莱先生：参见 ACAU，宗教法庭第 285 号审判，未标明页码的散页（1598 年 11 月 11 日，蒙特雷阿莱伯爵家族的奥塔维奥所供证词）。
206. 向新任的教区神父……查问了此事：同上（1598 年 12 月 17 日）。
207. 库里奇奥·切利纳：同上。

## 第50章

210. 某个名叫西门：参见 ACAU，宗教法庭第 285 号审判，未标明页码的散页（1599 年 8 月 3 日）。
211. 或许，正是出于梅诺基奥对……的拒绝：参见 A. 斯泰拉的《16 世纪意大利的再洗派运动和反三位一体派运动》第 29 页，以及同一作者的《圭多·达·法诺，一位为英国王室效力的 16 世纪异端分子》["Guido da Fano eretico del secolo XVI al servizio dei re d'Inghilterra," *Rivista di storia della Chiesa in Italia* 13 (1959): 226 ]。

## 第51章

213. 阿维亚诺的一名旅店老板：参见 ACAU，宗教法庭第 285 号审判，未标明页码的散页（1599 年 5 月 6 日）。
213. "如果耶稣基督真的是上帝"：这是一句常见的亵渎神圣之言。1599 年，在针对居住在瓦尔瓦索内（Valvasone）附近，绰号为福尔纳谢尔（Fornasier）的安东尼奥·斯库德拉里的审判中，证词中就出现了一个类似的例子。参见 ACAU，1599 年全年审判记录（第 341 号至第 404 号）("Anno integro 1599, a no. 341 usque ad 404 incl.")，第 361 号审判。
215. 同样的一句俏皮话：参见 A. 博基《通用象征答问·第 5 卷》(A. Bocchi, *Symbolicarum quaestionum … libri quinque*, Bologna, 1555, fols. lxxx–lxxxi)。我将在别处再度讨论这本寓意画。
215. "我相信他是执迷不悟的"：ACAU，宗教法庭第 285 号审判，未标明页码的散页（1599 年 7 月 6 日）。

## 第52章

217. "在将一个老头子从监狱中带出之后"：参见 ACAU，宗教法庭第 285 号审判，未标明页码的散页（1599 年 7 月 12 日）。拉丁文原文：Eductus e carceribus quidam senex…
217. "我开着一家学校"：这是最初级的教育机构。不幸的是，关于梅诺基奥生活中的这一事件并无其他信息可资查证。

219. 他曾在福雷斯蒂的《编年史增补补遗》中读到：已不可能确定具体是在书的哪一页上。但可参考福雷斯蒂的《编年史增补补遗》fols. 180 r–v。

## 第53章

223. 最好是佯作不理：参见 C. 金茨堡的《尼哥德慕主义：16 世纪欧洲的宗教效仿与伪装》（C. Ginzburg, *Il nicodemismo: Simulazione e dissimulazione religiosa nell'Europa del'500*, Turin, 1970）。还可参考卡洛斯·M·N. 艾林的《加尔文与尼哥德慕主义：一次重新评估》[ Carlos M. N. Eire, "Calvin and Nicodemism: a Reappraisal," *Sixteenth Century Journal* 10 (1979) fasc. 1: 45–69 ]，这位作者做出了不同的解读。

223. "我们是基督徒，正如"：参见 M. 德·蒙田《随笔》第二卷第十二章《雷蒙·塞邦赞》[英文版：M. De Montaigne, *Essais*, ed. P. Villey (Paris, 1965), p. 445，(book 2, ch. 12, "Apologie de Raimond Sebond" ) ]。

223. 他告诉审判官：参见 ACAU，宗教法庭第 285 号审判，未标明页码的散页（1599 年 7 月 19 日）。

224. "他说，继续告诉我"：参见 1547 年威尼斯版的意大利文《古兰经》[ *L'Alcorano di Maometto, nel qual si contiene la dottrina, la vita, i costumi et le leggi sue, tradotto nuovamente dall'arabo in lingua italiana*, Venice, 1547 ]，fol. 19 r。

225. "短暂地陷入沉思"：参见 ACAU，宗教法庭第 285 号审判，未标明页码的散页（1599 年 7 月 12 日）。拉丁文原文：aliquantulum cogitabundus。

225. 但接下来：同上（1599 年 7 月 19 日）。

225. "这是真的，审判官"：同上（1599 年 7 月 12 日）。

## 第54章

227. "谨以我主……之名"：参见 ACAU，宗教法庭第 285 号审判，未标明页码的散页（1599 年 7 月 12 日）。

228. "但结果恰恰相反"：这段拟人化的表达，部分反映出了这一时期下层阶级对死亡的态度——对于这些态度，我们仍所知无几。我们拥有的零星证据几乎都经过刻板印象的过滤而歪曲变形。可参考 M. 沃韦勒主编的《昔日之死》（M. Vovelle, ed., *Mourir autrefois*, Paris, 1974）第 100—102 页摘引的一个例子。

228. "视我为疯狂"：原话为 me trano ne li chochi [ 参见 G. 博埃里奥的《威埃斯方言词典》（G. Boerio, *Dizionario del dialetto veneziano*, Venice, 1856，关于 cochi 一词的发音）]。

## 第55章

229. "如果可以凭着外表来判断内心":拉丁文原文:si interioribus credendum est per exteriora。

## 第56章

231. "穷苦可怜的多梅尼科·斯坎代拉":拉丁文原文:pauperculi Dominici Scandella。

231. "头脑简单和愚昧无知":拉丁文原文:mera simplicitas et ignorantia。

## 第57章

233. 以免遭受酷刑:关于这一问题的概要介绍,参见 P. 菲奥雷利的《习惯法中的司法刑讯》(P. Fiorelli, *La tortura giudiziaria nel diritto comune*, 2 vols., Milan, 1953–1954)。

233. "我不记得了":参见 ACAU,宗教法庭第 285 号审判,未标明页码的散页(1599 年 7 月 19 日)。

234. "适中有度":拉丁文原文:cum moderamine。

234. "实在是件烦人的事":参见 A. 斯泰拉,《威尼斯教皇特使报告中的教会与国家》,第 290—291 页。博洛涅蒂的报告写于 1581 年。

## 第58章

236. "一群除了外貌没有半点堪称为人的人":参见 C. 金茨堡《民俗、巫术与宗教》(第 658 页)。关于英格兰的类似案例,参见 K. 托马斯的《巫术的兴衰》第 159 页及其后内容。

237. 一个上了年纪的英国农民:参见托马斯《巫术的兴衰》,英文版第 163 页,以及 E. P. 汤普森在《人类学与历史背景学科》第 43 页中的评论。这里的引文几乎与汤普森的话一模一样。有些学者从上层阶级(甚至是神职人员)的角度来研究大众宗教,因此视其为官方宗教信仰的简化,或迹近巫术实践的歪曲变形。与他们不同,N. Z. 戴维斯坚持认为大众阶级在宗教信仰问题上扮演着积极主动甚至是富有创造力的角色。参见 N. Z. 戴维斯,《大众宗教研究中的一些任务与主题》(N. Z. Davis, "Some Tasks and Themes in the Study of Popular Religion," in *The Pursuit of Holiness in Late Medieval and Renaissance Religion*, ed. C. Trinkaus and H. A. Oberman, Leiden, 1974, pp. 307 ff)。更宽泛的讨论,可参考本书前言中关于"大众文化"概念的学术讨论(意大利文版前言)。

237. 用"斯科利欧"这个化名……讲述了:参见 E. 多纳多尼的重要论文《16 世纪下

半叶某位卢卡地区作家撰写的化名异端诗作》[ E. Donadoni, "Di uno sconosciuto poema eretico della seconda metà del Cinquecento di autore lucchese," in *Studi di letteratura italiana* 2 (1900): 1–142 ]。这项研究的缺陷在于，它试图在斯科利欧的诗作与再洗派教义之间建立明确联系，因而在过程中对证据进行了甚为牵强的解读。M. 贝伦戈在《16 世纪卢卡的贵族与商人》（第 450 页及其后）中对这项研究进行了讨论，他对其结论进行了弱化处理，却没有将其全盘否决。因此，他一方面指出"试图将这一文本嵌入到一个有精确定义的宗教潮流的背景下，是没有意义的"，而在另一方面，他又将斯科利欧与"大众理性运动"的支流联系了起来。除了对这一段文字持有保留意见之外（见上文，第 9 章的注释），这种联系似乎是正确的。关于这位作者，可参考多纳多尼的猜测，他认为这个"斯科利欧"就是 1559 年被迫在宗教法庭前宣誓弃绝异端邪说的猎人、德扎的焦万·彼得罗（《16 世纪下半叶某位卢卡地区作家撰写的化名异端诗作》，第 13—14 页）。根据其作者在最后一页披露的信息，这首诗开始写作于 1563 年，花了七年时间才完成（因此题为"七年纪"），此后又用了三年时间修改润色。

237. 与但丁的著作形成唱和：除了明确提到但丁的一处 [ 卢卡国家图书馆（BGL），第 1271 号手稿, fol.9 r ]，还可参考下列诗句，如"圣女贝雅特丽齐立于天梯之上"（同上）或"他们仍在尘世经历着热天和冷天"（参见《神曲·天堂》第 21 篇第 116 节）。另参见多纳多尼的《16 世纪下半叶某位卢卡地区作家撰写的化名异端诗作》，第 4 页。

237. "我曾派出了许多先知"：BGL，第 1271 号手稿，fol. 10 r。

238. 穆罕默德：同上，fol. 4 v. （以及多纳多尼的《16 世纪下半叶某位卢卡地区作家撰写的化名异端诗作》，第 21 页）。在这部诗作的最后一页上，斯科利欧插入了一段措辞含糊的免责声明："因为在我写这部诗的时候，我曾魂不守舍，难以自抑写作的冲动，形同盲眼聋哑之人，因此实际上到底如何，我并不能记……"（同上，第 2 页）本书中引用的大多数段落，都经过了修改校正，或在页边添加了注释，而它们均是事后反悔的结果。

238. "你们这些穆斯林"：BGL，第 1271 号手稿，fol. 14 r（以及多纳多尼的《16 世纪下半叶某位卢卡地区作家撰写的化名异端诗作》，第 93 页）。

239. "上帝在我们的时代颁赐给我们"：BGL，第 1271 号手稿，fol. 10 r（以及多纳多尼的《16 世纪下半叶某位卢卡地区作家撰写的化名异端诗作》，第 28 页）。

239. "自然的伟大戒律"：BGL，第 1271 号手稿，fol. 10 r。

239. "不要敬拜"：同上，fol. 19 r（以及多纳多尼的《16 世纪下半叶某位卢卡地区作家撰写的化名异端诗作》，第 130 页以后）。

240. "让所有人都……接受割礼"：BGL，第 1271 号手稿，fol. 15 r（以及多纳多尼的《16 世纪下半叶某位卢卡地区作家撰写的化名异端诗作》，第 90 页）。

240. "如果我告诉你"：BGL，第 1271 号手稿，fol. 2 r（以及多纳多尼的《16 世纪下半叶某位卢卡地区作家撰写的化名异端诗作》，第 120 页）。

240. "我的洗礼": BGL, 第 1271 号手稿, fol. 2 r。

241. "华丽铺张": 同上, fol. 10 r。

241. "让那里不再有立柱": 同上, fol. 15 r (关于 "也没有管风琴、音乐或乐器, 不要钟楼、钟铃和画像" 这段文字, 我沿用了多纳多尼的增补校正,《16 世纪下半叶某位卢卡地区作家撰写的化名异端诗作》, 第 94—95 页)。

241. "铺陈、晦涩、卖弄或造作": BGL, 第 1271 号手稿, fol. 1 r。

242. "如果我主": 同上, fol. 16 r。

242. "让那里不再有店铺": 同上, fol. 13 r (以及多纳多尼的《16 世纪下半叶某位卢卡地区作家撰写的化名异端诗作》, 第 99 页)。

242. "让赌博": BGL, 第 1271 号手稿, fol. 13 r (部分参见多纳多尼的《16 世纪下半叶某位卢卡地区作家撰写的化名异端诗作》, 第 97 页)。

243. "黄金时代": 参见多纳多尼的《16 世纪下半叶某位卢卡地区作家撰写的化名异端诗作》, 第 34 页。

243. "在每个人的手中": BGL, 第 1271 号手稿, fol. 14 r。

243. "不管男人还是女人": 参见多纳多尼的《16 世纪下半叶某位卢卡地区作家撰写的化名异端诗作》, 第 102 页、97 页。

244. "只有在天上才被允许": BGL, 第 1271 号手稿, fol. 19 r。

244. "接下来的星期六, 上帝带着我": 同上, fol. 4 r。

245. "头一条河": 同上 (部分参见多纳多尼的《16 世纪下半叶某位卢卡地区作家撰写的化名异端诗作》, 第 125 页)。

246. 这个天堂: 参见多纳多尼的《16 世纪下半叶某位卢卡地区作家撰写的化名异端诗作》, 第 128——130 页。在这些关于天堂的描述的旁边, 稍后添加了一条注释, 透露出了斯科利欧的意识观念: "我, 一位先知, 狂人之王, 被带到了疯、傻、拙、愚之辈的伟大天堂, 一个乐天派或蠢驴们的天堂, 在我看来, 我亲眼目睹了所有这些事情: 但是不是真的, 就要留待读者判断了。" 这样, 我们再次遇到了一种暧昧不明、并不真诚的反悔, 它实际上确认了安乐乡的传说对农民想象的持久影响。"乐天派的天堂" (paradise of delights) 是此生此世的天堂 (terrestrial paradise) 的同义词。关于默罕默德的天堂与安乐乡之间的可能联系, 还可参考 E. M. 阿克曼的《德国文学和民间歌曲中的 "流奶与蜜之地": 在欧洲文学中追寻其历史》(第 106 页)。[但不管怎样, 这一讨论是关于蠢驴 (asini) 的, 而不是被多纳多尼误读了的 Urini (尿):《16 世纪下半叶某位卢卡地区作家撰写的化名异端诗作》, 第 128 页。]

## 第59章

247. "我先是个牧羊人": 参见 E. 多纳多尼,《16 世纪下半叶某位卢卡地区作家撰写的化名异端诗作》,第 8 页。

248. "哲学家":见本书第 53 章;BGL,第 1271 号手稿,fol. 30 r(以及多纳多尼的《16 世纪下半叶某位卢卡地区作家撰写的化名异端诗作》,第 40 页)。

248. "顺服上帝":BGL,第 1271 号手稿,fol. 12 r。

249. 一种更保守的立场:我将忽略那些难以诠释的元素,比如反复出现的、令人吃惊的对尘世和天堂中食人行为的合法化陈述:"在国王是为了愉悦,在其他人则出于必须/食人之肉并不算奸邪/虫子吃它,烈焰烧它/一者属地,另一者全然属天"(同上,fol. 13 r.);"如果想要尝尝/人肉的味道,假如是在尘世,你就要找上某人/不然就只能试试别的食物/因为在这里,人们经常把自己的欲望锁在心中/(但在天堂)他马上就能看到奉至面前的人肉/他只管大吃,不用争也不用抢:/每一件事在天堂都是允许的,每一件事都安排得妥妥帖帖/因为律法已被废止,约定也已被打破"(fol. 17 r.)。多纳多尼将最后这一段解读为俗语中对鸡奸的暗指,但这并不令人信服(《16 世纪下半叶某位卢卡地区作家撰写的化名异端诗作》,第 127 页)。

249. 佩莱格里诺·巴罗尼:关于这个人的更全面信息,我请读者期待 A. 罗通多即将完成的研究。

249. 1570 年:参见意大利国家档案馆摩德纳分馆(ASM),宗教法庭审判第 5b 卷,皮吉诺·巴罗尼分册,其中只有部分记录编制了页码。这一卷宗中包含了两份与费拉拉宗教法庭的那场审判(1561 年)相关的证词。

251. 他们在……占有重要地位:参见 J. 勒高夫主编的《工业化以前欧洲的异端和社会(11—18 世纪)》(J. Le Goff, ed., *Hérésies et sociétés dans l'Europe préindustrielle, (11e–18e siècles)*, Paris, 1968, pp. 185–86, 278–80);C.-P. 克拉森,《再洗派运动,一部社会史(1525—1618):瑞士、奥地利、摩拉维亚以及德国南部和中部》(第 319—320、432—435 页)。

251. 讽刺诗人:参见安德烈亚·达·贝尔加莫(彼得罗·内利)的《搞笑讽刺诗卷二》(Andrea da Bergamo, *Delle satire alia carlona libro secondo*, Venice, 1566, fol. 36 v)。

251. 年深日久的敌意:R. 贝内特和 J. 埃尔顿的 4 卷本《谷物研磨史》中之第 3 卷《封建法规与习俗》(R. Bennett and J. Elton, *History of Corn Milling*, 4 vols., vol. 3, *Feudal Laws and Customs*, London, 1898–1904; reprint ed., New York, 1966)第 107 页之后及其他各处内容特别值得一读。另参见 G. 费尼克·琼斯的《乔叟与中世纪的磨坊主》[G. Fenwick Jones, "Chaucer and the Medieval Miller," *Modern Language Quarterly* 16 (1955): 3–15]。

251. "我堕入了地狱":参见 A. 迪安科纳的《意大利流行诗》(A. D'Ancona, *La poesia popolare italiana*, Livorno, 1878, p. 264)。

252. "稀软泥地里":参见安德烈亚·达·贝尔加莫(彼得罗·内利)的《搞笑讽刺诗卷二》fol. 35 v。

252. "那些教士和修士":参见 ASM,宗教法庭审判第 5b 卷,皮吉诺·巴罗尼分册,未标明页码的散页（1571 年 2 月 1 日）。早在 1561 年的审判中，一位证人便供称，他曾听到皮吉诺在自己的磨坊中"说了很多关于弥撒的坏话"。

252. 磨坊主的工作条件：在勒高夫主编的《工业化以前欧洲的异端和社会（11—18 世纪）》中，R. 芒德鲁着重指出了这一点（第 279—280 页）。

252. 在摩德纳这里：参见《工业化以前欧洲的异端和社会（11—18 世纪）》第 186 页上 C. 维奥兰特的论述。

253. 直接依附关系：参见 M. 布洛赫的《水磨坊的出现与征服》(M. Bloch, "Avènement et conquête du moulin à eau," in his *Mélanges historiques*, 2 vols., Paris, 1963, 2:800–821)。

## 第60章

254. 1565 年：参见梵蒂冈秘密档案馆（ASVat），特伦特大公会议，第 94 卷，1565 年访问摩德纳教区分册，fol. 90 r（另参见 fol. 162 v 关于四年后另一次教区访问的内容，以及 fol. 260 v）。

254. 纳塔莱·卡瓦佐尼：参见意大利国家档案馆摩德纳分馆（ASM），宗教法庭审判第 5b 卷，皮吉诺·巴罗尼分册（*lnquisizione*, b. 5b, fasc. Pighino Baroni）, fols. 18 v–19 r。

255. "读物"：拉丁文原文：lectiones。

255. "神父"：参见 ASM，宗教法庭审判第 5b 卷，皮吉诺·巴罗尼分册，fol. 24 r。

255. 他重复了这份名单：同上，fol. 25 r。

255. 来到博洛尼亚之后：参见 A. 罗通多《16 世纪博洛尼亚异端史研究》，第 109 页以后的内容。

256. 其中便有一段文字：参见 A. 罗通多编著的《卡米洛·雷纳托：著作、档案与证词》，第 53 页。

256. "1540 年在博洛尼亚"：拉丁文原文：Bononiae audita MDXL in domo equitis Bolognetti.

256. "博洛涅蒂爵士家中"：罗通多最初将这个人认定为弗朗切斯科·博洛涅蒂（参见《16 世纪博洛尼亚异端史研究》，第 109 页，n.3）；但后者在多年之后的 1555 年才成为元老院成员〔参见 G. 凡图齐,《博洛尼亚作家事迹》(G.Fantuzzi, *Notizie degli scrittori bolognesi*, Bologna, 1782, 2: 244〕。因此，罗通多在他编著的《卡米洛·雷纳托：著作、档案与证词》中放弃了这一猜测（参见本书人名译名表）。不过，认定这个人是温琴佐·博洛涅蒂是没问题的，因为他在 1534 年后便出现在了耆老乡贤（anziani and gonfalonieri）的名单中：参见 G. N. 帕斯夸利·阿利多西的《博洛尼亚城中维持风化的耆老乡贤》(G. N. Pasquali Alidosi, *I signori anziani, consoli e gonfalonieri di giustizia della città di Bologna*, Bologna, 1670, p. 79)。

256. 先是说这发生在十一年前：参见 ASM，宗教法庭审判第 5b 卷，皮吉诺·巴罗尼分册，

fols. 12v, 30 r.。

257. 可以确定的是,在 1540 年 10 月:参见《卡米洛·雷纳托:著作、档案与证词》第 170 页。

257. "他的名字叫土尔切托":同上,第 172 页。罗通多认为这个人就是绰号"格雷切托"的托马索·帕卢约·德阿普里,但这并不令人信服。这个身份存疑的人很可能是又名"土尔科"或"土尔切托"的乔治·菲拉莱托,这个想法是西尔瓦纳·塞德尔·门基(Silvana Seidel Menchi)向我提出的,特此致谢。

258. "我相信,得救的灵魂":参见 ASM,宗教法庭审判第 5b 卷,皮吉诺·巴罗尼分册,fol. 33 v。

258. 死后灵魂沉睡的教义:参见《卡米洛·雷纳托:著作、档案与证词》,第 64—65 页,以及罗通多的《16 世纪博洛尼亚异端史研究》,第 129 页以后内容。

258. 威尼斯的再洗派教徒:见本书第 37 章。

259. 圣保罗在安慰帖撒罗尼迦教会的弟兄们时所说的:《圣经·新约·帖撒罗尼迦前书》第 4 章第 13 节:"论到睡了的人,我们不愿意弟兄们不知道,恐怕你们忧伤,像那些没有指望的人一样。我们若信耶稣死而复活了,那已经在耶稣里睡了的人,神也必将他与耶稣一同带来……"(拉丁文原文:Nolumus autem vos ignorare, fratres, de dormientibus, ut non contristemini sicut et ceteri qui spem non habent. Si enim credimus quod Iesus mortuus est et resurrexit, ita et Deus eos qui dormierunt per Iesum adducet cum eo…)另参见 G.H. 威廉姆斯的《卡米洛·雷纳托(约 1500?—1575)》[ G. H. Williams, "Camillo Renato (c. 1500?–1575)," in *Italian Reformation Studies in Honor of Laelius Socinus*, ed. J. Tedeschi, Florence, 1965, p. 107 ]。

259. "没有读过":参见 ASM,宗教法庭审判第 5b 卷,皮吉诺·巴罗尼分册,fol. 2 v;但也请参考 fol. 29 v。关于《圣经辅读》,参见本书第 12 章注释。

259. "由上帝自无中创造出来的一切事物":参见《圣经辅读》,fol. A vi v。

259. "有些事物":同上,fol. B ii r。

260. "所有灵魂":同上,fols. C r–v。

261. "我没读过":参见 ASM,宗教法庭审判第 5b 卷,皮吉诺·巴罗尼分册,fol. 30 r。

261. "我从未与任何一个异端分子打过交道":参见本书第 3 章和第 6 章关于梅诺基奥与其他人交往的部分。

261. "我想推出的结论是":参见 ASM,宗教法庭审判第 5b 卷,皮吉诺·巴罗尼分册,fol. 20 v。

261. "这就像四个士兵":参见 ACAU,宗教法庭第 285 号审判,未标明页码的散页(1599 年 7 月 19 日)。

262. 皮吉诺曾坚持认为:参见 ASM,宗教法庭审判第 5b 卷,皮吉诺·巴罗尼分册,未标明页码的散页(1571 年 2 月 1 日)和 fol. 27 r。

262. "关于世人应当和平相处的讲道":参见本书第39章和第54章。

## 第61章

264. 存在着大众根源:参见巴赫金《拉伯雷和他的世界》。

264. 在接下来的那段时期:要了解总体印象,参见 J. 德吕莫的《从路德到伏尔泰的天主教教义》(J. Delumeau, *Le catholicisme entre Luther et Voltaire*, Paris, 1971, esp. pp. 256 ff )。J. 博西在《反宗教改革与天主教欧洲的人民》[ J. Bossy, "The Counter-Reformation and the People of Catholic Europe," *Past and Present*, no. 47 (1970): 51–70 ] 一文中提出了一些有趣的研究可能。我还注意到,G. 亨宁森在《欧洲的女巫迫害》( G. Henningsen, *The European Witch-Persecution*, Copenhagen, 1973, p. 19 ) 中也提出了类似的历史时期划分,他表示会在其他著作中再次讨论这一问题。

264. 与农民战争:对这场农民战争的后果(那些间接的、相距甚远的后果也包括在内)进行一项综合全面的研究,将会是极其有益的。

264. 在乡村的传福音事工:关于这一比较,参见博西的《反宗教改革与天主教欧洲的人民》。

265. 加紧对……的控制:关于游民( vagabonds )问题,参见本书意大利文版前言第3节的参考书目;关于吉普赛人,参见 H. 阿塞欧的《边缘与排斥:17世纪法国社会中波西米亚人的行政待遇》( H. Asséo, "Marginalité et exclusion: le traitement administratif des Bohémiens dans la société française du XVII e siècle," in *Problèmes socio-culturels en France au XVII e siècle*, ed. H. Asséo and Jean Vittu, Paris, 1974, pp. 11–87 )。

## 第62章

266. 1599 年 6 月 5 日:参见 ACAU,"1588 年至 1613 年教廷最高宗教法庭信件"( Epistolae Sac. Cong. S. Officii ab anno 1588 usque ad 1613 incl. ),未标明页码的散页。圣塞韦里纳红衣主教朱利奥·安东尼奥·桑托罗差一点就在枢机团秘密会议( conclave )中被推选为教皇,但最终还是克莱门特八世上台。他素有严厉之名,这是导致他未能当选的首要因素。

266. "已表明其为不敬神者":这就是说,他不仅否认耶稣基督神性,还犯下了更恶劣的罪行。关于这一术语问题,参见 H. 比松的《16 世纪不信神者的罪名》("Les noms des incrédules au XVIe siècle," *Bibliothèque d'Humanisme et Renaissance* 16,1954: 273–283 ) 中的概要介绍。

268. 没过多久:在 1600 年 1 月 26 日焦万娜·斯坎代拉的嫁妆进行公证登记时(参见本书第 1 章注释),这一行为是在"已身故的多梅尼科·斯坎代拉之继承人家中"

(拉丁文：domi heredum quondam ser Dominici Scandella）进行的（ASP, *Notarile*, b. 488, no. 3786, fol. 27 v）。

268. 我们很明确地知道这一点：参见 ACAU，"1601 年至 1603 年卷（内含第 449 至第 546 号审判）"（Ab anno 1601 usque ad annum 1603 incl. a n. 449 usque ad 546 incl.），第 497 号审判。P. 帕斯基尼此前宣称，他在亲自查阅文献（《意大利东部边境的异端思想和天主教改革》第 82 页）的基础上发现，宗教法庭在弗留利地区仅于 1568 年处死过一名德国匠人，这个错误无论如何都应当被纠正过来。

# 人名译名对照表

**A**

阿卜杜拉·伊本·萨拉姆　Abdullah ibn Sallam
亚伯拉罕　Abraham
E.M. 阿克曼　Ackermann, E. M.
亚当　Adam
C.A. 阿吉雷·罗哈斯　Aguirre Rojas, C. A.
G. 阿尔贝里戈　Alberigo, G.
阿尔贝托·达·卡斯泰洛　Alberto da Castello
乌利塞·阿尔德罗万迪　Aldrovandi, Ulisse
但丁·阿利吉耶里　Alighieri, Dante
P.S. 艾伦　Allen, P. S.
乔治·阿马德奥　Amadeo, Giorgio
吉罗拉莫·阿玛齐奥　Amaseo, Girolamo
塞巴斯蒂亚诺·阿米亚尼　Ammiani, Sebastiano
安德烈亚·达·贝尔加莫，参见彼得罗·内利　Andrea da Bergamo. See Nelli, Pietro
安德烈亚·达·马伦　Andrea da Maren
安娜·德·切科　Anna de Cecho
圣安妮　Anne, Saint

H. 阿塞欧　Asséo, H.
杰罗拉莫·阿斯泰奥　Asteo, Gerolamo
G. 阿特金森　Atkinson, G.
E. 奥尔巴赫　Auerbach, E.
圣奥古斯丁　Augustine, Saint
阿威罗伊（即伊本·路世德）　Averroes
乔瓦尼·德·阿沃利奥　Avolio, Giovanni d'
A. 阿佐尼　Azzoni, A.

**B**

N. 巴达洛尼　Badaloni, N.
R.H. 班顿　Bainton, R. H.
米哈伊尔·巴赫金　Bakhtin, Mikhail
佩莱格里诺·巴罗尼，又名皮吉诺　Baroni, Pellegrino, alias Pighino
巴托洛梅奥·迪安德烈亚　Bartolomeo d'Andrea
乔瓦尼·巴萨多纳　Basadona, Giovanni
雅各布·巴萨诺　Bassano, Jacopo
巴斯蒂安·德·马丁　Bastian de Martin
A. 巴蒂斯特拉　Battistella, A.
C. 贝克　Bec, C.
B. 贝克尔　Becker, B.
别西卜　Beelzebub

亚历山德罗·贝纳奇　Benacci, Alessandro
A. 贝内代蒂　Benedetti, A.
贝内代托·德阿索洛　Benedetto d'Asolo
W. 本雅明　Benjamin, W.
J.W. 贝内特　Bennett, J. W.
R. 贝内特　Bennett, R.
K. 本拉特　Benrath, K.
A. 贝雷洛维奇　Berelovič, A.
M. 贝伦戈　Berengo, M.
C. 贝尔马尼　Bermani, C.
G. 比亚苏蒂　Biasutti, G.
安德烈亚·比奥尼玛　Bionima, Andrea
M. 布洛赫　Bloch, M.
G. 博阿斯　Boas, G.
乔瓦尼·博卡乔　Boccaccio, Giovanni
阿基利·博基　Bocchi, Achille
G. 博埃里奥　Boerio, G.
P. 博加特廖夫　Bogatyrëv, P.
G. 博莱姆　Bollème, G.
阿尔贝托·博洛涅蒂　Bolognetti, Alberto
弗朗切斯科·博洛涅蒂　Bolognetti, Francesco
温琴佐·博洛涅蒂　Bolognetti, Vincenzo
博洛涅蒂家族　Bolognetti family
安东尼奥·博纳索尼　Bonasone, Antonio
文图拉·博尼切洛　Bonicello, Ventura
温琴佐·博尼尼　Bonini, Vincenzo
B. 博南　Bonnin, B.
J. 博德纳韦　Bordenave, J.
J. 博西　Bossy, J.
V. 布兰卡　Branca, V.
F. 布罗代尔　Braudel, F.
贝托尔特·布莱希特　Brecht, Bertolt
P. 布朗　Brown, P.
安东尼奥·布鲁乔利　Brucioli, Antonio
彼得·布吕格尔（勃鲁盖尔）　Brueghel, Pieter
O. 布伦纳　Brunner, O.
焦尔达诺·布鲁诺　Bruno, Giordano
马丁·布策尔　Bucer, Martin

K. 布尔达赫　Burdach, K.
托马斯·伯尼特　Burnet, Thomas
H. 比松　Busson, H.

## C

卡尔代拉里，参见乔瓦尼·玛丽亚·扎法尼　Calderari. See Zaffoni, Giovanni Maria, alias
I. 卡尔维诺　Calvino, I.
卡米洛·雷纳托，参见保罗·里奇　Camillo Renato. See Ricci, Paolo
托马索·康帕内拉　Campanella, Tommaso
P. 坎波雷西　Camporesi, P.
D. 坎蒂莫里　Cantimori, D.
C. 坎图　Cantú, C.
乔治·卡佩尔　Capel, Giorgio
丹尼尔·卡波拉　Capola, Daniele
亚历山德罗·卡拉维亚　Caravia, Alessandro
塞巴斯蒂安·卡斯泰利奥　Castellio, Sebastian
纳塔莱·卡瓦佐尼　Cavazzoni, Natale
A. 切卡罗尼　Ceccaroni, A.
G. 切拉蒂　Celati, G.
库尔齐奥·切利纳　Cellina, Curzio
F. 沙博　Chabod, F.
P. 肖尼　Chaunu, P.
P. 凯尔基　Cherchi, P.
G. 奇托利尼　Chittolini, G.
G. 基乌帕尼　Chiuppani, G.
圣克里斯托弗　Christopher, Saint
F.F. 彻奇　Church, F. F.
A. 乔尼　Cioni, A.
C. 奇波拉　Cipolla, C.
A.M. 齐雷塞　Cirese, A. M.
圣克莱尔　Clare, Saint
C.-P. 克拉森　Clasen, C.-P.
克莱门特七世（教皇）　Clement VII (pope)

克莱门特八世（教皇） Clement VIII (pope)
E. 贝尼尼·克莱门蒂 Clementi, E. Benini
G. 科基亚拉 Cocchiara, G.
A. 科隆内洛 Colonnello, A.
克里斯托弗·哥伦布 Columbus, Christopher
丹尼尔·科卢西 Colussi, Daniele
蒂塔·科拉蒂纳 Coradina, Tita
卡洛·科尔内 Corner, Carlo
贝尔纳多·科尔内托 Corneto, Bernardo
A. 科尔泰莱萨 Cortellessa, A.
安德烈亚·科西奥 Cossio, Andrea
图利奥·克里斯波尔迪 Crispoldi, Tullio

**D**

A. 迪安科纳 D'Ancona, A.
马泰奥·丹多洛 Dandolo, Matteo
达内西家族 Danesi family
J.J. 达尔蒙 Darmon, J. J.
大卫（以色列王） David (king of Israel)
N.Z. 戴维斯 Davis, N. Z.
J. 戴 Day, J.
丹尼尔·德·比亚西奥 De Biasio, Daniele
L. 德·比亚西奥 De Biasio, L.
M. 迪·塞尔托 De Certeau, M.
H. 冯·德兴德 Dechend, H. von
C. 德·弗雷德 De Frede, C.
安德烈亚·德尔·科尔 Del Col, A.
J. 德吕莫 Delumeau, J.
E. 德·马蒂诺 De Martino, E.
J. 德里达 Derrida, J.
勒内·笛卡尔 Descartes, René
F. 迪亚斯 Diaz, F.
迪奥多罗·西库洛 Diodoro Siculo
C. 迪奥尼索蒂 Dionisotti, C.
J. 多兰 Dolan, J.
E. 多纳多尼 Donadoni, E.

埃托雷·多纳托 Donato, Ettore
埃利乌斯·多纳图斯 Donatus, Aelius
安东·弗朗切斯科·多尼 Doni, Anton Francesco
L. 迪奥兰迪 D'Orlandi, L.
A. 迪普龙 Dupront, A.
阿尔布雷希特·丢勒 Dürer, Albrecht

**E**

U. 埃科 Eco, U.
卡洛斯·M.N. 艾林 Eire, Carlos M. N.
E.L. 艾森斯坦 Eisenstein, E. L.
以利亚 Elias
J. 埃利奥特 Elliott, J.
J. 埃尔顿 Elton, J.
H.M. 恩岑斯贝格尔 Enzensberger, H. M.
鹿特丹的伊拉斯谟 Erasmus of Rotterdam
夏娃 Eve

**F**

G. 凡图齐 Fantuzzi, G.
安东尼奥·法赛特 Fasseta, Antonio
丹尼尔·法赛特 Fasseta, Daniele
弗朗切斯科·法赛特 Fasseta, Francesco
扎努托·法赛特 Fasseta, Zannuto
F. 法托雷洛 Fattorello, F.
吕西安·费弗尔 Febvre, Lucien
M. 菲尼 Feeney, M.
费利切·达·蒙特法尔科 Felice da Montefalco
多梅内哥·费梅努莎 Femenussa, Domengo
马尔西利奥·菲奇诺（费奇诺） Ficino, Marsilio
乔治·菲拉莱托，又名"土尔科"或"土尔切托" Filaletto, Giorgio, alias "Turca" or "Turchetto"
P. 菲奥雷利 Fiorelli, P.
L. 菲尔波 Firpo, L.

U. 菲舍尔　Fischer, U.
弗洛里托·迪·贝内代托　Florito di Benedetto
V. 福阿　Foa, V.
波拿万度·弗克阿　Forcroy, Bonaventure
雅各布·菲利波·福雷斯蒂　Foresti, Jacopo Filippo
A. 福尔尼兹　Forniz, A.
F. 福尔蒂尼　Fortini, F.
莱奥纳尔多·福斯科　Fosco, Leonardo
M. 福柯　Foucault, M.
多梅尼科·德·弗兰切斯基　Franceschi, Domenico de'
M. 弗朗索瓦　François, M.
F. 弗勒奈　Frenaye, F.
S. 弗洛伊德　Freud, S.
N. 弗莱　Frye, N.
F. 菲雷　Furet, F.
J. 富兰　Furlan, J.

## G

加百列（天使长）　Gabriel (archangel)
吉罗拉莫·加拉泰奥　Galateo, Girolamo
E. 加林　Garin, E.
马达莱娜·加斯塔尔迪奥内　Gastaldione, Maddalena
C. 戈瓦尔　Gauvard, C.
T. 乔治　George, T.
多梅尼科·格尔巴　Gerbas, Domenico
梅尔基奥雷·格尔巴　Gerbas, Melchiorre
B. 盖雷梅克　Geremek, B.
杰罗拉莫·达·蒙塔尔奇诺　Gerolamo da Montalcino
吉安·马泰奥·吉贝蒂　Giberti, Gian Matteo
F. 吉尔贝　Gilbert, F.
C. 金茨堡　Ginzburg, C.
焦孔多的朱利亚诺·迪·巴托洛梅奥　Giocondo, Giuliano di Bartolomeo del
M. 焦拉　Giola, M.

G. 焦尔杰蒂　Giorgetti, G.
乔治·西库洛　Giorgio Siculo
焦万·巴蒂斯塔·达·佩鲁贾　Giovan Battista da Perugia
德扎的焦万·彼得罗，参见斯科利欧　Giovan Pietro di Dezza. See Scolio
A. 格卡尔普　Gokalp, A.
J. 古迪　Goody, J.
A. 葛兰西　Gramsci, A.
佩莱格里诺·格拉西，参见巴罗尼　Grassi, Pellegrino. See Baroni
F. 格劳斯　Graus, F.
杰罗拉莫·德·格雷戈里　Gregori, Gerolamo de'
P.F. 格伦德勒　Grendler, P. F.
安东尼奥·格里马尼　Grimani, Antonio
路易吉·格罗托　Groto, Luigi

## H

T. 哈克　Hak, T.
M. 哈布瓦赫　Halbwachs, M.
U. 哈尔瓦　Harva, U.
H. 海登　Haydn, H.
J. 冯·亨内贝格　Henneberg, J. von
G. 亨宁森　Henningsen, G.
赫拉克利特　Heraclitus
赫拉克勒斯　Hercules
R. 希尔顿　Hilton, R.
E.J. 霍布斯鲍姆　Hobsbawm, E. J.
奥坦的洪诺留　Honorius of Autun
A. 于翁　Huon, A.
G. 胡珀特　Huppert, G.

## I

丹尼尔·伊阿科梅里　Iacomel, Daniel
埃莱娜·伊斯沃斯基　Iswolsky, Hélène

## J

"花边织工"雅科梅托　Jacometto "stringaro"

雅各布·达·沃拉吉纳　Jacopo da Voragine
R. 雅各布松　Jakobson, R.
L. 詹姆斯　James, L.
圣雅各　James, Saint
A.C. 耶莫洛　Jemolo, A. C.
耶稣基督　Jesus Christ
圣约阿希姆　Joachim, Saint
施洗者圣约翰　John the Baptist, Saint
传福音者圣约翰　John the Evangelist, Saint
G. 费尼克·琼斯　Jones, G. Fenwick
圣约瑟　Joseph, Saint
约瑟（雅各之子）　Joseph (son of Jacob)
约书亚　Joshua
加略人犹大　Judas Iscariot
D. 朱利亚　Julia, D.
尤利乌斯二世（教皇）　Julius II (pope)

## K

W. 克吉　Kaegi, W.
H. 卡门　Kamen, H.
J. 卡普洛　Kaplow, J.
R. 克里班斯基　Klibansky, R.
P.O. 克里斯特尔　Kristeller, P. O.

## L

P. 拉沙　Lachat, P.
G.B. 拉德纳　Ladner, G. B.
兰贝蒂尼家族　Lambertini family
克里斯托福罗·兰迪诺　Landino, Christoforo
S. 兰杜奇　Landucci, S.
V. 兰泰尔纳里　Lanternari, V.
亨利·查尔斯·李　Lea, Henry Charles
查梅因·李　Lee, Charmaine
Y. 勒菲弗　Lefèvre, Y.
A. 勒弗朗　Le Franc, A.
J. 勒高夫　Le Goff, J.
P.S. 莱希特　Leicht, P. S.

利奥十世（教皇）　Leo X (pope)
卡米洛·德·莱昂纳尔迪斯　Leonardis, Marino Camillo de'
莱昂纳多·达·芬奇　Leonardo da Vinci
A. 莱普席斯　Lepschy, A.
G.C. 莱普席斯　Lepschy, G. C.
E. 勒华拉杜里　Le Roy Ladurie, E.
M.H.I. 莱茨　Letts, M. H. I.
卡洛·莱维　Levi, Carlo
H. 莱文　Levin, H.
L. 莱维·布吕尔　Lévy-Bruhl, L.
H. 埃斯帕达·利马　Lima, H. Espada
赞博罗·利奥姆帕尔迪　Liompardi, Zanpolo
利西亚·菲莱诺，参见保罗·里奇　Lisia Fileno. See Ricci, Paolo
L.M. 隆巴尔迪·萨特里亚尼　Lombardi Satriani, L. M.
温琴佐·隆巴尔多　Lombardo, Vincenzo
洛伦佐·洛托　Lotto, Lorenzo
圣路易九世（法兰西国王）　Louis IX (king of France), Saint
A.O. 洛夫乔伊　Lovejoy, A. O.
路西法　Lucifer
G. 卢卡契奇　Lukács, G.
卢纳尔多（教士）　Lunardo (priest)
卢纳尔多·德拉米努萨　Lunardo della Minussa
C. 卢波里尼　Luporini, C.
马丁·路德　Luther, Martin

## M

J. 马切克　Macek, J.
A. 麦克法兰　Macfarlane, A.
尼科洛·马基雅维利　Machiavelli, Niccolò
彼得罗·德·马克里　Macris, Pietro de
E. 马莱　Mâle, E.
尼科洛·马拉米　Malermi, Niccolò
G. 马纳科尔达　Manacorda, G.

约翰·曼德维尔 Mandeville, John
G. 曼迪克 Mandich, G.
R. 芒德鲁 Mandrou, R.
亚历山德罗·曼蒂卡 Mantica, Alessandro
安东尼奥·曼蒂卡 Mantica, Antonio
贾科莫·曼蒂卡 Mantica, Giacomo
焦万·巴蒂斯塔·曼蒂卡 Mantica, Giovan Battista
F.E. 曼努埃尔 Manuel, F. E.
曼佐利家族 Manzoli family
马尔卡托 Marcato
G. 马尔凯蒂 Marchetti, G.
V. 马尔凯蒂 Marchetti, V.
马尔科，参见马尔卡托·马尔科（一名染匠） Marco. See Marcato Marco (a dyer)
贾科莫·马尼亚诺 Margnano, Giacomo
A. 马林 Marin, A.
A. 马里诺尼 Marinoni, A.
詹巴蒂斯塔·马罗 Maro, Giambattista
H.-J. 马丁 Martin, H.-J.
K. 马克思 Marx, K.
马利亚（圣母） Mary (mother of Christ)
抹大拉的马利亚 Mary Magdalen
奥地利的玛丽（皇后） Mary of Austria (empress)
多梅尼科·德·马萨菲斯 Masafiis, Domenico de'
埃利塞奥·马西尼 Masini, Eliseo
美第奇家族的洛伦佐·迪·彼得罗 Medici, Lorenzo di Pietro de'
M. 迈斯 Meiss, M.
E. 梅兰德里 Melandri, E.
多梅尼科·梅尔基奥里 Melchiori, Domenico
乔瓦尼·安东尼奥·梅尔基奥里 Melchiori, Giovanni Antonio
乔瓦尼·丹尼尔·梅尔基奥里 Melchiori, Giovanni Daniele
尼古拉·梅尔基奥里 Melchiori, Nicola

术士米南德 Menander Magus
托马索·梅罗 Mero, Tomaso
J.梅耶尔 Meyer, J.
G. 米科利 Miccoli, G.
穆罕默德 Mohammed
贾科莫·蒙迪诺 Mondino, Giacomo
米歇尔·德·蒙田 Montaigne, Michel de
焦万·弗朗切斯科·蒙特雷阿莱 Montereale, Giovan Francesco
尼科洛·蒙特雷阿莱 Montereale, Nicolò
奥拉齐奥·蒙特雷阿莱 Montereale, Orazio
奥塔维奥·蒙特雷阿莱 Montereale, Ottavio
塞巴斯蒂亚诺·蒙特雷阿莱 Montereale, Sebastiano
托马斯·莫尔，参见圣托马斯·莫尔 More, Thomas. See Thomas More, Saint
乔瓦尼·莫罗内 Morone, Giovanni
摩西 Moses

N
B. 纳尔迪 Nardi, B.
彼得罗·内利，又名安德烈亚·达·贝尔加莫 Nelli, Pietro, alias Andrea da Bergamo
O. 尼科利 Niccoli, O.
尼古拉·达·波尔恰，参见尼古拉·梅尔基奥里 Nicola da Porcia. See Melchiori, Nicola
乔瓦尼·安东尼奥·尼利尼·达·萨比奥 Nicolini da Sabbio, Giovanni Antonio
挪亚 Noah
P. 诺拉 Nora, P.

O
J. 奥贝尔凯维奇 Obelkevich, J.
H.A. 奥伯曼 Oberman, H. A.
贝纳迪诺·奥基诺 Ochino, Bernardino

奥卡姆，参见奥卡姆的威廉 Ockham.
　　See William of Ockham
A. 奥利维耶里　Olivieri, A.
奥利金　Origen
F. 奥兰多　Orlando, F.
S. 奥索夫斯基　Ossowski, S.
奥维德　Ovid

**P**

G. 帕利亚诺·温加里　Pagliano Ungari, G.
埃万杰利斯塔·帕列欧　Paleo, Evangelista
焦万·弗朗切斯科·帕拉迪奥·德利·奥利维　Palladio degli Olivi, Giovan Francesco
托马索·帕卢约·德阿普里，绰号"格雷切托" Paluio d'Apri, Tommaso, alias "il Grechetto"
E. 帕诺夫斯基　Panofsky, E., 142
焦万·巴蒂斯塔·德·帕尔维　Parvi, Giovan Battista de'
P. 帕斯基尼　Paschini, P.
G.N. 帕斯夸利·阿利多西　Pasquali Alidosi, G. N.
S. 帕特森　Patterson, S.
圣保罗　Paul, Saint
保罗三世（教皇）　Paul III (pope)
M. 彭纳　Penna, M.
G. 佩鲁西尼　Perusini, G.
圣彼得　Peter, Saint
E. 皮亚内蒂　Pianetti, E.
S. 皮科内·斯泰拉　Piccone Stella, S.
皮耶罗·德拉·祖安纳　Piero della Zuanna
阿戈斯蒂诺·皮塞西　Pisensi, Agostino
亚历山德罗·波利切托　Policreto, Alessandro
安东尼奥·波利切托　Policreto, Antonio
彼得罗·蓬波纳齐　Pomponazzi, Pietro
C. 波尼　Poni, C.
A. 庞斯　Pons, A.

杰罗拉莫·波帕蒂　Popaiti, Gerolamo
波尔代诺内大师，又名又名乔瓦尼·德·萨基斯，il Pordenone, alias Giovanni de' Sacchis
纪尧姆·波斯特尔　Postel, Guillaume
乔瓦尼·波沃莱多　Povoledo, Giovanni
祭司王约翰　Préster John
丹尼尔·普留利　Priuli, Daniele
G. 普罗卡奇　Procacci, G.
A. 普罗斯佩里　Prosperi, A.
B. 普兰　Pullan, B.

**Q**

R. 格诺　Queneau, R.

**R**

弗朗索瓦·拉伯雷　Rabelais, François
沃尔特·雷利　Raleigh, Walter
L. 雷奥　Réau, L.
弗朗切斯科·雷迪　Redi, Francesco
M. 里夫斯　Reeves, M.
卡米洛·雷纳托，参见保罗·里奇　Renato, Camillo. See Ricci, Paolo
F.H. 罗伊施　Reusch, F. H.
J. 雷韦尔　Revel, J.
保罗·里奇，又名卡米洛·雷纳托·利西亚斯·菲莱诺　Ricci, Paolo, alias Lisia Fileno, Camillo Renato
安东尼奥·里乔　Riccio, Antonio
G. 里特尔　Ritter, G.
皮埃尔·里维耶尔　Rivière, Pierre
P. 罗德　Rohde, P.
R. 罗马诺　Romano, R.
R. 罗密欧　Romeo, R.
R. 龙凯蒂·巴锡　Ronchetti Bassi, R.
富尔维奥·罗拉里奥　Rorario, Fulvio
A. 罗西　Rossi, A.
P. 罗西　Rossi, P.
V. 罗西　Rossi, V.
L. 罗特克鲁格　Rothkrug, L.

A. 罗通多　Rotondò, A.
达米亚诺·鲁贝奥　Rubeo, Damiano
乔治·鲁斯科尼　Rusconi, Giorgio
A. 鲁斯蒂奇　Rustici, A.

**S**

斯特凡诺·达·萨比奥　Sabbio, Stephano da
爱德华多·萨科内　Saccone, Eduardo
W. 萨克斯　Sachs, W.
莱奥纳尔多·萨尔维亚蒂　Salviati, Leonardo
M. 桑德　Sander, M.
圣塞韦里纳红衣主教，参见朱利奥·安东尼奥·桑托罗　Santa Severina (cardinal). See Santoro, Giulio Antonio
G. 德. 桑蒂利亚纳　Santillana, G. de
朱利奥·安东尼奥·桑托罗　Santoro, Giulio Antonio
马泰奥·萨努多　Sanudo, Matteo
G. 萨索利·德·比安基　Sassoli De Bianchi, G.
扫罗　Saul
安东尼奥·萨沃尔尼安　Savorgnan, Antonio
F. 萨克斯尔　Saxl, F.
M. 斯卡尔齐尼　Scalzini, M.
巴斯蒂安·斯坎代拉　Scandella, Bastian
贝尔纳多·斯坎代拉　Scandella, Bernardo
多梅尼科·斯坎代拉，又名梅诺基奥，见于书中各处　Scandella, Domenico, alias Menocchio, passim
菲奥尔·斯坎代拉　Scandella, Fior
焦万娜·斯坎代拉　Scandella, Giovanna
乔瓦尼·斯坎代拉　Scandella, Giovanni
斯特凡诺·斯坎代拉　Scandella, Stefano
齐安诺托·斯坎代拉　Scandella, Ziannuto
R. 申达　Schenda, R.
G. 施奈德　Schneider, G.
C. 邵尔斯克　Schorske, C.

安妮·J. 舒特　Schutte, Anne J.
A. 斯科蒂拉罗　Scodellaro, A.
斯科利欧　Scolio
吉罗拉莫·斯科托　Scotto, Girolamo
安东尼奥·斯库德拉里，又名福尔纳谢尔　Scudellario, Antonio, alias Fornasier
塞巴斯蒂亚诺·塞贝尼科　Sebenico, Sebastiano
A. 塞加里齐　Segarizzi, A.
S. 塞德尔·门基　Seidel Menchi, S.
J. 西格尔　Seigel, J.
A. 塞雷娜　Serena, A.
J. 塞尔纳　Serna, J.
多纳托·塞罗蒂诺　Serotino, Donato
米格尔·塞尔维特　Servetus, Michael
蒂贝里奥·鲁西利亚诺·塞斯托　Sesto, Tiberio Russilliano
M.C. 西摩　Seymour, M. C.
乔瓦尼·多梅尼科·西尼巴尔迪　Sigibaldi, Giovanni Domenico
卢纳尔多·西门　Simon, Lunardo
G. 西蒙奇尼　Simoncini, G.
术士西门　Simon Magus
古利奈人西门　Simon of Cyrene
犹太人西门　Simon the Jew
J. 索莱　Solé, J.
E. 索尔米　Solmi, E.
R. 索尔米　Solmi, R.
所罗门　Solomon
G. 斯皮尼　Spini, G.
伦巴第的斯特凡诺　Stefano de Lombarda
朱利亚诺·斯特弗努特　Stefanut, Giuliano
S. 施泰纳　Steiner, S.
A. 斯泰拉　Stella, A.
L. 斯通　Stone, L.
弗朗切斯科·迪·斯特拉索多　Strassoldo, Francesco di
H. 苏绪尔　Suchier, H.
乔纳森·斯威夫特　Swift, Jonathan

## T

焦万巴蒂斯塔·塔巴基诺　Tabacchino, Giovanbattista
P. 塔基·文图里　Tacchi Venturi, P.
A. 塔利亚费里　Tagliaferri, A.
多梅内哥·泰亚卡切　Taiacalze, Domenego
A.C. 泰代斯基　Tedeschi, A. C.
J. 泰代斯基　Tedeschi, J.
A. 泰嫩蒂　Tenenti, A.
R. 特彭宁　Terpening, R.
德尔图良　Tertullian
K. 托马斯　Thomas, K.
圣托马斯·莫尔　Thomas More, Saint
圣多马　Thomas, Saint
E.P. 汤普森　Thompson, E. P.
G. 托涅蒂　Tognetti, G.
约翰·托兰德　Toland, John
托雷贾尼家族　Torreggiani family
瓦莱里奥·特拉波拉　Trapola, Valerio
波托格鲁阿罗的特拉波拉（律师）　Trappola of Portogruaro (lawyer)
W.R. 特拉斯克　Trask, W. R.
C. 特林考斯　Trinkaus, C.
米歇尔·德尔·图尔科，又名皮尼奥尔　Turco, Michele del, alias Pignol

## V

V. 瓦列里　Valeri, V.
P. 瓦来西奥　Valesio, P.
洛伦佐·瓦拉　Valla, Lorenzo
亚历山德罗·维卢泰罗　Vellutello, Alessandro
A. 文图拉　Ventura, A.
F. 文图里　Venturi, F.
阿梅里戈·韦斯普奇　Vespucci, Amerigo

M. 维亚莱尔　Vialelle, M.
斯特凡诺·维亚罗　Viaro, Stefano
P. 维拉尔　Vilar, P.
P. 维莱　Villey, P.
博韦的文森特　Vincent of Beauvais
C. 维奥兰特　Violante, C.
J. 维图　Vittu, J.
C. 维万蒂　Vivanti, C.
J.V. 比韦斯　Vives, J. V.
奥多里科·乌莱　Vorai, Odorico
M. 沃韦勒　Vovelle, M.

## W

N. 瓦赫特尔　Wachtel
W.L. 韦克菲尔德　Wakefield, W. L.
J. 瓦特　Watt, J.
E.M. 威尔伯　Wilbur, E. M.
奥卡姆的威廉　William of Ockham
G.H. 威廉姆斯　Williams, G. H.
B.E. 威尔逊　Wilson, B. E.
约翰·威克里夫　Wyclif, John
A. 维钱斯基　Wyczanski, A.

## Y

E. 约　Yeo, E.
S. 约　Yeo, S.

## Z

乔瓦尼·马利亚·扎法尼，又名卡尔代拉里　Zaffoni, Giovanni Maria, alias il Calderari
P. 赞贝利　Zambelli, P.
F. 赞布里尼　Zambrini, F.
彼得罗·扎内　Zane, Pietro
尼科洛·佐皮诺，又名　Zoppino, Nicolò, alias

# 中译本说明

这个中译本，是以约翰·霍普金斯大学出版社出版的英文版《奶酪与蛆虫》(*The Cheese and the Worms: The Cosmos of a Sixteenth-Century Miller*,1992年修订本，2013年增加了新的前言）为蓝本进行翻译的，其间参考了1999年朱利奥·埃诺迪出版社（Giulio Einaudi editore）的意大利文版（*Il formaggio e i vermi Il cosmo di un mugnaio del '500*）。

以英文版为底本，主要是受限于中译者自身的语言能力。但有必要指出的是，本书作者卡洛·金茨堡几乎所有重要著作的英文版翻译，都是由两位英译者——约翰·泰代斯基（John Tedeschi）及其妻子安妮·C.泰代斯基（Anne Wood Christian Tedeschi）——完成的。金茨堡的研究能在全球学术共同体中获得巨大知名度，与二人的工作亦密不可分。约翰·泰代斯基1931年出生于意大利摩德纳，1939年随父母赴美，在哈佛大学获得学士、硕士和博士学位，本人便是一位成就斐然的历史学家。他编著过的作品,就包括与本书研究领域十分接近的《16世纪的意大利宗教改革和文艺复兴文化传播》(*The Italian Reformation of the sixteenth century and the diffusion of Renaissance culture: A bibliography of the secondary literature, ca. 1750-1997*)和《追索异端:早期近代意大利宗教审判研究汇编》(*The Prosecution of Heresy: Collected Studies on the Inquisition in Early Modern Italy*)等。而他对卡洛·金茨堡书中主旨的深刻理解,从本书的英文译者序中也可见一斑。

对于书中频繁出现的《圣经》段落及《圣经》人物,中译本参照了中国基督教两会出版部2007年版的《中文圣经和合本》。当然,在与中世纪神学有关的学术著作的中译实践中,许多译者都会在内容涉及天主教时选用中国天主教主教团出版发行的《中文圣经思高本》为参照。本书的主人公梅诺基奥是一位16世纪的意大利磨坊主,与他在宗教法庭上针锋相对的,也是一群天主教的教士和修士。从这一点来看,似乎使用思高本更符合学术规范。但在反复斟酌之后,中译者还是决定以自1919年出版以来对现代汉语影响最大、发行最多流传最广、人名翻译与通行规范译名表也更接近的和合本为依据。窃以为,这与卡洛·金茨堡力求令《奶酪与蛆虫》叙述流畅、通俗易懂的原意也更相符。

卡洛·金茨堡深厚的学术功底和严谨的治学方法,在本书的注释部分体现得淋漓尽致。虽然这部分内容的主要读者,是对各种语言的学术文献并不陌生的专业人士,但中译本还是尽可能地给出了引用文章的参考译名,希望能帮助读者更直观顺畅地把握作者的研究脉络和资料收集的方法论。当然,我的拉丁文和欧洲语言水平并不理想,必定会犯下不少贻笑方家的错误,还望读者海涵。

鲁伊<br>2021 年 3 月